TEXTOS
COM
PSICANÁLISE

EDUARDO SÁ

Psicólogo
Professor da Universidade de Coimbra e do ISPA (Lisboa)

TEXTOS COM PSICANÁLISE

2.ª Edição

TEXTOS COM PSICANÁLISE – 2.ª Edição

AUTOR
EDUARDO SÁ

REVISÃO CIENTÍFICA
ANA CAROLINA PEREIRA
CAROLINA VEIGA
JOSÉ SARGENTO
RAQUEL VIEIRA DA SILVA

EDITOR
EDIÇÕES ALMEDINA. SA
Av. Fernão Magalhães, n.º 584, 5.º Andar
3000-174 Coimbra
Tel.: 239 851 904
Fax: 239 851 901
www.almedina.net
editora@almedina.net

PRÉ-IMPRESSÃO | IMPRESSÃO | ACABAMENTO
G.C. GRÁFICA DE COIMBRA, LDA.
Palheira – Assafarge
3001-453 Coimbra
producao@graficadecoimbra.pt

Janeiro, 2010

DEPÓSITO LEGAL
304327/10

Os dados e as opiniões inseridos na presente publicação
são da exclusiva responsabilidade do(s) seu(s) autor(es).

Toda a reprodução desta obra, por fotocópia ou outro qualquer
processo, sem prévia autorização escrita do Editor, é ilícita
e passível de procedimento judicial contra o infractor.

Biblioteca Nacional de Portugal – Catalogação na Publicação

SÁ, Eduardo

Textos com psicanálise. – 2ª ed.
(Colecção Eduardo Sá)
ISBN 978-972-40-4000-4

CDU   159.964

Este livro representa uma colectânea de textos com alguns anos. Será, no essencial, um manual de introdução à psicanálise.

Entretanto, entre as primeira e segunda edições deste trabalho, muitas transformações se foram dando na psicanálise em Portugal. Algumas, que se terão revestido de episódios que nos deixaram a todos tristes.

Hoje, estarei noutro lugar em relação a algumas das pessoas com quem mais aprendi. Separam-nos alguns pontos de vista em relação à formação psicanalítica e à gestão científica e pública da psicanálise. Silenciar essas diferenças não seria nem verdadeiro nem justo. Ignorar hoje, essas ligações, com que cresci, seria uma forma de não lhes manifestar o respeito e a gratidão que me merecem e que uma visão humanista e plural da psicanálise não poderiam tolerar.

Agosto de 2009

EDUARDO SÁ

Dedico este trabalho a todas as pessoas que me ajudam a transformar, sempre que solicitam a minha ajuda para promover as suas transformações, e a todos os alunos com quem venho aprendendo enquanto aprendem comigo.

E dedico-o, ainda, em particular, ao Prof. António Coimbra de Matos que, além de todos os Mestres que me ajudaram a aventurar pela psicanálise, me estimulou a descobrir a "minha psicanálise".

AGRADECIMENTOS

Este trabalho de síntese condensa uma longa experiência pessoal e profissional que se matizam e interdependem. Daí que este percurso não tenha sido possível sem a ajuda do Prof. Doutor Amaral Dias (que, com o seu ensino, me trouxe para a psicanálise, e teve um papel essencial na sedimentação de muitos destes conhecimentos).

Colheu, também, os ensinamentos da técnica e da ética psicanalíticas do Prof. Doutor Pedro Luzes, e contou, simultaneamente, com as aprendizagens preciosas que fui tendo junto do Prof. Coimbra de Matos (que tem sido a referência serena de uma relação analítica e, para mais, aceitou discutir comigo este trabalho).

Aprofundou-se, ainda, com a relação acolhedora e atenta que sempre encontrei junto da Prof.ª Doutora Celeste Malpique e do Dr. António Mendonça.

E seria impossível sem os incentivos com que sempre contei do Prof. Doutor Frederico Pereira, sem o privilégio de ensinar na Faculdade de Psicologia e de Ciências da Educação da Universidade de Coimbra e no Instituto Superior de Psicologia Aplicada, de Lisboa, e sem o estímulo aconchegante do Dr. Jaime Milheiro que, para mais, aceitou consolidar a nossa amizade com a sua pronta disponibilidade para escrever o prefácio deste livro.

Tenho esperança que este trabalho represente, da melhor forma, toda a gratidão que sinto por todas estas pessoas.

A CAMINHO DO ORIENTE...
A VIAGEM CONTINUA!

Eduardo Sá representa a sensibilidade e a elegância de quem se preocupa com a criança antes dela "existir", antes dela "ser". Antes dela participar na sua visibilidade programada. Representa a preocupação sobre a delicadeza da raiz, sobre as questões anteriores ao princípio das coisas. O que só por si, como atitude, insinua patamares de garantia.

E procura aplicar tudo isso ao conhecimento do ser humano: no seu desvendar clínico, no seu patamar científico, no seu ensino universitário. E à sua escrita e divulgação.

Este livro, na sua forma, no seu conteúdo, na sua perspectiva... será um excelente exemplo disso mesmo.

I

O início de tudo, nesta área, tal como o início da criança, é sempre pessoal e renovável, por isso intransmissível. Tal como serão intransmissíveis todos os instrumentos aplicáveis: pensamento, fluidez emocional, simbolização, fantasia... para que o processo possa acontecer numa correcta passagem autonómica e num crescimento sustentado. Instrumentos esses que, saudavelmente, se vão alongando e se melhoram na visualização do que nos cerca, no exercício do que fazemos, na interiorização dos elementos que perpassam, na conceptualização do que há-de vir. E que se organizam também, proporcionando condições onde tudo se argamassa ou se fragiliza. Nunca os poderemos esquecer, muito menos bloquear. Seria negar a relação evolutiva. Seria fugir!

Por isso, todo o crescimento é um processo de identificação, concretizado silenciosamente, entrelaçado na base de dados interna e externa ao dispor de cada um... subsolado no afecto e no jogo das relações estabelecidas. O que significa interiorizar e projectar, desenvolver e contextualizar, configurar e responder. Significa levantar questões entretanto produtivas, reprodutivas, trans-missivas. Questões que, na sua complexidade, terão ainda de ser mais racionalizadas quando houver intenção de pedagogia: arte que pretende transmitir, necessariamente em linhas comunicantes, o *constructo* relacional apercebido e identificado.

Mas quem procura transmitir... que transmitirá?

Como faz?

Para além de empirismos e cientismos, como se realizará o processo de transmissão da coisa intransmissível... para quem recebe?

Como acontecerá a dinamização implícita, que necessariamente supõe movimentos identificatórios e contra-identificatórios, no pretendente e no provedor?

*

* *

Em minha opinião, quem transmite verdadeiramente, transmite sobretudo um sentido. Perpassa caminhos e conceitos, transmite mecanismos e atitudes. Transmite sentidos íntimos de abstracção e, sobretudo, por entre vagas emocionais transmite capacidade de canoagem!

Numa transmissão aceite e desejada por ambas as partes, quem o faz transmite muito mais o pensamento sobre a coisa do que a coisa; muito mais o processo de transformação do que a coisa transformada. Tal como na criança que cresce, a transmissão desenrola-se por identificação ao processo íntimo do que vai acontecendo. Passa do objecto à ideia, desta a um elemento interno antevisto, deste se encaminhando depois para o horizonte pessoal. E transmite também uma narrativa jamais acabada, uma abertura que nunca fecha, uma janela em permanência entreaberta.

No limite, diríamos que o transmissor desembainha um universo despreocupado da chave que supostamente o abre, um universo em expansão ilimitada, situado para além do contador, qualquer que seja a altitude. Transmite o que, sendo princípio de vida, flui como motor de uma comunicação que não tem fim mas ao mesmo tempo permanece consciente da terminalidade do que diz e do que propõe. Conhece a sua própria finitude e a finitude do que propõe.

Transmite uma continuidade que sendo finita para quem a presta... facto que sinaliza a zona mais nobre da transmissão, porque esta permanece viva no desejo do transmissor apesar dele saber que nunca a concluirá... é inconclusiva no tempo, porque continua.

O jogo continua, outros o farão... dirá o provedor dotado, porque

the show must go on"... e esta frase de circo constitui o mais irredutível princípio da existência, seja ela qual for, por definição... desde há biliões de anos, em contas feitas por quem sabe, em qualquer área do conhecimento... psicanálise incluída...

... justificando deste modo a incomensurável atracção que o movimento desse jogo por si mesmo desperta. Outros o farão... dirá seguramente esse provedor... outros dispostos na mesma atracção automática e inconsciente, quase nunca dita, assente num dinamismo que desconhece a necessidade de aplauso, porque representará a constância de um interminável edifício em laboração.

Curiosamente, se forem ditas, essas atracções e fascínios esmorecem. Tal como a saúde mental, que em cada um desvanece quando precisa de usar o nome para que aconteça. Nomear artificializa. Dita ou nomeada deixa de ser, pelo que esta transmissão, para ser expressiva, dificilmente poderá objectivar alegrias de busca ou caminhos racionais. Funcionará enquadrada no sentimento de existir, na convicção de modelo, na existência ligada, no exemplo que sobressai. Na distância entre o que existe e o que o continuará, através do processo musical que Freud descobriu e investigou. E para nós, profissionais, funcionará também através do legado inquieto, implacável, decidido, que ele nos deixou: investigação, ideia, projecto, atitude, metodologia, através daquilo trabalhamos no dia-a-dia. O seu processo sempre continua, será impossível detê-lo.

O que me leva a supor que, numa identificação, é muito mais decisivo o agente transmissor do que a coisa a transmitir. Que será muito mais importante a relação do que o projecto em causa. E que a prioridade do motor não será propriamente a razão, embora ela tenha também de existir, nomeadamente quando de ensino académico se trata.

No ensino em geral e por maioria de razão num livro, a qualidade residirá na proporção adequada entre estes vários elementos, por parte de quem transmite e por parte de quem recebe. Qualidade centrada e preocupada na condição de um registo primordial, na identificação possível.

E isso aqui exemplarmente se cumpre!

É notória a preocupação do autor a esse respeito.

II

A Psicanálise é um instrumento: será sempre o violino do psicanalista. Que na sua musicalidade alonga perspectivas, eventualmente aplicáveis a outros instrumentos e a outros sistemas. Num jogo também eventualmente profícuo de confluências e reciprocidades. Mas a Psicanálise não é o psicanalista. E pedagógico poderá ser o psicanalista, não a Psicanálise, quando transmiti-la se pretende.

Mesmo quando realiza uma identificação íntima ao seu conhecimento e ao seu processo (o que, claramente, muitas vezes não acontece), o psicanalista tem sempre algo distinto e autónomo que constitui a sua Pessoa e o seu modo de a viver. Entendendo por viver tudo o que nele representa ser. E ele, desse seu modo, se derrama.

Essa é a sua condição. Até porque será sempre isso que fundamentalmente a Psicanálise pretende: alongar perspectivas sem limite naquela individualidade, processar uma capacidade de identificação interminável naquele crescimento, permanecer dentro de linhas nunca suficientemente conscientes, por isso eternamente continuadas.

Refiro-me à Psicanálise de Freud, onde não há local para festividades palavrosas nem para romarias em círculo, mesmo quando disfarçadas com plumas. E digo isto porque há outras psicanálises, esquematizadas em chavetas e grilhetas, desenhadas em figurações escolarmente dirigidas. Que fixam programas mais ou menos eruditos, pretensamente transformadores das emoções relacionais, que rodam em volta da sua própria satisfação. Que muitas vezes utilizam projectos estilizados e quimicamente puros, acompanhados de tambores e aplausos, ditados por vozes patronais. Como se isso fosse efectivamente possível em Psicanálise. Projectos que se fossem tomados à letra representariam a sua estagnação ou o seu arremesso para o canal da História.

Qual o papel destas variantes na transmissão e na identificação?

Qual o papel destas variantes na blocagem da transmissão e da identificação?

Qual o risco desse sistema em pseudo, que muitas vezes a própria instituição pretende avalizar?

Não discutirei agora essas questões fundamentais.

Acentuarei apenas que, embora compreenda a tentação dos parâmetros e paradigmas científicos do século XX (que até a Psicanálise inundaram), eles se tornam completamente deslocados na identificação da Psicanálise ao psicanalista e vice-versa. E que se podem tornar pouco compatíveis com a sua identidade, com a sua identificação a si mesmo.

É por isso que o psicanalista pode falar, escrever, ensinar... sem nunca deixar de ser psicanalista e, ao mesmo tempo, sem estar a fazer psicanálise. Não a deixa porque, mesmo sem dar por isso, ela flui como língua maternal impossível de abandonar quando representa a sua verdadeira identificação. Utiliza-a nesse trajecto, mas não faz dela uma clonagem erudita. Utiliza a Psicanálise como funcionalidade dentro de si e do seu pensamento, mas sabe que não a transmite desse modo.

O que, sendo complexo, pode até constituir uma muito interessante parcela na arte de comunicar.

Também isso se cumpre neste livro.

É notória a preocupação do autor a esse respeito.

III

Costumo ler e ouvir Eduardo Sá.

E faço-o com gosto.

Aprecio sobremaneira a sua capacidade de pensar além-fronteiras, sem muralhas, sendo ele um profundo conhecedor do seu conteúdo e do seu continente. Servido, além disso, por um talento literário e por dotes de comunicação raros entre nós.

Ele salienta as referências que o formaram, os pontos de vista que o enriqueceram, a importância dos passos que deu, na sua própria construção. A quem muito agradece o seu despertar, o que lhe fica bem. Mas, após tudo isso, não será nenhum desmando narcísico partir para a sua própria exposição. Partir para Oriente, para o seu próprio pensamento, que facilmente deixa vislumbrar noutras escutas, mas que se encontra ainda um tanto encoberto nesta sua narração. Certamente por uma questão de delicadeza. Mesmo sabendo ele, como eu, que não estaremos nunca em circunstâncias de verdade revelada. Nem nunca aí estacionaremos.

Se neste livro, pela sua própria natureza, a sua pessoalidade apenas se antevê, noutros textos já se afirma. Há nele um horizonte expandido para além da fortaleza que muito estimo, sem o qual ficaremos todos mais pobres... não deixando nunca de ser o psicanalista culto que pensa. Ou talvez por isso mesmo. Espero muito dele, para além do excelente já feito. Penso que só consegue a arte transmissiva que neste livro se observa, quem dentro de si dispuser de uma identificação consumada ao texto... e a si próprio e ao leitor. Ou seja, quem usufruir das potencialidades relacionais e das respectivas preocupações articuladas.

Os riscos nestas linhas supostos nunca irão acontecer! Ele conhece-os bem. A preocupação de lhes chamar "Textos com Psicanálise" e de falar da "minha psicanálise" (dele) só por si o comprovam.

IV

A caminho do Oriente... dentro do espírito de Freud... a viagem continua!

A Psicanálise continua... alegremente, irremediavelmente!

Enquanto houver seres humanos, dentro deles cintilarão necessidades em busca da extensão compreensiva que dela decorre.

Por isso, intrinsecamente... a Psicanálise continua... este livro o sinaliza.

Porto, Dezembro de 2002.

JAIME MILHEIRO
Presidente do Instituto de Psicanálise do Porto
e ex-presidente da Sociedade Portuguesa de Psicanálise

Capítulo I

INTRODUÇÃO À PSICANÁLISE

A PSICANÁLISE COMO LIVRO DE AREIA

"Agora vemos por espelho, no escuro; mas, depois, veremos cara a cara. Agora conheço em parte; mas, depois, conhecerei como sou conhecido"

São Paulo

(traduzido por Cipriano de Valera, in "O Espelho dos Enigmas, de Jorge Luís Borges)

1.

Em qualquer parte do tempo

Um vendedor de bíblias acercou-se. E a troco de algumas rupias e da Sagrada Escritura, desfez-se dum livro sagrado que tinha adquirido nos confins de Bakir. Confiou-lhe o homem, que à obra chamava Livro de Areia "(...) pois, como a areia, não tinha nem princípio nem fim". Cada página, cada ideia, ou cada imagem seriam irrepetíveis. Poder-se-iam contemplar, tocar-se mas, jamais, voltar a vê-las.

"(...) – Sempre em voz baixa, o vendedor de bíblias disse:

- Não pode ser, mas é. É infinito, nem mais nem menos, o número de páginas deste livro. Nenhuma delas é a primeira, nenhuma delas é a última. Porque estão numeradas de uma forma tão arbitrária, não sei. Talvez para fazer crer que os termos de uma série infinita admitem um número qualquer.
- Se o espaço é infinito, estamos em qualquer parte do espaço. Se o tempo é infinito, estamos em qualquer parte do tempo (...)".

(in "O Livro de Areia", de Jorge Luís Borges)

2.
A relação de ajuda

Há como que um "livro de areia" entre duas pessoas que se tentam conhecer. Um livro onde nenhum momento é a primeira página e onde, entre a última e as que lhe ficam aquém, haverá uma imensidão de muitas mais que aguardam por ser escritas e compreendidas. Mas, sendo assim, o que transforma um "livro de areia" numa relação de ajuda?

Fale do que fale, uma pessoa fala de si. E projecta na fala a linguagem das pessoas que vivem no seu "mundo interior". Sendo assim, uma relação analítica é, ela também, um "livro de areia", onde cada sessão é única e irrepetível. Nela, um analista não pode ter no método analítico a megalomania de uma Torre de Babel (onde caibam todas as línguas do mundo). Mas, talvez, deva tomá-lo como um "mínimo denominador comum"de regras de sintaxe que lhe permitam aceder aos pensamentos que o outro lhe comunica, através da fala das palavras, da fala dos silêncios, ou da dos seus actos que "drenem" dor. Como quem re-liga sentimentos aparentemente incompatíveis, pessoas inconciliáveis, e fragmentos divorciados da personalidade.

3.
Uma relação aberta à liberdade

O que move o analista para o propósito de tentar compreender o outro?

A aspiração epidérmica e narcísica para decifrar os seus enigmas (como a que Borges parece ter, perante o Livro de Areia)? A confirmação da sua competência para pensar? A avidez de transformar um método numa ideologia fundamentalista e maníaca? Eventualmente, nalguns casos, será assim, para pesar de todos nós. Afinal, quando nos propomos pensar pelos outros nunca nos damos a oportunidade de crescer com os seus pensamentos. Talvez, todavia, aquilo que

Introdução à Psicanálise 21

gera a autenticidade analítica seja a gratidão para com a vida que, quando se transforma em empatia (como a pensava Kohut), gera um "impacto estético": a beleza com que a gratidão pela vida se alimenta e que tão próxima torna a cura analítica do mistério da ressurreição, onde cada interpretação é única e irrepetível, e cada gesto terapêutico é espontâneo e mediado pela humanidade, pela bondade e pela beleza.

Se há uma ideia que emerge do método analítico é, neste contexto, a de que ele será tanto mais analítico quanto mais for uma relação aberta para a liberdade (de sentir, de pensar, de comunicar). O que transforma cada momento duma relação analítica numa realidade irrepetível, perante a qual o conhecimento duma pessoa diante de si própria deixa de ser um espelho e se transforma pelas formas como é conhecida. Mas, sendo assim, qualquer citação dum analista acerca duma vida mental talvez não valha só por aquilo que pretende transmitir mas, sobretudo, pelas inúmeras "páginas" que aguardam por pessoas que as desvendem. Por isso, quando dois analistas repetem a mesma coisa um será... falso. Vê-se ao espelho, no escuro. Mas desconhece-se quando ignora, ele também, as formas pelas quais é conhecido. Outros dizem-no melhor: «uma mentira pode levar-te muito longe, mas nunca te leva para casa».

4.

Apanhar sol por dentro

Mas vale, então, uma relação analítica pelo modo como trata por palavras? Pensemos acerca disso...

Há tempos, uma pessoa com quem estou num processo analítico, comparou uma análise a virar-se do avesso e a apanhar sol por dentro. Para um analista, tal como o imagino, terá mais sentido 'apanhar sol por dentro' do que a 'descoberta da verdade interior' como o paradigma da clínica, não se confundindo uma relação de conhecimento mútuo – como a relação analítica – com um processo arqueológico próximo de quem desvenda uma civilização soterrada pelo tempo. Não muito distante, afinal do que Otto Rank referia verificar-se, na fase final de uma análise, quando a cura se começava a consolidar e era representada, pelo inconsciente, de uma forma simbólica, através de um segundo nascimento.

O que é uma relação analítica senão a transformação da linguagem numa relação?... Não a tradução (ditatorial) de um pensamento numa ideologia psicanalítica que, por vezes, pode trazer consigo o risco (de que fala Coimbra de Matos) das três neuroses com que se pode (também) concluir uma análise: a neurose com que se entrou, a de transferência e a do analista. Tudo junto, talvez, numa patologia de carácter (que dará algum crédito à expressão céptica, em relação a alguma psicanálise, segundo a qual, depois de uma análise, uma pessoa permanece com os mesmos sintomas que teria, com a particularidade de, então, saber porquê).

A compreensão analítica dos aspectos mais ou menos doentes das relações do nosso crescimento (que nos empurram a todos para experiências de vida comparáveis a uma "liberdade condicional") pressupõe uma compreensão que fica, saudavelmente, aquém daquilo que foi sendo tomado como paradigma da avaliação dinâmica: a descoberta da verdade. Assumamos que cada descoberta analítica será sempre um processo de reciprocidade relacional, e em permanente construção. Sendo assim, a verdade interior do outro será – no plano do conhecimento, como no da ética – incognoscível, como verdade que alguém suponha desvendar. Em relação a ela, uma interpretação é sempre uma hipótese, e um diagnóstico um processo em construção.

Receio que, por vezes, se confunda – na relação analítica – verdade com crueldade (como uma verdade que se impõe ao outro e com a qual, em lugar de nos aproximar duma pessoa, o afasta e tiraniza). Não me identifico com essa psicanálise. Recordo, a esse propósito, o enigma da esfinge: "desvenda-me ou eu te devoro". Um analista-esfinge teria sobre si uma exigência próxima à de um oráculo (que sabe mais do outro do que ele próprio). E, assim, uma relação analítica seria, certamente, infiltrada por ameaças retaliatórias em vez de experiências reparadoras de encontro entre duas pessoas. Que, se for assim, será terapêutico, porque regenerador, para um analisando... e para o analista.

Introdução à Psicanálise

Quero, com isto dizer que, numa relação analítica, uma verdade se constrói sempre que se criam, e se aprofundam, laços de intimidade. O vínculo-conhecimento, elaborado à margem do vínculo amoroso, é resistência. Ou, se preferirem, amor sem conhecimento (e vice-versa) é hipocrisia. Sendo assim, aquilo que se assemelha à verdade é, muito mais, uma descoberta intimamente relacional. São as pessoas a quem nos damos que criam, na relação connosco, as condições para que uma verdade se revele. Mas, então, é impossível descobrir a mesma verdade com duas pessoas diferentes, ou a mesma verdade duas vezes, num mesmo processo clínico. Daí que cada experiência relacional – como cada interpretação – seja única e irrepetível. Sendo assim, a verdade é uma descoberta efémera. Isto é: um pensamento, depois de pensado, é falso. Ferro e Margneni di-lo-ão de outro modo: "a interpretação atinge o seu mais alto estado de eficácia em estado nascente".

5.
"Tornando-se pessoa"

Um analista não é, pois, um oráculo, e não é clínico quando se assume como militante ou fundamentalista de um qualquer modelo no contexto de uma compreensão que pretenda fazer. A ironia da clínica é que "os bons analistas" são os maiores inimigos dos analistas: sempre que, na relação analítica, alguém se propõe confirmar modelos ou ir ao encontro do seu próprio narcisismo deixa, seguramente, de ser clínico para se aproximar, perigosamente (para ele e para a pessoa com quem está), de níveis perversos duma relação.

Talvez, somente, quando um analista se torna pessoa nasça uma relação analítica. Mas, somente quando se torna parte integrante da realidade interna do outro, se torna pessoa.

6.

Os instrumentos da relação

Um olhar psicanalítico pressupõe que ninguém 'trata por palavras'. As palavras são instrumentos de uma relação. Claro que, quando uma pessoa vem até nós, é natural que repercuta, na relação clínica, os ganhos e os insucessos (ou as "feridas") de todas as outras relações que lhe foram significativas; a isso chamamos transferência. E vai esperar que sejamos capazes de avaliar as nuances que essas feridas terão em si, e que possamos, naquela relação, ajudá-la a organizar experiências coesivas, potencialmente reparadoras, que até aí uma pessoa não pôde ter (aquilo a que Balint chama "a new begining"). "Um novo começar" talvez se inicie quando um analista intuiu, nos seus próprios gestos, a ressonância dos do outro; a contratransferência. Talvez uma avaliação se consolide aí.

Então, em resumo, os instrumentos essenciais duma avaliação, num contexto psicanalítico, serão:

a) saber escutar;

b) distinguir entre observar e ver;

c) aprender o outro entre a atenção e a intuição, e nunca deixar de, a propósito dele, perguntar porquê;

d) ousar imaginar o outro (incluido o seu sofrimento), com o pressuposto de que "a mente é a função geradora de metáforas" (e que tudo o que não for metáfora será traumatismo);

e) utilizar as palavras, os silêncios, e os gestos, como instrumentos de conhecimento, com a consciência que ninguém conhece sem que se dê a conhecer, e que, numa relação clínica – orientada por coordenadas psicanalíticas – nunca se avalia sem que se seja avaliado, e nunca se cresce sozinho (isto é, nunca cresce sem que o outro com quem pode crescer cresça também).

7.
Despertando para a sensibilidade

As palavras são instrumentos duma relação. Através delas, o analista interage – como objecto interno (como pessoa viva dentro do outro) – com os objectos internos que convivem dentro da pessoa com quem se propõe pensar, com o pressuposto de que não há vinculação sem autonomia, e vice-versa.

A transformação humana resulta do modo como um psicanalista contribui para a re-significação das experiências de uma pessoa? Contribui para ela, mas não se esgota nessa experiência de conhecimento, sempre que promove a reconstrução objectal e revitaliza a triangulação. A ideia de Ignacio Matte-Blanco segundo a qual, "cada um de nós se transformaria se fosse mais igual a si próprio" ganha maior ênfase se, para além da re-significação como experiência estritamente cognitiva, uma análise for tomada como uma experiência humana reparadora, que quebra um círculo vicioso de relações que se enovelam umas nas outras, perpetuando um sofrimento.

Sendo assim, um analista pode ser uma pessoa que reconcilie outra pessoa com o namoro com a vida. As pessoas que vivem dentro de nós – os objectos internos – dão-nos um sentido de existir mas, só por si, e sem experiências que vicariem neles, não nos dão vida. Vida dão-nos os objectos internos em cuja relação se criam experiências de ressurreição (podendo um analista ser uma delas). A eles chamarei objectos de intimidade e de comunhão, e a essa experiência (de gratidão para com a vida), que move duas pessoas para o conhecimento, 'revolução tranquila' (cujo exemplo pode ter a relação analítica por protagonista). Daí que eu pense a tristeza de muitas descobertas analíticas como anti-depressiva, como passagem de um conhecimento em espelho para outro em que cada um conhece como é conhecido, que cria – retomando Krishnamurti – despertares para a sensibilidade.

PERGUNTAS & RESPOSTAS

1.
O inconsciente é um espelho de enigmas?

A psicanálise não desvenda enigmas, transfigurando uma análise numa relação enigmática entre quem se procura e alguém que, com grandiosidade, lhe desvenda a verdade.

E não toma o inconsciente como uma entidade misteriosa, mas como uma sabedoria (muitas vezes reprimida) que transcende a consciência e se expressa e se expande, com espontaneidade, pela intuição. Abrindo-se ao conhecimento doutras disciplinas perante o pensamento (como ao das neurociências), e tomando-o como recreativo e associativo, e a crescer para níveis de complexidade sempre crescente.

Matte-Blanco (1975, 1988) tenta definir o inconsciente freudiano como se ele obedecesse a uma bi-lógica. Isto é, como se ele se caracterizasse por uma ausência de contradição, pela presença do deslocamento e da condensação, pela substituição da realidade externa pela interna, pela atemporalidade e pela inexistência de negação. Todavia, se insistirmos em associar o inconsciente ao sistema nervoso, a mutabilidade e a mutualidade do inconsciente surgem como inequívocas, levando-nos a percebê-lo, não tanto como uma realidade impulsiva ou reflexa mas, antes, que pensa por nós.

2.
A psicanálise trata quando transfigura as pessoas ou quando as devolve a um desenvolvimento suspenso?

A psicanálise compreende que a dor se gera "numa relação de amor não correspondido" (como refere Coimbra de Matos), e reconhece, em cada análise, uma "nova relação, que agarra o desejo insatisfeito e abortado, retoma o desenvolvimento suspenso, (...) tornando-se desenvolutiva" (ibid.) e aberta.

3.
Numa psicanálise, há transformação sem autenticidade?

A psicanálise é uma relação de humanismo, incompatível com a ideia de que cada transformação pressupõe um falso self sobre a dor ou uma maquilhagem narcísica. A partir da psicanálise, cada transformação dá-se numa relação de revoluções tranquilas: de encontro com a autenticidade, compatível com a espontaneidade, como espaço de dois gestos espontâneos ao encontro de uma mesma liberdade.

4.
Um psicanalista vale por aquilo que sabe?

A psicanálise não trata por palavras; toma-as como instrumentos transformacionais de uma relação reparadora. Sobretudo porque, nela, ganha significado a ideia de Natch, quando dizia que um psicanalista não vale por aquilo que sabe mas por aquilo que é.

5.
Numa relação clínica com coordenadas psicanalíticas, cresce-se... sozinho?

Numa relação de intimidade não há como uma pessoa crescer com verdade sem que a outra cresça. Não há como uma se torne pessoa sem que a outra se torne assim, também.

6.

Que diferença existe entre uma psicanálise
e uma relação clínica com coordenadas analíticas?

Em rigor, quase nenhumas. Na verdade, uma psicoterapia analítica compartilha o mesmo modelo compreensivo com uma psicanálise. Todavia, se uma psicanálise se dará a um ritmo que poderá ir das 4 às 5 sessões semanais, uma psicoterapia tem um ritmo inferior (geralmente, uma ou duas sessões por semana). Separa-as, também, na generalidade das circunstâncias, o divã analítico. Embora existam alguns analistas que promovam uma psicoterapia utilizando o divã, a generalidade das psicoterapias decorre num registo de "face-a-face". O divã representa um instrumento de grande utilidade numa relação clínica, na medida em que a ausência de um contacto visual cria um espaço suplementar na relação clínica que permite gerir os silêncios relacionais, e a livre expressão dos sentimentos com maior liberdade, aproximando mais duas pessoas. Numa como na outra, um analista deve ser interventivo, no sentido de, com o auxílio do modelo de compreensão psicanalítico, estimular a pessoa que solicitou ajuda para um crescimento cujas transformações interiores promovam mudanças aos mais diversos níveis da sua vida.

7.

Um pedido de ajuda a um clínico de orientação psicanalítica
termina sempre numa psicoterapia?

De modo nenhum. Uma única consulta pode promover mudanças inequívocas, se for orientada de uma forma incisiva e com sensatez. Recomendar que se inicie um acompanhamento psicoterapêutico, por exemplo, sem precipitações, depois de ponderar acerca dos custos e dos ganhos que se esperam dele, e após consultar, eventualmente, outras opiniões, pode ser, também, profundamente transformador. Ao contrário de todas as soluções padronizadas, com comentários que se banalizam e com interpretações quase clonadas umas nas outras que, mesmo que se dêem num ambiente psicanalítico, são de uma incorrecção científica e de uma ausência de ética inquestionáveis.

8.
Será razoável estender aos bebés, às crianças, ou aos adolescentes o método psicanalítico?

Não e sim. Não, se se pretender realizar uma psicanálise com estas pessoas, mesmo que ela se faça com o auxílio do jogo, por exemplo. Sim, se do método psicanalítico resultar uma compreensão globalizante de uma determinada realidade relacional, que se traduza em gestos claros que venham a promover a transformação daquelas pessoas. Será duma fineza clínica iniludível que um clínico promova transformações numa relação pais-filho, por exemplo, tendo com ela o número mínimo de gestos clínicos essenciais a uma mudança. Aliás, embora seja recomendável uma psicoterapia individual, em circunstâncias onde os recursos de uma criança como os da sua família estão muito comprometidas, a realidade familiar do século XXI, que coloca ao dispor dos clínicos pessoas com formações pessoais e académicas muito diversificadas, tenderá a colocar a compreensão mais profunda, que o método psicanalítico permite, à disponibilidade dos pais que, assim, serão, com a ajuda de retaguarda de um clínico, os melhores psicoterapeutas dos seus filhos.

9.
Afinal, numa leitura mais ou menos empírica, um olhar psicanalítico sobre o psiquismo também identifica... a saúde mental?

Uma avaliação clínica tem de ponderar o resultado que fica entre os recursos de saúde e os níveis patológicos da personalidade. No entanto, num olhar mais ou menos empírico, deveremos associar a saúde:

- ao erotismo (à vida que expressa e se expande, espontaneamente, num momento de tristeza, num acesso de fúria, no desejo, na ternura, ou numa fantasia agressiva, por exemplo);
- ao sonho (quer ele represente o trabalho de sonho que acompanha o sono, quer o trabalho de sonho que condensa a experiência em fantasia, quer o trabalho de sonho da imaginação);
- à intuição, que "parece ser observável naquilo a que Bion chama vislumbrar (ou naquilo a que William Blake se refere quando diz que os sábios vêem esboços)", como referia Jorge Ahumada (1996), e se poderá perceber melhor no último capítulo deste trabalho;
- e à consciência – como aparelho para a percepção das qualidades psíquicas, de acordo com Freud - e à função simbólica (adjacente à posição depressiva, de que fala Klein).

10.
A psicanálise não é uma ciência

As sociedades de psicanálise não podem continuar a confundir um modelo científico (que se constrói na convergência de muitas ciências, transversalmente atravessadas pelo método científico e traduzidas num método clínico) com uma estrutura burocrática que, confundindo muitas vezes ciência e poder, distorceu a autoridade (que deriva do conhecimento e do sentido de justiça) em autoritarismo (que legitima a mediocridade). De facto, os maiores adversários da psicanálise nunca foram outras leituras da mente humana ou outras abordagens que pretendessem ser terapêuticas para com ela, mas o narcisismo que alimentou. O amor à verdade, que tanto nos toca, não se pode legitimar pelo modo como o perscrutamos nas pessoas que pretendemos ajudar sem que, de forma plural, vertical e amiga do contraditório o façamos uns com os outros, e todos nós em relação aos princípios científicos e humanos em que nos revemos, em direcção a uma psicanálise de rosto humano, amiga do conhecimento, aberta à interpelação científica, carinhosa com a verdade e exigente com a democracia.

Introdução à Psicanálise 31

Bibliografia Essencial

BATEMAN, A & HOLMES, J. (1998). *Introdução à psicanálise*. Lisboa: Climepsi.
GIBELLO, B. (1999). *O pensamento incontido*. Lisboa: Climepsi.
GRINBERG, L. & GRINBERG, R. (1998). *Identidade e mudança*. Lisboa: Climepsi.
KRISHNAMURTI (1992). *O despertar da sensibilidade*. Lisboa: Editorial Estampa.
SANDLER, J., DARE, C. & HOLDER, A (1998). *El paciente y el analista*. Buenos Aires: Paidos.

Leituras de síntese

CLEMENT, S. (2001). *La revolution de l'inconscient*. Paris: EdLM.
HACHET, P. (1998). *Dinossaures sur le divan*. Paris: Aubier.
MARTINS, C. (1973). *Perspectivas do humanismo psicanalítico*. Porto Alegre: Sulina.
MATTE-BLANCO, I. (1975). *The unconscious as infinite set: an essay in bi-logic*. London: Duckworth.
MATTE-BLANCO, I. (1982). *Thinking, feeling and being*. London: Routledge.
MILHEIRO, J. (1999). *Loucos são os outros*. Lisboa: Fim de Século.
PERRON, R. (1999). *História da psicanálise*. Lisboa: Rés Editora.
RODENFIELD, I. (2001). *A megalomania de Freud*. Lisboa: Publicações Europa-América.
TRACTENBERG, M. (1995). *A psicanálise e os psicanalistas no século XXI*. Rio de Janeiro: Revinter.
WINNICOT, D. (1988). *Natureza humana*. Rio de Janeiro: Imago.

Capítulo II

OS GRANDES AUTORES DA PSICANÁLISE

A CRIAÇÃO DA PSICANÁLISE: SIGMUND FREUD[1]

1.
Os 2467 erros da psicanálise

Sigmund Freud nasceu a 6 de Maio de 1856, em Freiberg, uma pequena cidade da Morávia. Filho mais velho de uma família judaica de pequena burguesia, Freud muda-se, em 1860, para Viena, com 17 anos, iniciando, nessa altura, a sua formação em medicina, demonstrando, desde muito cedo, as suas capacidades de investigador. Impulsionado pelas dificuldades económicas, Freud abandona, mais tarde, a investigação, para se dedicar à prática médica, tendo trabalhado em clínica geral e em psiquiatria. Viria, depois, a ganhar uma bolsa para a Salpêtrière, onde conheceu Charcot e se interessou pela histeria.

A sua carreira terá sido muito influenciada, no seu início, pelo poema "A Natureza", de Goethe, descrita, a determinada altura, como alguém que se recompensa e se pune a si própria: "Não tem linguagem nem discurso, mas cria línguas e corações para sentir e falar". A curiosidade que Freud manifestava pela filosofia traduziu-se pela sua participação, durante três anos, nas conferências do filósofo Franz Brentano que, segundo Robert (1976), "(...) fundava a psicologia numa divisão da vida psíquica em três sectores distintos – representações, movimentos afectivos e juízos (...)", que parece ter tido alguma preponderância nas perspectivas metapsicológicas que Freud viria a desenvolver. Mais tarde, em 1876, vem a estudar neurofisiologia com Ernst Brucke, com quem permaneceu seis anos, e que representava um ideal estritamente físico-químico da vida mental. Já em

---

[1] Texto elaborado em colaboração com José Sargento, Psicólogo da Clínica Bebés & Crescidos

1885, aproximou-se de Charcot, com quem estudou neuropatologia, que utilizava a hipnose na exploração clínica dos quadros de histeria, e que considerava que "(...) os fenómenos hipnóticos ocorriam fora da consciência" (Blum, 2000). A partir do seu acompanhamento de Anna O, paciente de Breuer, todas estas influências se vão harmonizando e vêm, progressivamente, a dar origem à Psicanálise.

Em 1886, Freud abriu o seu primeiro consultório de "médico das doenças nervosas". Começou a usar a hipnose, que vira Charcot utilizar na Salpetrière, método que, três anos mais tarde, tentou aperfeiçoar com Liébault e Bernheim, em Nancy. Em 1882, Breuer, tinha-lhe falado de Anna O., que seria um dos casos a figurar nos *Estudos sobre a Histeria* que é, geralmente, considerada a primeira obra de literatura psicanalítica (publicada, por Freud e Breuer, em 1895). Reparando que os relatos dos pacientes estavam impregnados de conteúdos emocionais que conviviam com a racionalidade (tão íntima do positivismo), que se expressavam nas relações amorosas, no plano familiar, e nas interacções sociais, e que a condicionavam, Freud formulou as noções de Consciente, de Inconsciente e de Pré--consciente, como estruturas constituintes da mente (Zimerman, 1999). O inconsciente – o seu conceito mais revolucionário – seria um precipitado de experiências emocionais reprimidas, que acabariam por se manifestar quer através de sintomas psicopatológicos como pela via da "normalidade" – através dos sonhos e dos actos falhados, por exemplo (Pesch, 1985).

Em 1902, forma-se a "Sociedade Psicológica das Quartas-feiras". Tratava-se de uma espécie de tertúlia semanal, dirigida por Freud, à volta da qual se reuniam os seus jovens discípulos (Robert, 1976). Estas reuniões, que estiveram na origem da Sociedade Psicanalítica de Viena, fundada em 1908, ocorriam na sala de espera de Freud, no n.º 19 da Rua Bergasse. Dois anos antes, Freud tinha publicado a *Interpretação dos Sonhos*, em que postula que todo o sonho tem um conteúdo manifesto (de que nos lembramos) e um conteúdo latente (constituído, por desejos e angústias dissimuladas).

Freud adopta uma atitude aberta e humilde diante do conhecimento, falando, a propósito de um capítulo da Interpretação dos Sonhos: "(...) aconteça o que acontecer, os psicólogos terão sempre muito que dizer. (...) A coisa será o que deve ser... O capítulo conterá pois 2 467 erros, que lá deixarei (...)". Apesar do seu humanismo e da sua humildade diante do conhecimento, as perspectivas, progressivamente mais harmónicas, da psicanálise associam-se a uma ruptura inequívoca em relação aos modelos psicopatológicos em vigor na época, tendo encaminhado Freud para um isolamento, muito sentido por si, e para rupturas com Fliess, Rank, Ferenczi, Jung e Jones, por exemplo, que, numa carta dirigida a uma Loja Maçónica, aparecem descritas assim:

> "Aconteceu que nos anos a partir de 1895 fiquei sujeito a duas poderosas impressões que se combinaram para produzir o mesmo efeito sobre mim. Por um lado, alcançara a minha primeira compreensão interna (insight) das profundezas da vida dos instintos humanos (...). Por outro, a comunicação das minhas descobertas desagradáveis teve como resultado a ruptura com a maior dos meus contactos humanos; senti-me como se fosse desprezado e universalmente evitado (...)".

Tenho reclamado que a genialidade de Sigmund Freud resultou da sua profunda abertura aos apelos científicos dos finais do século XIX e do início do século XX e, sobretudo, da sua incessante capacidade de síntese diante dos contributos das áreas do conhecimento da sua época. Uma tal abertura não pode obstruir a clarividência de distinguirmos o "Freud clínico", genial, do "Freud cientista", influenciado pela época vitoriana que marcava toda a Europa ocidental e pela epistemologia positivista, que terá condicionado, nalguns momentos, a sua intuição. Mas, em quaisquer circunstâncias, a sua seriedade emerge num texto de 1926, que surge no Manual de Psicanálise, de Marcuse:

> "A psicanálise não é como um sistema filosófico que, partindo de alguns conceitos fundamentais rigorosamente definidos, deles se serve para abarcar a totalidade do mundo e, uma vez acabado, não deixa lugar a novas descobertas e aperfeiçoamentos".

Impressionado por se ter esquecido do nome de um poeta que conhecia bem – Júlio Mose – Freud inicia, entretanto, as suas investigações sobre os actos falhados e lapsos, que – tal como os sonhos – eram vistos como não tendo qualquer significado pelo saber científico da altura (Robert, 1976). Em 1904, edita a *Psicopatologia da Vida Quotidiana*. Nesta obra, Freud teoriza o lapso como o resultado de um compromisso entre a censura e a expressão do desejo. *A Psicopatologia da Vida Quotidiana* constitui a primeira demonstração de que há um traço de continuidade entre a patologia e a "normalidade", até então rigorosamente separadas.

Já em 1905, Freud publica *Três Ensaios sobre a Teoria da Sexualidade*, criando uma grande celeuma na Viena Vitoriana. Nesta obra, Freud introduz a noção de um instinto sexual originário, que tende para a satisfação, desde os primeiros anos de vida. A sexualidade seria tomada como manifestação do instinto de vida, fugindo às formatações repressivas da educação.

Em 1905, Freud publica *Fragmento duma análise de histeria*, onde expõe o caso de Dora. Até ela, o tratamento psicanalítico centrava-se na necessidade de suprimir sintomas. Depois dela, a relação psicanalítica passou a tomar as experiências vividas na relação com o analista como espaço de transferência de fantasias, de desejos, de fantasmas e de angústias que, originariamente, estavam associadas a outras pessoas, e que encontrariam nessa relação espaço para serem "legendadas". É à medida que se transferem da relação clínica para a vida outros olhares sobre as pessoas significativas que se encontrará, porventura noutras relações, experiências reparadoras dos sofrimentos que as ligações familiares foram sedimentando e que, com o tempo (e pela ausência de relações redentoras), originaram sintomas psicopatológicos. No fundo, a ideia subjacente ao pensamento de Freud reside no pressuposto de que as pessoas, sendo originariamente, saudáveis, sofrem "formatações" educativas que reprimem a natureza humana, levando a que o crescimento se reparta entre uma parte social, nem sempre coincidente com a autenticidade e a simplicidade daquilo que se sente, e um lado íntimo, muitas vezes, quase clandestino. É claro que uma visão tão pouco biológica e nada demonológica da dor "democratizava" o sofrimento e a doença mental, tendo merecido diversas resistências no seu tempo.

Quando, a par de todas estas descobertas, Freud reflecte sobre o mal, partindo do nazismo (que não seria uma ira divina mas um conjunto de actos protagonizados por pessoas como nós), Freud torna enfático o humanismo da psicanálise, como tentativa de perscrutar os motivos pelos quais a natureza humana parece, tantas vezes, transfigurar-se e (em vez dos apelos ao vínculo e ao conhecimento, dos primeiros tempos de vida) ser dominada pela destrutividade e pela estupidez.

Os últimos anos de Freud foram um misto de sofrimento (por força de uma doença incurável) e de glória (Robert, 1976). Até a sua Viena, que nunca o aceitara verdadeiramente, lhe concede o título de cidadão honorário. O seu 75º aniversário foi assinalado em todo o mundo. Freud era, então, a par de Einstein (com quem trocara correspondência), considerado um dos judeus mais importantes do mundo.

A 4 de Junho de 1938, Freud abandonou Viena. Foi recebido, em glória, por Londres, que o acolheu com entusiasmo durante os seus últimos meses. Morreu a 23 de Setembro de 1939, depois de uma longa agonia. A genialidade de Sigmund Freud resulta da sua profunda abertura aos apelos científicos dos finais do século XIX e dos princípios do século XX e, sobretudo, à sua incessante capacidade de síntese diante dos contributos das áreas do conhecimento da sua época. Com Freud, a psicanálise transformou-se num método científico e numa técnica clínica de rosto humano. E as pessoas tornaram-se... mais pessoas.

2.

Freud e a Sexualidade

A psicologia dinâmica foi sendo associada ao estudo do psiquismo, de onde ressaltava a noção de inconsciente. O inconsciente seria, para Freud e para os autores que se lhe seguiram, uma entidade metapsicológica (isto é, um modelo com o qual se pretendiam enquadrar e tornar compreensíveis os achados da clínica). O modelo de Freud tinha, entre muitas outras, uma virtude essencial: pretendia organizar uma leitura do psiquismo que não ignorasse a realidade biológica do sistema nervoso e do corpo. Partindo dela, a concepção humana ia muito para além de um dualismo corpo/mente, tomados como entidades clivadas, centrando-se numa interacção que nos deverá remeter para a assumpção do Homem como *animal racional*.

Assim, o Homem teria competências cognitivas mas, igualmente, um património filogenético (que se organizaria num instinto de vida, cuja validade seria – uma vez mais – enfática, já que representava uma noção que condensava os instintos "arquivados", ao longo da evolução, no genoma) e a pulsionalidade (a energia vital) – que representaria uma espécie de "correia de transmissão" entre o biológico e o mental.

Os conflitos decorreriam da convivência entre o biológico e o psíquico. Dinamizariam a vida mental e confeririam ao inconsciente uma dinâmica de intensa vivacidade, de onde se destacava a sexualidade, como paradigma de uma variável interactiva, que introduzia, simultaneamente, no psiquismo, o desejo e a ética. A vida psíquica far-se-ia, a partir de Freud, de racionalidade mas, também, de angústias, de medos domáveis e de outros, maiores (a que chamaria fantasmas), de sonhos, de emoções - embaraçosas e incontroláveis – e de afectos, por vezes, contraditórios.

Mas a leitura de Freud introduzia, também, uma dimensão repressiva desta vivacidade interior, tomada a partir da concepção reflexológica do psiquismo: em função de um estímulo, a filogenése exprimir-se-ia num reflexo. Exemplo disso poderia ser, tomada a sexualidade como referência, o impulso irreprimível que decorreria do estímulo sexual que qualquer mulher (da família ou estranha a ela) representaria para um homem. O apelo biológico seria preponderante e ter-se-ia vindo a domesticar, segundo Freud, a partir da repressão introduzida pela cultura humana, de onde se destacaria a relevância exogâmica que ela terá introduzido na formação da família, complementada pela riqueza simbólica que terá escorado a biologia, e que Freud abordou em *Totem e Tabu*. Seria nesta tensão entre o biológico (tomado, nalgumas circunstâncias, como id) e a consciência humana – mediada pela lei (do supereu), que arbitrava as relações sociais – que o desenvolvimento psíquico se dava, sempre sob o pressuposto que com a ascensão à consciência se digeria a morbilidade mental de cada conflito: a consciência faria com que um conflito inconsciente (cuja dor se traduziria em sintomas psicopatológicos) deixasse de ser "infeccioso", e fosse reabsorvido pela dinâmica psíquica e transformado em mais vida mental.

Se a partir de Freud-clínico o Homem se libertava do espartilho positivista, com Abraham, Ferenczi e, sobretudo, com Klein e com Winnicott, ele é concebido como alguém que, todavia... também pensa. A consciência (tomada na designação de 'posição depressiva', em Klein) continua, de algum modo, a protagonizar as transformações humanas, embora seja um conceito mais relacional. A competência para aceder à dor de conhecer "pedaços" de uma pessoa que lhe desagradam ou intimidam, deriva de ter em si representações de pessoas (cuja síntese, como refere Bollas, é a identidade) que tornariam mais tolerável (e mais metabólica) essa dor, e transformariam essa desilusão na confiança de, apesar dela, não se estar sozinho a vivê-la. Estes "cidadãos do mundo interior", que foram sendo tomados sob a designação de 'objectos internos', permitiam perceber as pessoas, não tanto como objectos indiferenciados que desbloqueavam, num reflexo, as pulsões (e nos quais elas se esgotavam), mas como os organizadores fundamentais da vida mental. A filogénese não deixava de existir no modelo da Escola Britânica de Psicanálise, a que estes autores estavam associados, como não deixavam de ser relevantes os sonhos, as emoções e os afectos, os medos e os fantasmas. O inconsciente passou a ser tomado como fantasia inconsciente – representando, nalguns aspectos, um retrocesso em relação a Freud e, sob a influência de Klein, a precocidade da vida mental tornou-se menos especulativa, sobretudo a partir das relações que ela estabeleceu entre a psicopatologia do adulto e as experiências relacionais mais precoces, tendo mesmo Segal referido que "(...) os pontos de fixação das psicoses têm as suas raízes nos primeiros meses da infância (...)".

Mas enquanto esses desenvolvimentos psicanalíticos não se davam, Freud ia suscitando, pela coerência do seu modelo compreensivo, sobressaltos e reacções agudas e tumultuosas em torno das suas perspectivas acerca da sexualidade. Convirá, no entanto, não esquecer, que o século XIX teve aspectos muito marcantes em redor dos costumes e da sexualidade que, tendo vindo a definir-se desde o Cristianismo, assumem, nessa altura, características particulares com as quais a leitura de Freud entrou em ruptura.

É no decurso desta evolução diante da sexualidade, e neste ambiente vitoriano, que a abordagem de Freud acerca da relação entre a histeria e a problemática da sexualidade surge e a psicanálise nasce. Num tempo em que os preconceitos acerca da sexualidade pareciam não coincidir com os comportamentos mais banais, talvez não seja de admirar que, em prejuízo do alcance clínico da psicanálise, seja, por muitos anos, relevada a problemática da sexualidade a que, de início, esteve associada.

3.
Dois "Freud's", a mesma psicanálise

Ao contrário do próprio Charcot, por exemplo, Freud-clínico teve a clarividência de perceber que a doença mental não se poderia perceber a partir de uma perspectiva demonológica, nem fundada nalgum deslumbramento positivista. Foi mais longe, perguntando-se quais poderiam ser os motivos remotos de muitas neuroses. "Este" Freud clínico não se limitou a constatar os efeitos da hipnose nalguns pacientes com quadros neuróticos. Perguntou-se quais poderiam ser os motivos que poderiam contribuir para a organização desses quadros. E, à medida que a sua experiência clínica evoluía, foi-se apercebendo que muitos quadros psicopatológicos manifestavam muita dor em função de episódios relacionados com a sexualidade. Estávamos no final do século XIX e no início do século XX, e, somente com o Renascimento, as crianças passaram a ter alguma relevância nos costumes e cuidados minimamente diferenciados nas famílias. Para mais, a psicologia ainda não se tinha dedicado ao estudo sistemático dos bebés, das crianças, e dos adolescentes, e tomava os primeiros como "um tubo digestivo acoplado a um encéfalo". Daí que, numa atmosfera vitoriana, surgir um investigador a chamar a atenção para as consequências da exposição das crianças à sexualidade dos adultos e, em muitíssimos casos, às sequelas dramáticas que as experiências de assédio, de abuso sexual e de violação de crianças teriam nas suas relações amorosas e nas suas experiências interpessoais, não deixa de ser um contributo de uma humanidade relevante.

É neste contexto que uma obra como os *Três Ensaios sobre a teoria da sexualidade* se torna preponderante. Se, com o ensaio sobre As Aberrações Sexuais, Freud esbateu a fronteira entre o normal e o perverso (definindo o perverso como o negativo da neurose, cujo pudor ou a culpabilidade o impede de satisfazer os seus desejos na realidade) será, sobretudo, o ensaio sobre A Sexualidade Infantil que assume mais relevância em termos públicos. Porque explicita a existência de um instinto sexual original pré-formado, característico da espécie, que não seria redutível ao genital. A este nível, haverá três noções importantes que deveremos esclarecer com o auxílio de Freud e de Laplanche e Pontalis, (1985):

- Instinto: que seria uma "força impulsionante", hereditária, característica de uma espécie, mais ou menos análoga ao instinto animal;
- Pulsão: que seria mais o processo pelo qual o instinto tenderia para um alvo.
- Líbido (do latim, "vontade, desejo"): que representaria o "substracto das transformações da pulsão sexual".

Terá, hoje, sentido permanecermos ligados a esta leitura tradicional dos estados sexuais precoces? Não me parece. Os estados sexuais precoces representam o contributo inestimável de Freud, ao trazer a etologia para a psicanálise, e representarão, sobretudo, uma dimensão animal, mais ou menos esquelética, da natureza humana, que ficará mais a nu sempre que a função organizadora da relação falhe. Por outro lado, talvez devamos acolher a ideia de Jung, que tomava a líbido como "a energia psíquica", presente em todas as manifestações da intencionalidade humana. Vista como no capítulo sobre as neuroses será abordada, a líbido será o resultado da triangulação dos objectos internos.

Esta leitura de Freud acerca do desenvolvimento precoce, muito influenciada por Abraham, pressupõe que, nos primeiros anos de vida, o comportamento seria, para Freud, reflexo e se estenderia por estado intermédios do desenvolvimento e por zonas erógenas diferentes do próprio corpo, até atingir a genitalidade. As fases oral, anal, fálica e genital do desenvolvimento representavam, na leitura original, modos da líbido encontrar, através de funções orgânicas, formas de expressão não sexuais que criassem condições para a sublimação da sexualidade e para a sua transformação em vida, como se, sem elas, a biologia animal fosse indiferenciada e só possuísse uma disposição inata para a perversão.

Como aflorei, convivem nos primeiros textos de psicanálise dois "Freud's": um Freud clínico e um Freud influenciado pela epistemologia positivista (talvez em consequência da sua relação com Brucke).

Mais uma vez, a perspectiva humanista da psicanálise surge a propósito da sexualidade quando, por exemplo, se refere ao recalcamento da cena primitiva. Tentando simplificar o raciocínio, a propósito do protagonismo que Freud atribui ao complexo de Édipo: todos os seres humanos adultos reconhecem que, afinal, os "bebés não vêm de Paris" e que, não existindo a sexualidade dos seus pais, a sua existência não seria possível. Todavia, não deixa de ser curioso que cada um de nós tolere mais facilmente a ideia de resultar do amor dos seus pais que de um coito, enfatizando, que esse esquecimento selectivo e protector, poderia representar um episódio organizador na sociabilidade humana, que representaria a resolução de um período, que parecia ter uma validade filogenética, a que ele chamou Complexo de Édipo, e que parecia representar um conjunto de respostas de rivalidade de uma criança em relação ao pai do mesmo sexo pela disputa da atenção e do protagonismo do pai do sexo oposto.

Já a sua ambição de alcançar uma psicologia científica, balizada por leis gerais, terá tido um efeito mais ou menos derrapante no "Freud clínico" que, de facto, compreendeu, como nenhum outro, a rivalidade subjacente aos conflitos neuróticos e identificou o modo como essa rivalidade se repercutia na sexualidade. Todavia, estávamos na transição do século XIX para o século XX, a família iria sofrer transformações profundíssimas e a perspectiva de uma lei geral que contribuísse para enquadrar o desenvolvimento infantil, como veremos no capítulo acerca da neurose, coerente com o modelo de Freud, hoje já não será razoável, se a tomarmos na sua "pureza" original. Mas a ambição positivista tocou Freud, que ambicionou aceder a uma leitura neurológica e objectivável dos fenómenos mentais, como tocou Watson (ao eleger o reflexo como a resposta mental mais elementar, despoluída de subjectividade), como influenciou Piaget, (que se refugiou no desenvolvimento cognitivo, observando-o através de um método com grandes influências das ciências naturais).

4.
O Complexo de Édipo

Um complexo supõe "um conjunto organizado de representações e recordações de forte valor afectivo, parcialmente ou totalmente inconscientes", afirmam os insuspeitos Laplanche e Pontalis (1985) que, adiantam, poder um complexo "estruturar todos os níveis psicológicos: emoções, atitudes, comportamentos adaptados". Freud não "morria de amores" pelo termo complexo, que se foi banalizando na linguagem de senso comum, daí que o utilize pouco nos seus escritos.

No entanto, n'*O Fragmento da Análise de um Caso de Histeria* (1905), Freud refere que a "(...) a lenda de Édipo provavelmente deve ser considerada como uma representação poética daquilo que é típico nas relações", adiantando que parece existir uma "inclinação precoce (...) da filha em relação ao pai ou do filho em relação à mãe", referindo, a propósito de Dora, que outras influências podem entrar em jogo levando "(...) a uma fixação deste sentimento rudimentar de amor ou ao seu reforço". No entanto, já Fenichel (1981), numa obra de referência sobre a teoria psicanalítica, define que "o ponto culminante do complexo de Édipo coincide com o estado fálico do desenvolvimento libidinal", descrevendo, a exemplo de muitos outros autores clássicos da psicanálise, um complexo de Édipo positivo (quando, por exemplo, o amor pela mãe prevalece sobre o amor pelo pai) e um complexo de Édipo negativo (quando, em referência ao mesmo exemplo, sucede o contrário).

A fase edípica do desenvolvimento "ocupa uma posição central na patogenia das neuroses (...) bem como na dinâmica dos transtornos de personalidade de nível superior (...)" (Gabbard, 1994). Também a propósito da problemática neurótica, Amaral Dias (2000), ao pensar sobre esta obra, faz uma síntese clarividente. Refere que, nela, Freud elabora as fases para a construção de uma teoria da sexualidade humana "que vai transformar-se, também, numa teoria da representação psíquica, e numa teoria mais global que envolve a questão do encontro com o objecto". Ao sentir que a realidade mental resguarda, por vezes, com um esquecimento protector, os episódios traumáticos, Freud acaba por ser de uma grande fineza clínica. Não se trata de remeter para a infância a compreensão de todas as nossas dificuldades, mas de compreender quais são e, sobretudo, porque parecem, tantas vezes, perpetuar-se, numa espécie de compulsão à repetição, pela vida fora.

Isto é, que mecanismos nos levam a reagir duma forma tumultuosa às restrições paternas ou maternas e, depois, ao fim de algum tempo de casamento, algumas pessoas chegarem à conclusão que terão construído uma relação em que se sentem numa postura muito semelhante à que tinham diante dos seus pais, que os leva a afirmar, metaforicamente, que terão casado com a mãe ou com o pai.

5.

O inconsciente

A grande questão clínica de Freud seria mais ou menos esta: "o que se passará no psiquismo para que se dê esta clivagem entre o recalcado e o recordado?". Como compreender um conjunto de memórias que parecem adquirir um valor mais ou menos paradoxal: por um lado, parecem ser preponderantes na forma como condicionam as relações interpessoais. Por outro, apesar de relevantes, surgem protegidas pela opacidade de um aparente esquecimento (a que Freud chamou recalcamento). Sendo assim, como não dispunha de um modelo que lhe fornecesse uma compreensão acerca desta problemática, Freud terá pensado que, à falta de uma designação para este conjunto de conteúdos, chamar-lhe-ia... inconsciente. Não sem, antes, com Breur, em 1895, o ter definido como dupla consciência (que, na minha opinião representará uma designação que compatibiliza melhor a leitura dinâmica e as descobertas actuais das neurociências). No entanto, com a clarividência de quem se sentia a inovar, e com a humildade de um investigador, Freud enquadrou essa descoberta caracterizando-a como um modelo metapsicológico. Isto é, como se dissesse, implicitamente: "tenhamos prudência, esta designação estrutura um modelo de compreensão da psicologia mas não é uma verdade inquestionável e insofismável". Lamentavelmente, muitos dos seus opositores, e alguns dos seus seguidores, terão ignorado o rigor científico e a seriedade clínica de Freud, ao confundirem um modelo metapsicológico com uma leitura científica positiva quando, na verdade, a psicanálise representava uma ruptura arrojada que ia para além do elementarismo positivista que dominava a epistemologia do seu tempo.

Poderemos, no entanto, perguntar se na obra de Freud se reconhece um ou vários inconscientes? Como referi em *A Maternidade e o*

Os Grandes Autores da Psicanálise 47

Bebé (Sá, 1997), podemos referenciar que o inconsciente condensa quatro níveis interactivos diferentes, à margem da consciência:

- um inconsciente filogenético, mais nítido em Psicologia de Grupo e Análise do Eu, que adquire a sua expressão essencial nas fases do desenvolvimento psico-sexual e no complexo de Édipo, que acolhe a etologia na psicologia e que toma em consideração que, seja nas circunstâncias-limite de uma multi-dão ou diante dos sinais de desejo a que, filogeneticamente, o sistema nervoso autónomo corresponde com respostas reflexas, somos... animais racionais. Carl Sagan referia-se a este inconsciente quando afirmava, com inegável beleza, o quanto estão presentes dentro de nós... "os dragões do Éden";
- o inconsciente da vida emocional e das pulsões, que, numa leitura mais psicofisiológica, nos permite entender um conjunto de respostas emocionais e afectivas, que se manifestam no sistema nervoso com autonomia e que, regra geral, a boa educação recomenda, infelizmente, que se reprimam (quando representam um vocabulário fantástico que poderíamos utilizar de nós connosco e com os outros);
- o inconsciente do recalcamento, observável na clínica das neuroses, que indiciava uma realidade mental inacessível aos processos mentais operantes na vigília, mas que seria acessível à hipnose e ao sonho, e que fez com que Freud, influenciado pela sua experiência clínica com neuroses, fosse levado a imaginar que o levantamento da "barreira de nevoeiro" que torna opacas algumas experiências traumáticas (por associa-ção livre, por exemplo), poderia representar um salto evoluti-vo inequívoco das experiências de sofrimento;
- e o inconsciente dos sonhos, onde o trabalho do sonho faz com que se aceda a conteúdos mentais, a priori, só alcançá-veis através da hipnose, representando o "trabalho de sonho" uma linguagem condensada e metafórica, rica em imagens, e organizando histórias, nem sempre explícitas ou claras, mas que, em rigor, pareciam representar uma área do psiquismo mais liberta de interdições e muito fidedigna, quando se trata de pensar e elaborar a vida psíquica.

O inconsciente surge, com grande relevância, quando Freud aborda, por exemplo, a *Psicopatologia da Vida Quotidiana*, e se refere aos lapsos de linguagem e aos "actos falhados", por exemplo, afirmando que grande parte da vida mental é reprimida por interdições e censuras que, todavia, não silenciam a nossa autenticidade diante de nós e dos nossos sentimentos. E, sobretudo, permite que tomemos a vida mental num registo essencialmente interactivo, muito menos solipsista do que, numa primeira leitura, poderia parecer, e que terá levado Amaral Dias (2000) a afirmar, a partir da sua interpretação da *Psicopatologia da Vida Quotidiana*, que esse trabalho introduz uma distinção entre o inconsciente como "um gerador ou um gerado", ressaltando o modo como a dor psíquica e a sua expressão no sintoma emergem como dois vectores essenciais nesta reflexão.

É claro que hoje, ainda, a vida mental (que, como vimos atrás, encontra, na sua leitura, inúmeras coincidências quando se comparam o sistema nervoso, tal como o compreendemos hoje, e a noção de inconsciente, em Freud) já não teria sentido se a tomássemos como um supereu (qual "doberman") a guardar os impulsos animais que os instintos e as pulsões traduziriam em respostas reflexas, em impulsos, ou (como, mais tarde, Klein afirmaria) em fantasias.

O grande desafio da natureza humana, e da educação, para o qual a psicanálise tem de comparticipar, passa por percebermos que o sistema nervoso (como equivalente ao inconsciente) é, realmente, um conjunto de formações que, à falta de microfilmes, compacta informação através de imagens, tal como Freud afirmava, mas que, ao contrário de alguns dos seus pontos de vista, nos torna pessoas melhores quando pensamos com o sistema nervoso todo. Aceitando e acolhendo reflexos, impulsos e fantasias, como um vocabulário que, em vez de nos levar para níveis básicos do funcionamento mental, assustadores e animais, nos permite compreender um sistema nervoso que pensa por nós, à margem, inclusivé, da intencionalidade de pensar.

6.

A interpretação dos sonhos

Como temos vindo a pensar, o inconsciente parece surgir, na obra de Freud, e seguindo uma analogia com a aviação, como uma espécie de "caixa negra" que regista, ininterruptamente, todos os fenómenos psíquicos. Para mais, com Freud o sono deixou de ser tomado como um descanso, um espaço de adormecimento para a actividade mental mas, antes, como um fenómeno activo e com um valor precioso quando, sobre ele, se pode realizar uma análise clínica. É claro que, ao mesmo tempo que *A Interpretação dos Sonhos* produzia uma curiosidade fantástica nos meios intelectuais e no senso comum, o poder que parecia conferir aos psicanalistas no acesso "aos confins" da intimidade de cada pessoa, não terá deixado de assustar muitos investigadores, permitam a vulgaridade, vá-se saber porquê...

Mas, acima de tudo, Freud teve o génio de descobrir aquilo que todos sentiam, sem que o conseguisse formular duma forma articulada. E, numa época de enorme deslumbramento social e económico, onde – da organização política às relações laborais – havia o domínio de uma ideologia positiva das relações humanas, surgir um investigador, corajoso e sereno, a afirmar que o Homem é, só, um animal racional... que sonha, não terá deixado de ser desconcertante.

Tamanho desconcerto foi permanecendo ao longo dos anos, mesmo junto de alguns investigadores notáveis, como Jouvet (2002), que organizaram uma parte importante do seu estudo acerca do sono e do sonho (embora, em grande parte, ambos os pontos de vista tenham muito mais a aproximá-los do que a afastá-los).

Vejamos, em diagonal alguns postulados de Jouvet. Para ele, os neurónios não descansam, mas têm uma actividade de tipo diferente durante o sono e a vigília, reafirmando, como Freud, que o sono é um fenómeno activo e, indo além dele, ao afirmar que o sono é o período em que se liberta a hormona do crescimento. Ao contrário de Freud, Jouvet já dispunha de informação psicofisiológica que lhe permitia afirmar que:

– o sistema de vigília é constituído por uma rede de neurónios situada na formação reticulada mesencefálica (que, durante a vigília, excitam o cortex, por intermédio de neurotransmissores, em particular, a acetilcolina);

– para que a vigília cesse é fundamental que não haja perigo imediato (de forma a que os tele-receptores auditivos, olfactivos, e visuais não sejam alertados por sinais provenientes de predadores), e é fundamental que as necessidades fisiológicas estejam satisfeitas, para que o período de adormecimento se situe na fase de inactividade do ritmo cicardiano.

Tal como Freud, Jouvet descreve o sonho como um fenómeno que merece um estudo diferenciado, afirmando que o sono paradoxal "não é sono nem vigília, mas um terceiro estado do cérebro, tão diferente do sono como o é da vigília" (Jouvet, op. cit). Mas se, para Freud, o sonho surge como uma oportunidade de organização da vida mental, para Jouvet (ibid.) o sonho é a última fronteira da neurobiologia e "(...) a actividade onírica consiste em estarmos perante um fenómeno que não tem função", embora consuma consideráveis quantidades de energia: "a atenção requer um aumento do consumo de glicose sem aumento do consumo de oxigénio; o sonho parece exigir um aumento do consumo de glicose associado a um aumento do consumo de oxigénio" (ibid.).

"A consciência onírica parece despender uma quantidade de energia maior do que a consciência acordada (...).

Por isso, todas as actividades que exijam um aumento da procura energética cerebral (hipertimia, febre) ou que diminuam a oferta (hipoxia, isquemia) suprimem o aparecimento do sonho" (ibid.).

O sono paradoxal, continua Jouvet, parece duplamente paradoxal.

Por um lado, "a quantidade de sono paradoxal decuplica quando a temperatura central decresce. (...) Por outro lado, o sono paradoxal emprega, ele próprio, um sistema de arrefecimento por perda de calor a nível dos permutadores eléctricos", como se "tudo se passe como se a finalidade desse sistema fosse obter sono paradoxal permanente em torno dos 20.º C".

Isto é, embora por caminhos muito diferentes, Freud e Jouvet parecem estar de acordo: o sonho (sobretudo a actividade onírica que surge com o sono paradoxal) parece ter uma função nuclear no funcionamento nervoso e na realidade psíquica. Jouvet percebe que algumas manifestações mais ou menos enigmáticas do sonho derivam da "falha de associação, pelo menos temporária, entre os dois hemisférios no decurso de determinados sonhos; enquanto a actividade de grande números de neurónios, corticias e subcorticias, aumenta de uma maneira importante durante o sono paradoxal, o corpo caloso (e certas zonas do hipocampo) constitui uma excepção. A actividade unitária do corpo caloso torna-se silenciosa à excepção de acessos breves que coincidem com os movimentos oculares rápidos. Freud, anos antes, indo mais longe, afirma que a linguagem do sonho é dominada por três mecanismos de defesa: a condensação, a figurabilidade, e a sublimação que, no seu conjunto, aparecem referenciados como trabalho de sonho, e contribuem para que os conteúdos oníricos pareçam "amalgamar" algumas imagens, confundir histórias ao associar estímulos diversos, e deslocar para conteúdos equivalentes, mais ou menos elaborados, estados emocionais, pontos de vista, sentimentos e convicções que, durante a vigília, parecem estar adormecidos.

No entanto, o ênfase no estudo do sono paradoxal, por Jouvet, é tanto, que é levado a afirmar que ele terá uma "função cerebrostática". Isto é, uma função de equilibrador essencial do sistema nervoso, que o leva a observar que se observa um fenómeno de **rebound**, de recuperação, do sono paradoxal (SP), como um aumento relativo da quantidade de SP depois da privação, sendo a duração do rebound proporcional à duração da sua supressão, e tendendo a "reembolsar" em parte (50 a 80%) a dívida de SP.

7.

O Grupo

Freud, a partir de Le Bon, afirmava que "se os indivíduos se combinam numa unidade, deve haver certamente algo para uni-los (...)" (1921) realçando que "Le Bon pensa que os dotes particulares dos indivíduos se apagam num grupo (...) o que é homogéneo submerge o que é heterogéneo" (ibid.). Da distinção que Freud faz nos seus conceitos e dos de Le Bon, emerge uma bivalência da noção de inconsciente: um falará de um inconsciente "mais filogenético"; outro, de um inconsciente "mais pulsional". Freud, a este nível, é explícito: "um grupo é impulsivo, mutável e irritável. É levado quase que exclusivamente pelo seu inconsciente. Os impulsos a que um grupo obedece (...) são sempre tão imperiosos, que nenhum interesse pessoal, nem mesmo o da auto-preservação, pode fazer-se sentir" (ibid.). Afirmando que um grupo é:

> "Extremamente crédulo",
> "é aberto à influência influenciável",
> impulsivo,
> irritável,
> obedece a impulsos imperiosos,
> "pensa por imagens" (figurabilidade) e pela não-contradição,
> sujeitando as pessoas "(...) ao poder verdadeiramente mágico das palavras (...)",
> e exige ilusões.

> Mais enfático, ainda, Freud afirma que, nos grupos, a capacidade intelectual "(...) está sempre muito abaixo da de um indivíduo, a sua conduta ética pode tanto elevar-se muito acima da conduta deste último quanto cair muito abaixo dela" e "as ideias mais contraditórias podem existir lado a lado e tolerar-se mutuamente, sem que nenhum conflito surja (...)".

Duas teses se destacam na perspectiva de Le Bon: a inibição colectiva do funcionamento intelectual nos grupos, e a elevação da afectividade que eles promovem. Contudo, afirma Freud, "mesmo a mente grupal é capaz de génio criativo no campo da inteligência, como é demonstrado, acima de tudo, pela própria linguagem, bem como pelo folclore, pelas canções populares e outros factos semelhantes" que promove.

Complementando o trabalho notável de Le Bon, Freud (op. cit.) – a propósito da obra *The Group Mind*, de MacDougall – fala da "exaltação ou intensificação das emoções" que o grupo provoca e induz directamente, enfatizando o "princípio da indução directa da emoção, por via da reacção simpática primitiva".

8.

A psicanálise e o Futuro

A psicanálise, de Freud até aos nossos dias, tem sofrido grandes transformações. No entanto, mesmo muitos dos seus contributos iniciais, foram inovadores. Por exemplo, a memória, cuja patologia era central na histeria (quando Freud compreendia a histeria como um sofrimento marcado pelas reminiscências), era perspectivada por ele como se um dos seus pré-requisitos fosse um sistema de barreiras de contacto entre certos neurónios, capazes de facilitar ou inibir, selectivamente a transmissão nervosa: "o seu chamado sistema Psi: note-se que isso foi uma década antes que Sir Charles Scott Sherrington desse nome às sinapses" (Roth, 2000). Também a inibição e a facilitação que "correspondiam à aquisição de novas informações e de novas lembranças" (ibid.) remetem para a "teoria da aprendizagem, basicamente semelhante à que seria proposta por Donald Hebb, em 1940" (ibid.).

Para Freud, a memória ia muito para além do recordar, "sendo essencialmente um processo dinâmico, transformador e reorganizador durante todo o curso da vida" (ibid.), que se aproxima do modelo de Edelman, que define que "o papel central do cérebro é, precisamente, o de construir categorias – primeiro perceptivas, depois conceituais – e o de criar um processo ascendente, um "elevar-se sozinho", no qual, através da recategorização reiterada, em níveis cada vez mais altos, a consciência é finalmente atingida. Para Edelman, toda a percepção é uma criação e toda a lembrança é uma recriação ou recategorização" (ibid.).

Se as perspectivas de Freud encontram consistência nalguns ramos actuais da investigação das neurociências, os desenvolvimentos da psicanálise trazem perspectivas inovadoras e obrigam-nos, por respeito aos ensinamentos de Freud e à dimensão ética que ele traz para a clínica psicológica, a considerá-los, para sempre, em construção. Freud é, a este propósito, muito claro, numa carta que dirige a Maria Bonaparte:

> "Os espíritos medíocres exigem da ciência que lhes dê uma espécie de certeza que ela nunca lhes poderá dar, uma espécie de satisfação religiosa.

Só os raros espíritos, verdadeiramente, realmente, científicos se mostram capazes de suportar a dúvida que se encontra ligada a todos os nossos conhecimentos (...)".

Afinal, uma perspectiva muito próxima da que resulta dos contributos de Heisenberg, quando trazidos para as ciências psicológicas, que levam Tractenberg (1995) a afirmar que "o quadro do universo que se compunha, classicamente, de partículas materiais evoluindo de acordo com leis matemáticas determinísticas, transforma-se num mundo apenas de tendências".

PERGUNTAS & RESPOSTAS

1.
O Complexo de Édipo representa um conceito nuclear na obra de Freud?

Será um Édipo vingativo, como descreve Kohut, que pretende matar, ou que fantasia a morte do pai? Não será que, através da linguagem onírica do mito, Édipo não representará, antes, o desejo de "matar", de ultrapassar, todo o sofrimento que o pai personifica e que os seus gestos desencadeiam? Não representará, sobretudo, a ambição de vencer o "pai mau" que o impede de ter o pai por quem espera?

Ficar com a mãe significa conquistar libidinalmente a mãe, enquanto objecto de desejo sexual, ou não ter que prescindir das identificações à mãe sempre que se identifique ao pai?

O conflito neurótico, que os dilemas de Édipo pretendem exemplificar, supõe que uma pessoa se sinta intrometida entre os pais, dividindo-os, ou que se sinta dividida por eles, como se tivesse de optar por um, e não os pudesse compatibilizar?

Afinal, o grande risco da leitura mitológica de Édipo terá resultado de alguma confusão entre a linguagem onírica de um mito que, eventualmente, terá sido concretizada como uma "coisa-em-si" que vale para além daquilo que pretende representar.

2.

O que quereria dizer Freud quando afirmava que os sonhos são o guardião do sono?

Para Freud (1900), "todo o sonho revela-se como uma estrutura psíquica que possui um significado e que pode ser inserido como um ponto designável nas actividades mentais da vida de vigília", se bem que "todo o material que compõe um sonho se origina, de certa forma, da experiência", embora condense "uma capacidade de produção independente".

Essa autonomia relativa do psiquismo, pautada pela vida do inconsciente, fazia com que cada pessoa tivesse "(...) liberdade para construir o seu mundo onírico, segundo as suas peculiaridades individuais e, assim, torná-lo ininteligível para outras pessoas", embora "(...) em completo contraste com isto, haja um certo número de sonhos que quase toda a gente tem da mesma forma" (ibid.). Descrevendo o sonho desta forma, talvez Freud nos remeta para a natureza figurativa dos sonhos, que traduziria a realidade interna em imagens condensadas, e que sublimaria a realidade psíquica original que os gerava. Em quaisquer circunstâncias, o sonho seria o guardião do sono, isto é, representaria a narrativa que alimentaria o sono e que nos protegeria de um contacto mais aberto, porventura mais traumático, com os conteúdos que ele veicula.

Meltzer (citado por Pereira, 1999) refere que Freud "colocou o sonhar numa posição muito trivial na vida das pessoas, atribuindo-lhe uma função bastante pouco importante (...) dando-lhe gratificações alucinatórias dos seus desejos inconscientes infantis". Frederico Pereira (op. cit.) reage a esta leitura, e contrapõe que "fora da teoria do recalcamento e, portanto, da noção de conflito interno, o sonho manter-se-ia absolutamente ininteligível", adiantando que "o sonho e a deformação do sonho radicam na tríade freudiana fundamental do recalcamento – insucesso do recalcamento – retorno do recalcado". Nesta linha, Frederico Pereira inova ao referir que o sonho é muito mais que uma actividade psíquica trivial, surgindo como um processo de transformações que nos permite compreendê-lo como "um permanente processo de elaboração mental e de construção representativa".

3.
Freud, para além das neuroses, aventurou-se pela clínica da psicose?

Sem dúvida. E, por exemplo, o caso do Presidente Schreber (*Notas psicanalíticas sobre um relato autobiográfico de um caso de paranóia*), que sofria de um quadro paranóico, é um excelente exemplo clínico do manuseamento de uma técnica que pretendia romper com leituras psicopatológicas tradicionais que remetiam os quadros psicóticos para uma relativa inacessibilidade aos cuidados psicoterapêuticos. Freud (1911) associa o quadro de Schreber ao "complexo paterno" e afirma que "caracteristicamente paranóico na doença foi o facto de o paciente, para repelir uma fantasia de desejo homossexual, ter reagido, precisamente, com delírios de perseguição desta espécie", descrevendo delírios persecutórios, contradições erotomaníacas, delírios de ciúme, como características deste quadro. Mas o contributo mais relevante para a compreensão da paranóia é dado por Freud (ibid.), sobretudo, quando afirma que "a característica mais notável da formação de sintomas na psicose é o processo que merece o nome de projecção", iniciando uma "auto-estrada" na compreensão psicoterapêutica das psicoses, enriquecida, mais tarde, por Klein e por Bion. No entanto, como refere Roth (2000), "tal como o inconsciente, também a projecção existia antes de Freud (...). Mas foi Freud que nos permitiu ver uma versão autoprotectora da projecção, como um componente ubíquo das interacções pessoais".

Há, no entanto, três citações desse magnífico trabalho que tomo a liberdade de destacar.

– A primeira, quando Freud afirma que "a formação delirante, que presumimos ser o produto patológico é, na verdade, uma tentativa de restabelecimento, um processo de reconstrução (...)". O que nos permite perceber os mecanismos psicóticos, em torno dos quais orbitam as tentativas de leitura clínica dos diversos quadros da psicose, como... anti-psicóticos. Mais adiante, quando reflectirmos melhor acerca da psicose, talvez encontremos uma leitura para esse processo.

Os Grandes Autores da Psicanálise 57

– A segunda, quando refere que "o processo de repressão propriamente dito consiste num desligamento da líbido em relação às pessoas – e coisas – que foram anteriormente amadas", o que nos remete para uma culpa persecutória e um luto patológico que surgem como processos de reacção em relação à melancolia, como tentarei, mais adiante, demonstrar.
– O terceiro, quando, com uma profunda clarividência clínica, afirma que "a maioria dos casos de paranóia exibe traços de megalomania, e que a megalomania pode, por si mesma, constituir uma paranóia", indo além da clivagem, que ainda hoje se refere, entre quadros esquizofrénicos e patologias afectivas.

4.
Que consequências poderá ter um trabalho como Luto e Melancolia?

Representa um trabalho no qual Freud aborda a problemática da depressão, na sequência de alguns contributos de Karl Abraham. Neste trabalho surge a distinção entre o trabalho de luto (enquanto perda do objecto, com uma retirada do investimento libidinal do objecto para o sujeito) da melancolia (em que se dá um desinvestimento da líbido decorrente da perda do objecto). Do ponto de vista de Fenichel (1981), o luto torna-se patológico "quando a relação de quem sobrevive para com o objecto perdido tiver sido extremamente ambivalente, caso em que a introjecção adquire significado sádico: a incorporação nesta ocorrência, representa tanto a tentativa de conservar o objecto amado quanto de destruir o objecto odiado".

5.

Poderá a perspectiva de Freud, acerca da neurose obsessiva, representar uma proposta inovadora, ainda hoje, acerca das características borderline que esse quadro pode representar?

Sem dúvida que sim. Onde essa caracterização fica mais clara é no seu trabalho *Notas sobre um caso de neurose obsessiva*, de 1909. Vejamos algumas passagens desse texto.

Na opinião de Freud, "a linguagem da neurose obsessiva, ou seja, os meios pelos quais ela expressa os seus pensamentos secretos, presume-se ser apenas um dialecto da linguagem da histeria", realçando os medos compulsivos a ela associados (também impulsivos, diria eu), quer se tratasse de medos com conteúdos mais ou menos auto-mutilatórios ou suicidários, ou temores relacionados com a fantasia de morte do seu pai. Na opinião de Freud, "alguma coisa mais está presente, ou seja, uma espécie de delírio ou delirium com o estranho conteúdo de que os seus pais conheciam os seus pensamentos, porque ele os expressava em voz alta, sem se escutar a si próprio fazê-lo". Afinal, Freud pré-figura com enorme clareza aquilo que, adiante, a propósito da psicose, descrevo quando afirmo que a paranóia é, simplesmente, o eco do pensamento.

O pensamento deste paciente seria caracterizado por "um instinto erótico e uma revolta contra ele; um desejo que ainda não se tornou compulsivo e, lutando contra ele, um medo já compulsivo; um afecto aflitivo e uma impulsão em direcção ao desempenho de actos defensivos". Como se vê, a fineza de Freud, associada a um rigor descritivo de excepção, propicia um trabalho de uma clareza clínica fantástica. Na opinião de Freud, o colorido obsessivo seria o remanescente de um sentimento de culpa que "(...) não está em si aberto a novas críticas. Mas pertence a algum outro contexto, o qual é desconhecido (inconsciente) e que exige ser buscado", enfatizando que a "sua real significação, contudo, reside no facto de serem a representação de um conflito entre dois impulsos opostos de força aproximadamente igual; e, até agora, tenho achado, invariavelmente, que esta se trata de uma oposição entre o amor e o ódio".

6.

Que contributos trouxe um trabalho como *Inibição, sintoma e angústia?*

Introduziu a distinção entre sintomas e inibição do eu "nas funções sexuais, alimentares, locomotoras, ou no trabalho" (Bourdin, 2000), tomando a formação do sintoma "como sinal e substituto de uma satisfação pulsional que não teve lugar" (ibid.). José Martinho (2001) refere que "o sintoma analisável é uma solução de compromisso entre uma exigência de satisfação corporal e o sujeito psicológico que contra ela se defende".

Laplanche e Pontalis (1985), tomam um excerto do trabalho de Freud, referindo que o sinal de angústia se distingue da angústia automática ("reacção do indivíduo sempre que se encontra numa situação traumática, isto é, submetido a um afluxo de excitações, de origem externa ou interna, que é incapaz de dominar"), referindo ele, que, em ambos os casos, "(...) como fenómeno automático e como sinal de alarme, a angústia deve ser considerada como um produto do estado de desamparo psíquico do lactente, que é, evidentemente, a contrapartida do seu estado de desamparo biológico".

Para Amaral Dias (2000), a angústia não corresponderia ao levantamento do reprimido, mas "seja sob a forma da inibição, do sintoma, ou da angústia, o perigo passa a ocupar a cena psicológica", sendo mais explícito quando afirma que esse trabalho de Freud esclarece que "a angústia circula entre a inibição e o sintoma, entre a função e o sintoma. E circula entre si própria e a defesa que se organiza sob a forma de sintoma. A angústia circula, não flutua".

Bibliografia Essencial

Edição Standard das Obras Completas de Sigmund Freud;

Bibliografia Complementar:

ASSOUN, P.L. (1990). *Freud e Wittgenstein*. Rio de Janeiro: Editora Campus.

BATEMAN, A e HOLMES, J. (1998). *Introdução à psicanálise*. Lisboa: Climepsi.

BETTELHEIM, B (1991). *Viena de Freud e Outros Ensaios*. Lisboa:Bertrand.

BLUM, H. (2000). *Da sugestão ao insight, da hipnose à psicanálise*. Freud: conflito e cultura. Rio de Janeiro: Jorge Zahar Editor.

BOURDIN, D. (2000). *La psychanalyse de Freud à aujourd'hui*. Rosny: Bréal.

COELHO, A.L. (2006). *O conquistador*. Pública n.º 518/30 de Abril de 2006.

COIMBRA DE MATOS, A. (2002). *Psicanálise e Psicoterapia Psicanalítica* (2.ª ed.). Lisboa: Climepsi.

DIAS, C. A. (2000). *Freud depois de Freud*. Lisboa: Fim de Século.

FENICHEL, O . (1981). *Teoria psicanalítica das neuroses*. Rio de Janeiro: Livraria Atheneu.

FERREIRA, J.M. (2006). *Na pré-história da Psicanálise – as cartas que Freud tentou destruir*. Pública n° 518/30 de Abril de 2006.

GRINBERG, l. (1983). *Culpa y Depresión*. Madrid: Alianza Editorial.

HANNS, L. (1996). *Dicionário comentado do alemão de Freud*. Rio de Janeiro: Imago.

JAMA, S. (2002). *Antropologia do Sonho*. Lisboa: Fim do Século.

JOUVET, M. (2002). *O Sono e o Sonho*. Lisboa: Inst. Piaget.

LAPLANCHE, J. e PONTALIS, J.-B. (1985). *Vocabulário de Psicanálise*. Lisboa: Moraes Editores.

LEUPOLD-LOWENTHAL, H.; LOBNER, H. & SCHOLZ-STRASSER, I (1995). *Sigmund Freud Museum*. Vienna: Verlag Christian Brandstatter.

LUZES, P. (1997). *Cem anos de psicanálise*. Lisboa: ISPA.

MASLING, J. (1983). *Empirical studies of psychoanalytical theories*. Nova York: The Analytic Press.

MARTINHO, J. (2001). *Freud & Cª*. Coimbra: Almedina.

PELLANDA, N. & PELLANDA, L. (1996). *Psicanálise Hoje: uma revolução do olhar*. Petropólis: Vozes.

PEREIRA, F. (1999). *Sonhar ainda: Do sonho-desejo-realizado ao sonho emblemático*. Lisboa: ISPA.

PESCH, E (1985). *Para compreender Freud*. Lisboa: Edições 70.

ROBERT, M. (1976). *A revolução psicanalítica*. Lisboa: Moraes Editores.

ROTH, M. (2000). *Freud, conflito e cultura*. Rio de Janeiro: Jorge Zahar Editor.

SÁ, E. (1997). *A modernidade e o Bebé*.

Sacks, O. (2000). *A outra estrada: Freud como neurologista. Freud conflito e cultura*. Rio de Janeiro: Jorge Zahar Editor.

Tractenberg, M. (1995). *A psicanálise e os psicanalistas do século XXI*. Rio de Janeiro: Revinter.

Webster, R. (2002). *Freud estava errado. Porquê?* Lisboa: Campo das Letras.

Wolman, B. (1984). *Logic of science in psychoanalysis*. Nova Iorque: Columbia University Press.

Zimmerman, D. (1999). *Fundamentos Psicanalíticos*. Porto Alegre: Artes Médicas.

Leituras de síntese:

Textos de Sigmund Freud:

- *Psicopatologia da Vida Quotidiana*, volume VI das Edição Standard das Obras Completas de Sigmund Freud;
- *Três Ensaios sobre a Teoria da Sexualidade* volume VII, das Edição Standard das Obras Completas de Sigmund Freud;
- *Totem e Tabu*, volume XIII das Edição Standard das Obras Completas de Sigmund Freud;
- *Para além do Princípio do Prazer*, volume XVIII da Edição Standard das Obras Completas de Sigmund Freud;
- *Inibições, Sintomas e Ansiedade*, volume XX da Edição Standard das Obras Completas de Sigmund Freud;
- *O mal-estar na Civilização*, volume XXI da Edição Standard das Obras Completas de Sigmund Freud.

A REVOLUÇÃO OBJECTAL

1.

Um percursor das relações objectais: Sandor Ferenczi
– alguns apontamentos –

1.1.

Ferenczi, pessoa

Ferenczi trouxe para a psicanálise, marcada pela inovação e pela consistência dos contributos de Freud, um conjunto de pontos de vista renovadores: orbitando menos em redor da sexualidade, e com uma leitura mais relacional da vida psíquica, Ferenczi trouxe nuances de ruptura em relação a algumas perspectivas mais ortodoxas da psicanálise, mas sem um eixo reflexivo que desse uma consistência às suas perspectivas. Todavia, que contributos se podem destacar no pensamento de Ferenczi? Estudemos a sua obra, contemporânea da de Freud, a partir da sua edição em língua portuguesa.

Para Freud (1983), Ferenczi "(...) marcou o destino exterior da psicanálise, tendo contribuído para o seu desenvolvimento com um conjunto de noções de onde se destaca (...) o conhecimento de articulações na vida psíquica (introjecção e transferência, a teoria da hipnose, as etapas do desenvolvimento do sentido de realidade, os trabalhos a propósito do simbólico (...)" (ibid.).

Apesar das suas grandes contribuições, talvez Ferenczi-pessoa não se caracterizasse pela mesma ousadia criativa. Ferenczi teria, em relação a Freud, uma atitude de grande dependência, referindo Marthe Robert (1976), a este propósito, que "(...) Ferenczi exigia de

Freud um amor total, uma confiança e uma sinceridade contínuas (...)". Freud introduziu-o na sua família, tratando-o como "uma espécie de filho adoptivo" (ibid.) tendo-lhe confessado, até, "que esperava que casasse com a filha mais velha" (ibid.), e referindo – numa carta a Oskar Pfister – que "(...) talvez o meu contacto com Jung e Ferenczi (este também um dos melhores) me possa arrancar algumas ideias (...)" (ibid.). Essa perspectiva mais estimulante da relação com Ferenczi foi oscilando com afirmações, como a que, em 1910, lhe escreve:

> (...) Acredite que penso na sua presença junto de mim com um sentimento de calorosa simpatia, embora muitas vezes você me tenha desiludido quando eu gostaria, por muitas razões, de o ver doutro modo. A decepção resulta por certo do facto de pretender mergulhar numa excitação intelectual contínua, quando nada me é mais odioso que a presunção e, por reacção, muitas vezes acontece precisamente deixar-me levar (...).

1.2.
Os contributos de Ferenczi

O pensamento de Ferenczi evidencia, no entanto, autonomia na leitura, atenta e intuitiva, da realidade psíquica, que se traduz em perspectivas inovadoras ao nível:

- da ontogénese do pensamento, e do modo como a relação desempenha uma função essencial na sua estruturação;
- e nas consequências – éticas, epistemológicas e técnicas – que as suas perspectivas trazem à psicanálise.

A psicanálise, segundo Ferenczi, assume-se como uma dinâmica relacional. Isso mesmo se destaca quando, por exemplo, refere a confusão de línguas entre os adultos e as crianças (Ferenczi, 1992), ou quando aborda a perspectiva eminentemente recíproca da relação, referindo-se – a propósito – que, quando Klein, sua aluna, lhe perguntou como havia de ensinar o simbolismo às crianças, lhe terá respondido: "é você que tem de aprender tudo com elas" (ibid.).

A relação é vivida, por Ferenczi, numa estreita associação com os movimentos identificatórios – "(...) tornar-se pai é mais fácil do que sê-lo (...)" (ibid.) – antecipando algumas das ideias caras a Michael

Os Grandes Autores da Psicanálise 65

Balint, ao referir que "(...) o primeiro erro dos pais é o esquecimento da sua própria infância (...)" (ibid.). Esclarece Ferenczi, a este propósito – reflectindo a partir da forma como Charcot teimava em averiguar, na leitura da doença mental, exclusivamente, os traços hereditários:

"(...) Nós, psicanalistas, não negamos, em absoluto, a sua importância; muito pelo contrário, consideramo-los factores de peso na etiologia das neuroses e psicoses, mas não os únicos. Pode haver uma predisposição desde o nascimento mas, sem sombra de dúvida, a sua influência pode ser modificada por experiências vividas, após o nascimento ou durante a educação (...)" (ibid.).

"O outro" não será, então, somente objecto de descargas pulsionais, mas acaba por se assumir, numa pré-figuração de Winnicott, como... o outro-pessoa – falando do "desejo do outro como um desejo do outro" – supondo já, iniludivelmente, o conceito de introjecção – "(...) amar a outrém equivale a integrar esse outrém no seu próprio ego (...)" (Ferenczi, 1991). É neste contexto que Sabourin (1992) refere que foi Ferenczi quem "(...) soube descrever, com maior nitidez, essa dupla linguagem na qual uma infância pode ser aprisionada: linguagem da ternura, linguagem da paixão, do arrebatamento passional dos adultos (...)". Chamando a atenção para o modo como não será o traumatismo em si mas "a negação pela mãe do que tenha podido acontecer que torna o traumatismo patogénico" (ibid.).

É nesta sequência que Ferenczi vem perspectivar a fragmentação da personalidade como consequência do ódio, falando de "terrorismo do sofrimento" e da "função traumatolítica do sonho" e referindo, mesmo, os aspectos patogénicos da introjecção a que chamou "comoção psíquica".

No entanto, 'pressente-se' em Ferenczi uma leitura intuitiva da relação interior com o "objecto persecutório", próximo do que Badaroco chama "objecto enlouquecedor", e Khan, "trauma cumulativo", que se observa quando, a propósito da criança não-desejada, fala de uma "neurose de frustração" (por efeito da majoração da pulsão de morte).

1.3.

Aspectos Epistemológicos que decorrem das perspectivas de Ferenczi

Haverá consequências epistemológicas que surgem da obra de Ferenczi. A esse propósito, ele distingue enfaticamente, "ciência que desperta" de "ciência que adormece":

> "A primeira busca a verdade e esforça-se por despertar a humanidade sonolenta (...) a outra (...) tende mesmo a adormecê-la o mais profundamente possível (...)" (Ferenczi, 1993).

Partindo desta constatação, Ferenczi refere mesmo que

> "(...) uma parte dos psicólogos continua a acreditar que a melhor maneira de compreender os fenómenos psíquicos consiste em medir em centésimos de segundo os tempos de reacção às impressões sensoriais (...) ou em estudar o afluxo sanguíneo no cérebro durante a actividade intelectual ou sob o efeito das emoções (...)" (ibid.).

Será sob este enquadramento que se seguiu a distância que Ferenczi marcou em relação a John Watson quando refere, em resposta a um seu pedido, ter de reconhecer que a psicanálise seria "(...) menos científica do que o behaviorismo, se a cientificidade fosse, exclusivamente, uma questão de pesos e medidas (...)" (ibid.). No entanto, remata – referindo-se a Watson – "(...) mesmo a respeito de animais, ele utiliza continuadamente a psicologia e, sem o reconhecer, é um psicanalista que se ignora" (ibid.).

Embora houvesse em ambos um mesmo interesse por uma epistemologia para as ciências psicológicas, Ferenczi (1991) enfatiza, no entanto, a noção da bioanálise – que transferiria os conhecimentos e os métodos da psicanálise para as ciências naturais – referindo, a esse propósito, uma profunda sensatez, ética e deontológica, quando expõe que:

> "a psicanálise não tem a pretensão de explicar tudo a partir de si mesma e, se ainda estamos longe de ter esgotado todos os seus recursos, começamos a entrever, porém, os limites da nossa ciência, o ponto onde deveremos transmitir a tarefa de explicar os processos a uma outra disciplina, como a física, a química ou a biologia, por exemplo".

Será nesse contexto que refere: "(...) mesmo que dispuséssemos de uma máquina que projectasse numa tela os mais subtis processos do cérebro e registasse com precisão todas as modificações do pensamento e do sentimento, restaria sempre a experiência interna e seria necessário ligar ambas as experiências" (Ferenczi, 1992). Assim, como curiosa coincidência com uma epistemologia interactiva do conhecimento, que gera incertezas, Ferenczi refere, talvez não levando essa formulação até às consequências clínicas mais extremas, que: "(...) é muito provável que as ideias, uma vez formadas, mesmo que tenham sido eliminadas da consciência, continuem, não obstante, existindo (...)" (ibid.).

Em quaisquer circunstâncias, e a partir de um trabalho de Putman, Ferenczi (1991) tem duas afirmações importantes, citando aquele autor. Por um lado, e como ênfase das dimensões que pré-figuram as dimensões contra-transferenciais Ferenczi adianta que "(...) sabemos mais do que somos capazes de exprimir (...)", rematando, de seguida, que "(...) toda a descoberta é apenas uma viagem no nosso próprio psiquismo (...)", num registo que se aproxima da ideia de Bion segundo a qual o pensamento será anterior à capacidade de pensar.

1.4.

Consequências Clínicas
das perspectivas psicanalíticas de Ferenczi

Ferenczi, enfatiza dois "erros relativos à psicanálise"(...):

– "Um consiste em afirmar que, para a psicanálise, todo o processo psíquico deriva da sexualidade (...)";
– "Quanto ao outro erro, a saber, que a psicanálise liberta as pulsões sexuais (...)".

Conclui Ferenczi que a psicanálise nos ensina que "(...) uma pulsão insatisfeita não conduz o indivíduo à neurose mas, no máximo, torna-o infeliz", afirmando, a rematar: "a psicanálise permite aos indivíduos adquirir justamente consciência de que são infelizes e suportar isso".

Para Ferenczi (1991), a terapêutica analítica "(...) deve limitar-se a esclarecer e a superar sistematicamente as resistências internas do paciente (...)" partindo do que é primitivo "(...) para daí deduzir – «mediante experiências repetidas de rememoração» – os verdadeiros factores fundamentais de uma estrutura psíquica complexa e reencontrar, enfim, as suas raízes na vivência infantil (...)" (ibid.), esclarecendo que "(...) na técnica analítica, o papel principal parece, portanto, caber à repetição e não à rememoração" (ibid.).

Quereria ele dizer – suponho – que outros factores teriam uma importância preponderante a este nível, nomeadamente a interacção e a contra-transferência. Balint (1967) di-lo melhor:

> "(...) as tentativas de compreensão dos elementos formais do comportamento do paciente na situação analítica, tinham-lhe ensinado que todo o acontecimento nessa situação deve ser compreendido como uma interacção entre a transferência do paciente, isto é, a sua compulsão à repetição, e a contra-transferência do analista, ou seja, a sua técnica (...)".

Talvez, por isso, refira Ferenczi (1992) que: "(...) o objectivo da terapêutica psicanalítica é, e continua a ser, a ligação psíquica do recalcado no pré-consciente por meio da rememoração e da reconstrução que acabam por impor-se (...)".

É assim que Ferenczi adopta e enfatiza uma "técnica activa", referindo Balint que o pressuposto básico da sua abordagem residiria na ideia, segundo a qual, "(...) enquanto o paciente quer prosseguir o seu tratamento, cabe ao analista encontrar as técnicas necessárias para ajudá-lo, sejam quais forem as dificuldades dessa tarefa" (Balint, op. cit.). No entanto, e à medida que ele próprio se foi confrontando com evoluções menos favoráveis decorrentes dessa intervenção, Ferenczi foi estabelecendo "(...) os limites da tolerância e da indulgência em relação aos seus pacientes, aproximadamente no nível do que uma criança pode esperar da parte de um adulto afectuoso" (ibid.).

Em quaisquer circunstâncias, os aspectos contra-transferenciais no contexto de uma análise merecem as suas preocupações – "a única base confiável para uma boa técnica analítica é a análise terminada do analista» – referindo Ferenczi (1992), a propósito da "hipocrisia profissional do analista", que todos os pormenores associados aos seus factores emocionais (como o cansaço, por exemplo), mesmo

Os Grandes Autores da Psicanálise 69

que 'camuflados' pelo rigor da técnica, poderão impedi-lo de tomar consciência das suas dificuldades mas não impedirão o analisando de os sentir, através de processos projectivos, e de reagir a isso. Ferenczi sintetiza-o assim:

> "(...) quase poderíamos falar de uma oscilação perpétua entre «sentir com», auto-observação e actividade de julgamento. Esta última anuncia--se, de tempos a tempos, de um modo inteiramente espontâneo, sob a forma de sinal que, naturalmente, só se avalia primeiramente como tal; é somente com base num material justificativo suplementar que se pode, enfim, decidir uma interpretação (...)" (ibid.).

1.5.

Alguns aspectos da ontogénese do pensamento em Ferenczi

Ferenczi tem, a nível da ontogénese do pensamento, um artigo de síntese muito interessante: *O desenvolvimento do sentido de realidade e os seus estados* (1913) in Ferenczi, (1993). Reflectindo a propósito dos estados mais precoces do desenvolvimento emocional, Ferenczi distingue uma Fase de Introjecção, que englobaria três estados:

– o período da vida passado no corpo da mãe, que seria desprovido de necessidades, para o bebé, e onde ele se sentiria realmente todo-poderoso (próximo dum sistema protomental, em Bion, e da vida uterina como fonte de sensações voluptuosas, em Rank);

– o período de "toute-puissance" alucinatória mágica, em que o recém-nascido faria um "reinvestimento alucinatório do estado perdido de satisfação" (ibid.), referindo Ferenczi que o primeiro sono não seria senão "(...) a reprodução com sucesso da situação intra-uterina que o preserva tanto quanto possível das excitações (...)" (ibid.), destacando que "(...) a crise epiléptica compartilha essa característica com o sono normal, que considera precisamente uma regressão à vida pré-natal (...)" (Ferenczi, 1993);

– e o período de "toute-puissance" com a ajuda de gestos mágicos, em que o ênfase da relação não decorreria de um traumatismo de nascimento, como em Rank, nem da Cesura (de Bion), mas da relação com uma mãe instintivamente compreensiva.

Para além da fase de introjecção, Ferenczi descreve uma Fase de Projecção no desenvolvimento do Eu, na qual o bebé "(...) é obrigado a distinguir do eu, como constituinte do mundo exterior, certas coisas malignas que resistem à sua vontade, isto é, a separar conteúdos psíquicos subjectivos (sentimentos) dos conteúdos objectivados (impressões sensoriais (...)" (ibid.).

É, assim, que tomando a "(...) tendência regressiva que rege a vida psíquica como a vida orgânica (...)" (ibid.), Ferenczi – analista de Jones, Klein, e Balint – considera o nascimento como "um verdadeiro triunfo exemplar para toda a vida" (Ferenczi, 1992), referindo:

> "(...) a suprema realização humana é o parto: os esforços intelectuais do homem não passam de irrisórias tentativas de imitação. A nostalgia de dar à luz é tão geral (...) que ninguém engravida a não ser pelo desejo insatisfeito de ter um filho (...)" (Ferenczi, 1993).

No fundo, talvez Ferenczi se aproxime, nas descobertas no contexto da relação analítica, daquilo a que Kohut chama "empatia" e Winnicott "espaço transaccional", acedendo a uma consciência próxima da dor mental: "(...) as descobertas produzem-se quando condições óptimas são acompanhadas de um mínimo de dificuldades (...)". Para, mais adiante, distinguir, ao citar Lotze (Ferenczi, 1992), a imagem que o ser vivo faz de si mesmo, que pode ser mais ou menos exacta ou falsa, e a evidência e a intimidade com a qual "(...) todo o ser sensível se distingue ele-mesmo do mundo exterior não depende da sua faculdade de introspecção de si próprio, manifestando-se de forma também viva nos animais inferiores e no ser mais inteligente, na medida em que eles reconhecessem, por intermédio da dor ou do prazer, os seus estados como seus".

2.

Fantasia e Objecto na Psicanálise: Melanie Klein

2.1.

Os objectos internos

A psicanálise, a partir de Freud, fundou-se num epistema positivista de natureza essencialmente biológica onde, segundo Amaral Dias (1986), uma primeira trilogia de sistemas (inconsciente /pré--consciente/consciente) veio a ser substituída por uma trilogia de instâncias (id/eu/supereu). O núcleo fundamental dessa reflexão associava-se "(...) à distribuição da libido (...)" (Meltzer, 1978), vivida como um "órgão mental" gerador de energia psíquica.

A introdução da ideia de narcisismo e os trabalhos de Karl Abraham fizeram a psicanálise percorrer uma evolução para uma teoria objectal. Primeiro, porque o próprio Freud passou a distinguir líbido narcísica e libido objectal. Depois, porque Abraham, no seu *Curto Estudo sobre a Líbido*, conferiu aos objectos qualidades parciais ou totais apontando "(...) o perímetro dum território que não chegou a explorar (...)" (Meltzer, 1988). Esta caracterização anatómica dos objectos permitiu, para Meltzer (ibid.), tomar os objectos parciais como "(...) objectos totais que tinham sido privados da sua mentalidade essencial, da sua capacidade para sentir, pensar e julgar, embora mantivessem as suas características formais e sensuais. Podiam ser usados (...) mas não podiam ser amados (...)" (ibid.).

A noção de objecto em psicanálise é esclarecida de um modo didáctico por Laplanche e Pontalis (1985), quando distinguem o objecto da percepção, o objecto "correlativo da pulsão" – que representaria o objecto-alvo da satisfação pulsional, podendo tratar-se de "um objecto parcial, de um objecto real, ou de um objecto fantasmático" (ibid.) – e o objecto correlativo do amor (ou objecto total). Assim, a noção de "objectos internos", de Klein, confere uma qualidade representacional ao mundo psíquico, surgindo como um espaço preenchido por pessoas que o estrutura, em prejuízo da sua 'escravidão' energética. No entanto, a ideia de "personagens do mundo interior", com que Klein qualificou os objectos internos, conferiu-lhes uma profundidade dramática e permitiu compreender o processo de integração mental como um diálogo íntimo com eles.

Mais tarde, Bollas (1994), virá a referir que os objectos internos «são a identidade», conferindo-lhes uma função esquelética na tonicidade psíquica, dando ênfase à noção de «objecto transformacional» descrito deste modo:

> "A mãe não está identificada como objecto, mas é experienciada como um processo de transformação, e esta característica permanece no resíduo desta busca objectal na vida adulta, onde acredito que o objecto é buscado por sua função significante do processo de transformação do ser. Assim, na vida adulta, a busca não se destina a possuir o objecto mas este é procurado a fim de render-se a ele como um processo que altera o self".

Aliás, o conceito de 'integração' dá coesividade a outro contributo fundamental de Klein: a noção de posição, que surge nos seus trabalhos em 1928, e que, mais tarde, virá a adquirir as formas de posição esquizo-paranoide e de posição depressiva. Posição representa, para Barenger (1981), "algo mais que um momento de evolução instintiva", referido Klein, em *The Psycho-analysis of children*, de 1932, que "o desenlace do desenvolvimento sexual da criança é o resultado de laboriosas oscilações entre diversas posições, diversas transacções interdependentes do ego com o superego e com o id, e que são obras do ego, expressando a sua luta contra a angústia". Contrariamente à ideia de estádio, em Piaget – que possui leis e lógica próprias, uma sequência ontogenética, e resulta duma estrutura que o sustém, segundo um esquema específico – o conceito de posição pressupõe "a postura característica que o ego assume em relação aos seus objectos" (Hinshelwood, 1992), e supõe "uma constelação de ansiedades, defesas, relações objectais e impulsos" (que Bion veio a clarificar melhor quando referiu a oscilação dinâmica entre as posições esquizo-paranoide e depressiva).

É, todavia, em *Notes of same schizoid mecanisms*, de 1952, que Klein é muito clara a propósito dos conceitos de posição esquizo--paranoide e de posição depressiva:

> "Há dois conjuntos de temores, sentimentos e defesas que, por serem variados em si mesmos e intimamente ligados entre si, podem, segundo o meu critério e com a finalidade de clareza teórica, ser isolados um do

Os Grandes Autores da Psicanálise 73

outro. O primeiro conjunto de sentimentos e de fantasias é persecutório, caracterizado por temores de destruição do ego por perseguidores internos. As defesas contra estes temores consistem, essencialmente, na destruição dos perseguidores, com métodos violentos ou secretos e traiçoeiros. O segundo conjunto de sentimentos que vêm constituir a posição depressiva, descrevi anteriormente sem lhe dar nome. Agora proponho-me utilizar para estes sentimentos de tristeza e preocupação pelos objectos amados, os temores de perdê-los e a ânsia de recuperá-los, uma palavra simples, que provém da linguagem comum: o penar pelo objecto amado. Brevemente: a perseguição (pelos objectos maus) e as defesas características contra ela, por um lado; e o penar pelo objecto (bom) amado, por outro, constituem a posição depressiva".

Parece claro que a noção de um eu muito precoce, postulado por Klein, pressupunha um estádio psíquico inicial semelhante a uma espécie de psicose congénita, que se compreende porque estaríamos na primeira metade do século XX, e porque a investigação sistemática sobre a vida mental do bebé estava longe dos desenvolvimentos que hoje conhecemos. Para mais, Klein terá sido influenciada, sobre a vida mental dos primeiros anos, pela sua experiência clínica com pacientes psicóticos, o que a terá levado a extrapolá-la para o desenvolvimento mais precoce. Na realidade, nem mesmo o equilíbrio dinâmico entre as posições esquizo-paranoide e depressiva, de que Bion falava, se adequa aos conhecimentos que hoje dispomos sobre os bebés e que nos remetem para um eu precoce, tal como Klein imaginou, mas muito mais estruturado, integrado e interactivo do que ela equacionava.

2.2.

O mundo interno

Desde Klein que a ideia de mundo interno se tem tornado constante na clínica analítica. Ao conceber o pensamento como um espaço de representação dos objectos, Klein tomou-o como o lugar dos "cidadãos do mundo interior". Para Klein (1969), o mundo interno "(...) dá forma à realidade externa (...)" consistindo "(...) em objectos, primeiro que tudo a mãe, internalizados em vários aspectos e situações emocionais (...), devendo ser (...) descrito em termos de relações e acontecimentos internos (...), cujo conteúdo seria constituído por impulsos, fantasias, e emoções da criança".

A noção de mundo interno reactualiza o conceito de imago que, segundo Laplanche e Pontalis (1985), representa uma sobrevivência imaginária de situações arcaicas, um esquema imaginário adquirido, um protótipo inconsciente de personagens "elaborado a partir das primeiras relações intersubjectivas e fantasmáticas com o meio familiar". Para Klein, em *Contribuições à psicanálise*, as imagos representam "(...) estágios entre um supereu terrivelmente ameaçador, que está totalmente separado da realidade, e as identificações que se aproximam da realidade". Por outras palavras, "imago e objecto distinguem-se pelo carácter arcaico da primeira" (Barenger, 1981).

O mundo interno seria, assim, um espaço de representações que, a partir das imagos, conferia ao psiquismo a capacidade para pensar, sendo a sua integração mediada por relações significativas, por pessoas, o que conferia à psicanálise uma noção do Homem mais interactiva... e mais humana. Já para Meltzer (cit. in Amaral Dias, 1988), o mundo interno é o lugar onde o pensamento é gerado, permanecendo, para Spillius (1983), como experiência "(...) largamente inconsciente (...)". Do mesmo pressuposto partem outros autores, ao considerarem os objectos internos numa dimensão teológica constituindo, para Meltzer (1984), uma "(...) estrutura de suporte da vida mental" e fornecendo os "(...) protagonistas do drama mental (...)" (ibid.).

Bianchedi e colaboradores (1983) distinguem, em relação ao psiquismo, duas perspectivas essenciais: um ponto-de-vista espacial, que permite conceber o espaço interno como continente da fantasia, e um ponto-de-vista dramático (tomando a vida mental como uma trama com diferentes personagens). Vistos assim, os objectos internos transformaram a psicanálise numa "(...) ciência descritiva, de observação e descrição dos fenómenos, infinitos nas suas possibilidades, por serem fenómenos da imaginação (...)" (Meltzer, 1984). A distinção entre os pensamentos de sonho (função α) e este processo permite conceber, na mente, um "teatro generativo" (ibid.), onde será possível determinar uma hierarquia de personagens com funções internas distintas.

2.3.

A fantasia

As fantasias inconscientes "estão subjacentes a todo o processo mental (...) e são a representação mental daqueles eventos somáticos no corpo que abrangem as pulsões, e são sensações físicas interpretadas como relacionamentos com objectos que causam essas sensações" (Hinshelwood, 1992). Segundo Isaacs (1948) a "fantasia é o conteúdo primário dos processos mentais inconscientes": toda a actividade mental se dá com base em relações fantasiadas com objectos.

Para Hanna Segal (1964) a fantasia é, não apenas a representação mental de uma pulsão, mas pode ser elaborada, segundo Hinshelwood (1992), para representar acções defensivas contra a ansiedade, vindo a transformar-se, com o protagonismo da posição depressiva, à medida que o mundo interno "é povoado por objectos simbólicos" (ibid.). A fantasia representará, na leitura de Klein, o meio caminho entre a pulsão e a representação, e será a ponte entre o corpo e a mente.

Uma tal perspectiva punha em causa, implicitamente, a natureza auto-erótica e narcísica dos primeiros anos de vida que, para uma leitura mais clássica da psicanálise, dominava a vida emocional do bebé. Ao contrário, uma perspectiva mais sofisticada no primeiro ano de vida tornaria a actividade psíquica do bebé muito próxima do que, habitualmente, é considerado o processo secundário. Mas, acima de tudo, a noção de fantasia, nuclear ao funcionamento psíquico, esbatia o protagonismo do inconsciente na dinâmica psíquica o que, no que diz respeito ao inconsciente filogenético, de que vos falava anteriormente, pode ter representado um ganho.

2.4.

A técnica clínica de Melanie Klein

O modelo de Klein vem da clínica para a elaboração teórica. E, sobretudo, a sua ideia de fantasia encontra na clínica infantil um espaço importante de investigação, já que foi interpretando o jogo como tendo um valor simbólico equivalente ao de um sonho. E, indo além da ideia freudiana do retorno do recalcado, Klein percebeu que a interpretação modificava a ansiedade, talvez porque o brincar propiciava o aparecimento, sem censura, de fantasias agressivas.

Klein tomava, então, a transferência como fantasia inconsciente, e a associação livre como equivalente ao brincar. A importância do "aqui e agora" na análise das fantasias destrutivas, permitia uma técnica mais dinâmica que a que se observava na psicanálise tradicional, com a particularidade desses conteúdos serem projectados no analista e consciencializados no contexto da transferência, quer negativa quer positiva, o que permitia que a relação clínica fosse vivida como um espaço de transformação.

Destaca-se, a este nível, a noção de identificação projectiva, e a sua função comunicativa ao nível não simbólico dos conteúdos mentais do paciente, referentes aos seus objectos internos, e que seriam projectados, no todo ou em partes, sobre o analista. Embora Klein não tenha dado o relevo ao conceito de contratransferência, que Heiman veio a referir, os seus efeitos terapêuticos traduzir-se-iam pelo desenvolvimento da percepção e pelo re-equilíbrio das "correntes" de amor e de ódio que circulam na realidade psíquica, que resultam de uma interpretação no "aqui e agora" da ansiedade do paciente.

2.5.

Alguns desenvolvimentos do modelo de Klein

A perspectiva de Klein é sintetizada de forma muito didáctica por Zimerman (1999), quando refere as suas principais contribuições:

- – a criação de uma técnica psicanalítica com crianças;
- – a existência de um eu rudimentar nos recém-nascidos;
- – a existência, desde o início da vida, de uma pulsão de morte, agindo dentro da mente, promovendo uma angústia de aniquilamento;
- – a existência de mecanismos de defesa primitivos como, por exemplo, a identificação projectiva.

Como aspectos que merecem críticas, Zimerman (1999) identifica:

– a concepção de uma pulsão inata de morte e, associada a ela, a existência de uma inveja primária;
– a concepção dum complexo de Édipo precoce e dum supereu primitivo;
– a confusão entre ansiedade psicótica e psicose clínica.

Apesar dos aspectos positivos e negativos, os contributos de Klein para o aprofundamento da leitura do inconsciente, como "membrana de contacto" entre o corpo e a mente, foi, depois dela, objecto de algumas transformações, desde as perspectivas iniciais de Freud. Já depois de Klein, e a propósito da relação entre o corpo e o pensamento, Bion adiantou a noção de "sistema protomental", enfatizando níveis profundos do funcionamento interno onde soma e psique estariam, inicialmente, indiferenciados. Noutro plano, diferenciado do sistema protomental, Bion falou do "aparelho de pensar os pensamentos", associado aos pensamentos e à capacidade de os pensar. Kohut (1988), ao referir-se a um 'self corpo/mente', aproxima-se desta indiferenciação interna inicial, sendo as noções de "membrana psico-soma", de Winnicott, ou de "consciência" (como uma "bolha protoplasmática" que cobre a superfície do aparelho psíquico, cujas modificações devido à excitação organizam a para-excitacão), de Freud, mais próximas do que Bion veio a designar por "membrana de contacto".

O mundo interior, para além das suas raízes de indiferenciação corpo / mente, constrói-se na relação onde, como se viu, a estabilização selectiva das sinapses, que converte experiências relacionais numa memória bioquímica, cria um léxico que serve de matriz ao pensamento. A relação precoce desempenha, a este nível, uma função essencial na continência – sobretudo, pela mãe – das angústias de morte do bebé.

A partir da compreensão da relação precoce dum modo menos incipiente do que aquele que estaria subjacente à leitura de Klein, o nascimento não representaria, de todo, uma experiência traumática, como Rank descreveu, mas um corte com um meio, entretanto tornado compressivo e claustrofóbico. Depois dele, a mãe, ao "adaptar-se a 100 %" (Winnicott, 1969) aos estados não-mentalizáveis do bebé, organizaria, no seu interior, um estado de indiferenciação geográfica com o filho, que a viveria como um prolongamento do seu corpo e da sua mente, aprendendo ele "a capacidade de estar só" (ibid.); isto é, a manifestar autonomia na sua presença. Esta ilusão de continuidade com o objecto primário (vivido como bom e belo) permanece, penso, como memória essencial no núcleo do self e sinaliza todas as relações a partir daí.

Já a "confiança básica", de que Erikson fala a propósito da coesão que a mãe dá aos estados mentais do bebé, metabolizados transformados em amor, será, assim, e na minha opinião, mais que uma relação objectal, uma ligação entre vínculos que organizam, pela alteridade, um self ou pele psíquica. Quer isto dizer que, se com a noção de inconsciente tínhamos um espaço de interface – uma "membrana" – que mediava a relação corpo-mente, que seria o inconsciente, a noção de self, como resultado das identificações primárias (idealmente, à mãe e ao pai) representa uma outra membrana que medeia a relação entre o espaço interno e o espaço da relação.

A ideia de self "(...) como uma estrutura no interior da mente (...)" (Kohut, 1988) permite que imaginemos um interior do self que contém os vínculos e que, no fundo, dá um suporte esquelético ao crescimento mental. O self, como estrutura intra-psíquica aproxima-se das noções de "barreira de contacto", de Bion, e de "pele psíquica", de Bick (1982). A propósito desta última ideia, Meltzer (1975) define-a como "(...) continente primeiro (...) anterior à clivagem kleiniana e necessário para que esta clivagem se possa instaurar (...)", aproximando-se de Grotstein (1981), quando ele afirma que "a clivagem (...) depende do vínculo com o objecto (...)". Este, desempenhando uma função transformadora dos estados mentais do bebé, permite-lhe organizar um "recalcamento primário" (Denis, 1982) das angústias primordiais, através da interacção dos "protopensamentos" (Bion) – emoções por mentalizar – e da "tolerância à frustração" (Bion) – competência inata do bebé, associada às 'pré-concepções' (Bion), em ligação com um "tónus narcísico básico, ou self nuclear" (Kohut, 1988) – com um "objecto óptimo" (Denis, 1982). Como vimos, de várias formas, estes diversos contributos corroboram a ideia que proponho para o self.

O self equivalerá à noção de "espaço potencial", de Winnicott (1969), e representa uma área intermediária entre dois níveis de funcionamento mental (dentro versus fora). O self organiza-se em redor de um núcleo que permite "(...) um modo pré-simbólico de criação da experiência (...)" (Odgen, 1989), estruturada pela relação pele-a-pele e pela ritmicidade básica onde "(...) a experiência do self teve a sua origem (...)" (ibid.).

3.
Espaço Transaccional e Psicanálise: Donald Winnicott

3.1.
A escola britânica de psicanálise

Klein e Winnicott representavam, com Ana Freud, três perspectivas diferentes de compreensão da psicanálise. Klein trouxe novas perspectivas à psicanálise de Freud e as suas ideias transformaram os conceitos mais tradicionais da psicanálise freudiana. A filogénese não deixava de existir no modelo que emergia da Escola Britânica de Psicanálise, a que estes autores estavam associados, como não deixavam de ser relevantes os sonhos, as emoções e os afectos, os medos e os fantasmas.

O inconsciente passou a ser tomado como fantasia inconsciente – e, sob a influência de Klein, a precocidade da vida mental tornou-se menos especulativa, sobretudo a partir das relações que ela estabeleceu entre a psicopatologia do adulto e as experiências relacionais mais precoces, tendo mesmo Segal (1964) referido que "(...) os pontos de fixação das psicoses têm as suas raízes nos primeiros meses da infância (...)".

As profundas controvérsias entre as perspectivas de Freud e de Klein contribuíram para que, na Escola Britânica de Psicanálise, se fosse distinguindo, progressivamente, uma terceira via na compreensão dos fenómenos psíquicos e da psicanálise, que agrupou um conjunto de analistas que privilegiaram as relações de objecto como nucleares na dinâmica mental. Entre eles, destacam-se Donald Winnicott, Michael Balint, ou Cristhopher Bollas, por exemplo, em grande parte impulsionados por alguns contributos de Fairbairn, para quem os instintos não procuram o prazer mas os objectos: "como existem relações objectais desde o início da vida, isto pressupõe a existência de um ego, ou self, inicial; a agressão é entendida como uma forma de reagir à frustração na realidade; a ansiedade original está relacionada com questões concernentes com a separação do primeiro objecto" (Kohon, 1994).

A competência para aceder ao conhecimento da intimidade deriva da presença, no próprio, de representações – objectos internos – das pessoas significativas, que se organizam numa rede de relações com a qual se constrói, segundo Bollas (1992), a identidade. Esses "cidadãos do mundo interior" (como Klein, a certa altura, lhes chamou) permitem perceber a diferença entre a presença das pessoas e a sua representação, tomando as pessoas não tanto como objectos indiferenciados dos quais se assimilam as regras e os interditos superegóicos (que mediavam a relação com as pulsões, e nas quais se esgotavam), mas como os organizadores fundamentais da vida mental.

3.2.
O espaço transaccional

Se, a partir de Freud, o Homem se libertava do espartilho positivista e surge como um animal racional que sonha, com Ferenczi, e, sobretudo, com Klein e com Winnicott, é concebido como alguém que, todavia... simboliza e pensa. Klein, como Freud, assume, no âmbito da teoria psicanalítica, a construção de um modelo clínico coerente, em torno dos conceitos de fantasia, de objecto e de posição. Winnicott, surge com contributos, mais ou menos subsidiários dele, mas sem a coerência interna do modelo kleiniano, se bem que duma profunda fineza clínica.

Dos contributos de Donald Winnicott, destacam-se os conceitos de "objectos transaccionais" e "fenómenos transaccionais", como preenchendo um espaço intermediário entre o mundo interno e o mundo da relação. Winnicott (1969) descreve-os assim:

Os Grandes Autores da Psicanálise   81

"Eu introduzi as expressões "objecto transaccionado" e "fenómeno transaccionado" para designar a área da experiência que é intermediária entre (...) o erotismo e a verdadeira relação de objecto, entre a actividade criativa primária e a projecção do que já foi introjectado (...)".

O espaço transaccional surge movido pela ilusão e está na base da experiência vivida, representando "a parte mais importante da experiência infantil" (ibid.), sendo deslocada, ao longo da vida, para o domínio das artes, da religião, da criação científica, e para a imaginação. O espaço transaccional (ou espaço potencial), de que Winnicott falou, é o espaço dos símbolos, enquanto o espaço interno é o espaço das representações. Segundo Odgen (1985), "os símbolos são originados dentro do espaço potencial; quando o espaço potencial está ausente só pode existir fantasia". Isto é, sem a mediação dos objectos, o inconsciente ficaria a nu.

Já Bollas (1992), refere que é o objecto transformacional que funda a área transaccional. Indo além da noção de "mãe ambiental", de Winnicott, que representaria o ambiente na sua totalidade, refere a existência de um objecto transformacional, associável a uma mãe "ainda não totalmente identificada como um outro (...) mas experienciada como um processo de transformação" (ibid.), sendo o processo transformacional "deslocado da mãe-ambiente (onde se originou) para inúmeros objectos subjectivos, de forma que a fase transaccional seja herdeira do período transformacional" (ibid.). Será a memória desta primeira relação objectal que se manifesta "na busca por um objecto (uma pessoa, um lugar, um acontecimento, uma ideologia) que promete transformar o self" (ibid.), e que fundamenta a transferência. Enfatizando, Bollas refere que: "cada experiência estética é transformacional, logo a procura pelo (...) «objecto estético» é uma busca do objecto transformacional".

Por seu lado, Odgen, em 1980, no trabalho *En torno al Espacio Potencial*, caracterizou a área intermediária numa relação dialéctica entre símbolo e simbolizado:

"O Processo dialéctico avança para a integração mas esta nunca se chega a atingir por completo. Cada integração cria uma nova oposição dialéctica e uma nova tensão dinâmica (...)" (Odgen, 1980), adiantando que a subjectividade – e o espaço potencial – é inseparável da distinção entre o símbolo e o simbolizado, e referindo que "o sujeito não existe

82 *Textos com Psicanálise*

quando o símbolo e o simbolizado se não podem diferenciar (...)". Odgen (1980) conclui que «quando o espaço potencial está ausente só pode existir fantasia: é no espaço potencial que se pode desenvolver a imaginação".

3.3.
A caminho da constância do objecto

Também Meltzer (1980), a propósito do espaço interno, traça relações fundamentais entre a transformação do seio e do objecto no aparelho psíquico, e os tipos de identificação prevalente, numa descrição clínica que o aproxima dos contributos de Marcelli (1983), sobre a organização do pensamento. Na mesma direcção contribui Winnicott, ao definir a relação como eixo fundamental à estruturação do self, e à aquisição da integração mental em equilíbrio com o princípio da realidade. As noções de «holding», de «handling», e de "presença do objecto" representam, na minha opinião, uma leitura tripartida do conceito de 'função α, de Bion.

A falência na estruturação de um 'self unitário', desencadeia, para Winnicott, a estruturação de um falso self onde a "depressão originária" (Winnicott, 1974) permanece sem transformação mental [como nos quadros suicidários, interpretados como "(...) o envio do corpo à morte que já é produzida no psiquismo (...)" (ibid.)]. Este vazio depressivo distancia-se, portanto, do vazio criativo da 'não-integração' [definido por Winnicott como um "(...) estado de repouso onde o indivíduo é livre de deixar emergir a loucura sem angústia (...), chamando-lhe, quando toma a forma de fase de hesitação no processo terapêutico 'zona de calma'"].

Em síntese, a não-integração corresponderia ao vazio criativo e a desintegração a uma defesa activa contra os estados de não-integração. Isto é, a não-integração, de Winnicott, representa uma falência do recalcamento primário que permite um contacto directo com os conteúdos do self. Quando essa falência se torna mais constante, transforma-se num estado de lucidez dolorosa que tanto aproxima os estetas dos loucos, com privilégio dos vínculos amorosos, no primeiro caso, e dos vínculos odiosos, no segundo. Observemos estes contributos num esquema de síntese:

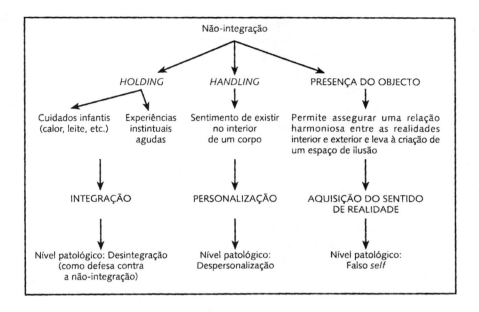

Figura 1 – A construção do self, segundo Winnicott

3.4.
O verdadeiro e o falso selfs

O psiquismo, em Winnicott, adquire uma dimensão mais interactiva, e, sem que ele alguma vez o assuma com a clareza e o arrojo de Klein, a noção de self adquire um protagonismo muito importante, a par da noção de espaço transaccional (que, como vimos, representaria a intersecção do espaço mental e do espaço da relação, que não seria "nem dentro nem fora" mas que representaria, no fundo, o espaço onde se expressa a subjectividade). O espaço transaccional levou Winnicott, a afirmar em *Distorsion du moi en fonction du vrai et du faux self*, de 1960, que "a saúde está estreitamente ligada à capacidade de viver na esfera que é intermediária entre o sonho e a realidade, aquilo a que chamamos vida cultural".

Já o conceito de self, se intui melhor quando se cruzam algumas leituras de Winnicott. Nelas, distinguem-se dois conceitos complementares. O conceito de verdadeiro e o de falso self. Winnicott parece mais seguro ao definir o segundo: O falso self dissimula o verdadeiro self submetendo-o às exigências do ambiente "(...) ou, melhor, descobre um meio que lhe permite começar a viver". Adiantando, noutra passagem, talvez lembrando Bion, que "o falso self é uma defesa contra o que é impensável" (ibid.). Já Fonagy e Target (2000), falam de um "alien self", que consiste na presença de um objecto persecutório dentro do self, que se traduz na falha de estabilidade, e na falha da autenticidade, podendo a organização do self ser determinante na estruturação do processo de simbolização (Vivaldi, 2000).

A subtileza clínica de Winnicott expressa-se melhor quando ele se propõe transpôr para a relação clínica a sua ideia de self, parecendo criticar, suavemente, algum voluntarismo interpretativo. A propósito da interpretação Winnicott refere que "(...) o analista, falando do verdadeiro self do paciente, não pode senão dirigir-se ao seu falso self" (ibid). Com isso, Winnicott quererá dizer que o verdadeiro self não seria acessível a leituras clivadas entre "partes verdadeiras" e "partes falsas" da personalidade (que pode representar um comentário que induza uma clivagem estática que sustenha o sofrimento e o desmantelamento psicóticos), mas seria uma descoberta recíproca. Afirma Winnicott, a esse propósito:

> "a coesão dos diferentes elementos sensório-motores vêm do facto que a mãe contém sem cessar o bebé, às vezes fisicamente (...). Periodicamente, o gesto espontâneo exprime uma pulsão espontânea. A fonte deste gesto é o verdadeiro self, e o gesto indica a existência do verdadeiro self potencial. (...) Eu ligo a ideia do verdadeiro self ao gesto espontâneo".

Já Bollas (1992), num texto excelente – *Uma teoria para o self verdadeiro*, descreve o verdadeiro self como "o idioma da nossa personalidade" valendo como um potencial, começando a existir somente por meio da experiência, o que o leva a descrever como "o conhecido ainda não pensado". Para Bollas, o verdadeiro self é um idioma de pré-concepções da personalidade, que "(...) inaugura o ego, tornando-se este, cada vez mais, um intermediário entre os impulsos do self verdadeiro (...) e as contra-reivindicações do mundo real" (ibid.). Abrindo uma ponte, uma transição, de uma leitura objectal para um modelo de Bion, Bollas enfatiza: "a alegria normal que sentimos quando associamos uma pré-concepção de self verdadeiro ao mundo objectal, é uma forma muito especial de prazer".

No fundo, as noções de espaço transaccional e de self representam os contributos essenciais que permitem compreender que o verdadeiro self:

- pressupõe a identificação introjectiva dos parceiros de uma relação, sem a qual não há lugar à antecipação dos gestos do outro;
- não é uma manifestação individual mas íntima e relacional;
- não se expressa em ausência mas na presença dos objectos da relação;
- funda a autenticidade como manifestação da personalidade que se opõe a alguma racionalidade analítica que, em lugar de integrar emoções e afectos, parece condicioná-los através de interpretações: o analista pensa com o outro, não pensa pelo outro;
- clarifica a noção de autonomia como um produto do verdadeiro self.

Talvez deixando implícito o apelo para a criação de relações de intimidade que viabilizem uma relação analítica, Winnicott afirma que o verdadeiro self se torna uma realidade viva graças à adaptação "suficientemente boa" do analista às necessidades vitais do paciente, realçando que "só o verdadeiro self pode ser criador e só o verdadeiro self pode ser sentido como real" (ibid.).

Perguntas & Respostas

1.
Como se poderá definir "objecto interno"?

Os objectos internos representam "o modo como vivemos, num nível primitivo, aquilo que, num nível mais amadurecido, podemos chamar «estados mentais»" (Caper, 1996).

2.
Que vantagem traz um conceito como o de posição?

Traz a vantagem de introduzir uma leitura mais dinâmica da vida mental e, em particular, da psicose, que se "democratiza", e passa a ser interpretada como um estado ao acesso de todos que, consoante as solicitações a que seja exposta, pode evoluir para um quadro psicótico ou para níveis evoluídos que, ainda assim, poderão ser reversíveis.

Como se vê, a ideia de posição abre caminho para a utilização da contratransferência na clínica, na medida em que introduz uma maior paridade entre o mundo mental do analista e o da pessoa que ele pretende ajudar.

3.
Como podemos compreender a noção
de posição esquizo-paranóide?

Klein tomou-o como se fosse uma "psicose congénita", mais ou menos incontornável no desenvolvimento. No entanto, permito-me chamar a atenção para a grande utilidade que representa, como conceito, uma vez que traz uma inequívoca operacionalidade à clínica psicológica, se o tomarmos como uma noção que caracteriza de forma clara o "colorido" psicótico das estruturas borderline.

4.
Que relação existe entre a posição depressiva e conceitos como o de culpabilidade e reparação?

No fundo, a posição depressiva representará um sinónimo da culpabilidade, como sintoma evoluído das estruturas mentais que acedem à gratidão, à alteridade e à reparação.

5.
Que relação existe entre o self e o inconsciente?

Como vimos, o inconsciente, numa leitura original, representa uma "membrana" que separa o corpo do psiquismo, e o self uma outra que distingue o espaço interno do externo.

6.
À luz dos conceitos de Winnicott, como poderemos definir o self?

O self "descobre-se, naturalmente, localizado no corpo, mas pode, em certas circunstâncias, dissociar-se deste último, ou este dele. O self reconhece-se, essencialmente, nos olhos e na expressão facial da mãe e no espelho que pode vir a representar o rosto da mãe. O self acaba por chegar a um relacionamento significante entre a criança e a soma das identificações que (...) se organizam sob a forma de uma realidade psíquica interna viva" (Winnicott, 1994).

7.
Winnicott representa uma "mais-valia" em relação a Klein?

Representa, sobretudo, um olhar sereno no diálogo com o inconsciente, quer quando perspectiva a noção de área transaccional, quer quando fala do valor comunicativo e esperançoso da agressividade (a propósito da tendência anti-social). Também a noção de self, parece assumir o resultado da relação do ser humano com o inconsciente em relação com o corpo e com os outros.

Todavia, as perspectivas de Winnicott não parecem ser radicalmente inovadoras. Por exemplo, a noção de espaço transaccional, não parece ser francamente inovadora. Não será o self, mais do que uma organização que emerge de dentro, uma condição francamente interactiva? Não será que o self representa, no setting, o grande desafio que será o de conseguir a criação de um espaço transaccional? Não será a rêverie (que veremos adiante) um sonhar acordado a dois, que representará a empatia que cria o espaço transiccional? Não representará o verdadeiro self o resultado da criação do espaço transaccional (implícito à autenticidade do analista e da relação)? Não supõe, finalmente, o pressuposto de que ninguém pensa sozinho? A meu ver, sim. Daí que talvez ganhe sentido a afirmação de Bion, quando dizia:

> "Quando um navegante se orienta por uma estrela, ele sabe que não irá alcançá-la, mas tomará o seu rumo em direcção à estrela".

8.
Que coincidências se sentem entre Bion e Winnicott?

Parece haver uma continuidade curiosa entre a obra de Winnicott e a de Bion. Tal como Bion, em Winnicott a clara interactividade analista-paciente pressupõe o privilégio da leitura de uma dimensão contratransferencial da relação clínica.

No âmbito do espaço transaccional, também a rêverie representa uma clara interactividade relacional.

Ao contrário de Bion, Winnicott parece ter uma visão menos abstracta, porventura, mais integrada da natureza humana, eminentemente centrada nos objectos internos. Quais serão os contributos de Bion, em termos teóricos e num plano técnico? Iremos estudá-los no ponto seguinte deste capítulo.

9.
Como deve ser compreendida a noção de fantasia?

A fantasia representa, segundo Paula Heyman (1989), "(...) o conteúdo primário dos processos mentais inconscientes como corolário e representante mental das vigências instintivas". Para Grinberg e colaboradores (1976), as fantasias inconscientes são um "(...) aglomerado proteico de sensações corporais e de percepções (...)".

10.
Que relações existem entre os afectos e os símbolos?

Os símbolos condensam afectos que, para Grinberg (1986), são "(...) elementos constituintes fundamentais das pulsões (...) indo funcionar como geradores de significação e veículos de motivação".

Bibliografia Essencial

FERENCZI, S. (1993). *Obras completas*. São Paulo: Martins Fontes.
FONAGY, P. & TARGET, M. (2000). Playing with reality III: the persistense of dual psychic reality in borderline patients. *International Journal of Psychoanalysis*, 81.
KLEIN, M. (1975). *Obras Completas*. Buenos Aires: Paidos-Horme.
WINNICOTT, D. (1969). *Da pediatria à psicanálise*. Paris: Payot.
VIVALDI, J. (2000). Écouter et entendre, regarder et voir en psychothérapie. A propos du dessin de l'enfant à la pathologie limite. *Neurospsychiatrie de l'Enfance et Adolesdescence*, 48.

Leituras de síntese:

ANDERSON, R. (1994). *Conferências clínicas sobre Klein e Bion*. Rio de Janeiro: Imago.

BALINT, M. (1993). *A falha básica*. Porto Alegre: Artes Médicas.

BOLLAS, C. (1992). *A sombra do objecto*. Rio de Janeiro: Imago.

BOLLAS, C. (1992). *As forças do destino*. Rio de Janeiro: Imago.

CAPER, R. (1996). *O que é um facto clínico?*. *Livro Anual de Psicanálise*. São Paulo: Editora Escuta Ltda.

DIAS, A.(1988). *Para uma psicanálise da relação*. Porto: Edições Afrontamento.

FAIRBAIRN, R. (1988). *Estudos psicanalíticos da personalidade*. Lisboa: Vega.

FREUD, S. (1983). *Dr. Ferenczi Sandor*. Revue Française de Psychanalyse, 5.

GEETS, C. (1981). *Winnicott*. Paris: Jean-Pierre Delarge.

GUNTRIP, H. (1975). Mon expérience de l'analyse avec Fairbairn et Winnicott. *Internat. Review of Psychanal.*, 2.

HINSHELWOOLD, R.D. (1992). *Dicionário do pensamento Kleiniano*. Porto Alegre: Artes Médicas.

KING, P. & STEINER, R. (1998). *As controvérsias Freud-Klein, 1941-45*. Rio de Janeiro: Imago.

KOHON, G. (1994). *A escola britânica de psicanálise*. Porto Alegre: Artes Médicas.

KOHUT, H. (1998). *A restauração do self*. Rio de Janeiro: Imago.

ODGEN, T. (1989). *La matriz de la Mente*. Madrid: tecnopublicaciones.

ROBERT, M. (1976). *A revolução psicanalítica*. Lisboa: Moraes.

SHEPHERD, R., JOHNS, J. & ROBINSON, H. (1997). *D.W.Winnicott: pensando sobre crianças*. Porto Alegre: Artes Médicas..

WINICCOTT, C., SHEPHERD, R., & DAVIS, M. (1994). *Explorações psicanalíticas: D.W.Winnicott*. Porto Alegre: Artes Médicas.

WINNICOTT, D. (1975). *O brincar e a realidade*. Rio de Janeiro: Imago.

WINNICOTT, D. (1990). *Natureza humana*. Rio de Janeiro: Imago.

WINNICOTT, D. (1990). O *gesto espontâneo*. São Paulo: Martins Fontes.

WINNICOTT, D. (1997). *A família e o desenvolvimento individual*. São Paulo: Martins Fontes.

WINNICOTT, D. (1998). *Os bebés e as mães*. São Paulo: Martins Fontes.

ZIMMERMAN, D. (1999). *Fundamentos psicanalíticos*. Porto Alegre: Artes Médicas.

UMA MEMÓRIA DE FUTURO: Bion

A PSICANÁLISE A PARTIR DE BION

1.
Introdução

Wilfred R. Bion nasceu em Muttra (India), a 8 de Setembro de 1897, onde viveu até aos 8 anos. Nessa altura, viajou até Inglaterra, onde veio a matizar a natureza oriental do seu pensamento com o rigor da formação britânica. Quando, em 1919, iniciou os seus estudos de História Moderna, no Queen's College da Universidade de Oxford, foi-se aproximando de uma arqueologia da civilização favorecida, sobretudo, por H. J. Paton, que o iniciou nos escritos de Kant.

Em 1924, ao iniciar a sua actividade docente no Bishop's College, a sua intenção de reflectir sobre a Psicanálise já estava definida. Mais tarde (1932), ao trabalhar no Institute for the Treatment of Delinquency, e no departamento de psicoterapia do Maida Vale Hospital for Nervous Diseases (já depois da sua formação em cirurgia geral), teve a oportunidade de conhecer John Rickman. Com ele veio a fazer uma análise pessoal e a ser supervisionado no seu treino analítico do British Institute of Psycho-Analysis, interrompida em 1939 pela II Grande Guerra. Esta experiência veio a permitir-lhe uma sensibilidade especial para compreensão dos grupos, sendo dessa altura (1943) o seu primeiro texto psiquiátrico – *"Intra-group Tensions in Therapy: their study as a task of the group"*).

Mais tarde – em 1945 – retomou a sua aprendizagem analítica no British Institute e a sua análise pessoal com Melanie Klein, de quem admirava a sua coragem e a integridade moral. Um ano depois, Klein publicava *Notes on Some Schizoid Mechanisms* e, em 1948, Bion tornar-se-ia associado da British Psycho-Analytic Society.

2.
Algumas Ideias de Bion

Compreender a obra de Bion obriga a que se perspectivem os contributos de quem, em conjunto com Klein, mais o influenciou: Kant. Do conjunto dos trabalhos de Kant é possível traçar denominadores comuns. Para ele, todos os conhecimentos têm a sua origem na experiência. Antes dela, o espaço e o tempo (elementos "à priori") interagem com qualquer objecto que necessite ser pensado. Espaço e tempo são, para Kant, formas da razão (unos e indivisíveis) que se opõem aos conceitos dos objectos (considerados, em si, vazios de qualquer conteúdo, e necessitando da matéria para poderem ser aplicados).

Como os elementos de que o psiquismo dispõe para se relacionar com as experiências são as intuições, a realidade – como coisa-em-si – é incognoscível. Dela se tem um conhecimento simplesmente fenoménico. O conceito, universal e uno, unir-se-á ao fenómeno, segundo Kant, através dum termo médio: a imaginação. A imaginação permite traçar os quadros onde podem ser enquadrados os fenómenos e que indicam a categoria sob a qual devem ser ordenados (segundo esquemas específicos). As categorias representam formas (sem conteúdo) de conhecimento.

Também para Bion o espaço mental assume-se como coisa-em-si, incognoscível, mas susceptível de ser representado por ideias. Do mesmo modo, os conceitos de Kant e de Bion aproximam-se na sua dimensão abstracta, disponível para o conteúdo da experiência, da intuição e dos sentidos. Ambos, ainda, (Bion através da conceptualização da 'função α', que se aproxima da ideia kantiana de imaginação) consideram um termo intermédio que permite integrar duas experiências de natureza diversa que, na verdade, têm uma dimensão aproximada e relativa. Bion e Kant, finalmente, consideram a intuição nuclear nos contactos com a realidade interior (inacessível aos órgãos dos sentidos).

A compreensão do modelo de Bion sobre o pensamento, requer que se estudem os conceitos nucleares ao seu funcionamento interno. Um deles – a consciência – é tomado, por Bion, tal como Freud o definiu em Interpretação dos Sonhos: "(...) orgão sensorial para a percepção das qualidades psíquicas (...)". Em associação com ela, a relação de "continente/conteúdo" é operacionalizada como uma função mental, inicialmente desempenhada pela mãe, em relação aos conteúdos psíquicos por elaborar do bebé, transformando-os no seu interior e devolvendo-lhos pensáveis.

É na medida em que as emoções e os afectos são contidos no interior do objecto que podem ser conhecidos e, também, (porque assim se cria uma "união mística com a verdade" do objecto) será essa a razão do nosso desconhecimento sobre eles. Assim, porque a mãe transforma as emoções e os afectos do bebé no seu interior, assume-se como continente dos conteúdos do bebé, dando-lhe elementos pensáveis (elementos α) que o tornam apto a organizar uma função pensante (função α) e a pensar. "Lê-me, lê-me para que eu te possa ler", como teria escrito Hugo, poderá traduzir esta relação que estrutura o pensamento do bebé.

Para a compreensão do pensamento nos seus estados iniciais, Bion introduziu o conceito de vínculo (tomado como a descrição de uma experiência emocional onde duas pessoas ou partes de uma pessoa se relacionam). Assim, Bion considerou três emoções básicas que se agregam em vínculos: amor (A), ódio (O), e conhecimento (C), deixando clara a relação entre os vínculos A e C: amar será a forma mais profunda de conhecer, enquanto não-amar ou odiar se relacionam, preferencialmente, com o vínculo – C (não-conhecimento). Na medida em que a mãe desempenha uma função continente dos conteúdos mentais do bebé, conhece-o e dá-se-lhe a conhecer sempre que o ama.

Também a ideia de "confiança básica", de Erikson, como um nível de relação sem reservas internas (cujo protótipo é a relação precoce), mais do que confirmar a noção de núcleo do self, releva a densidade dos vínculos na estruturação dessa qualidade relacional. Ou seja, tal como a penso, a confiança básica é o resultado da interacção dinâmica entre os vínculos C e A (do bebé e da mãe). Como em Cupido e Psique, a confiança básica faz-se, inicialmente, entre vínculos e não entre pessoas.

3.
Alguns desenvolvimentos dos conceitos de Klein

Em relação estreita com os conceitos anteriores, a concepção, no psiquismo, de uma oscilação dinâmica entre a posição esquizo--paranoide e a posição depressiva (Ps←→D), postulada por Bion, permite conceber o pensamento como um diálogo permanente entre tendências integrativas e movimentos desintegrativos.

Noutro plano, Bion conferiu outra profundidade ao conceito de Identificação Projectiva, de Klein. A sua carga psicopatológica apareceu, em Bion, como uma dimensão (evacuativa) – viabilizada pela clivagem estática e pelo controle omnipotente – à qual se associam outras dimensões: comunicativa (com os objectos internos e com os objectos externos); nuclear à formação de símbolos; e como substitutiva, em associação com a clivagem, do recalcamento. Para Bion, a Identificação Projectiva está na origem da capacidade de pensar, sendo essencial ao estabelecimento de vínculos, à possibilidade de estruturar movimentos do interior do bebé para o interior da mãe (e vice-versa), e à viabilidade da oscilação entre as posições esquizo--paranoide e depressiva.

Grinberg (1976), sistematiza os contributos de Bion à identificação projectiva, definindo-a como "(...) o conjunto de operações que determinam o processo de estruturação que ocorre dentro do self, e que tem por base a selecção, inclusão, e eliminação de elementos provenientes dos objectos externos, dos objectos internos e do self (...)". Talvez um dos exemplos mais claros de identificação projectiva no espaço interno esteja associado à representação do próprio nesse espaço – Gémeo Imaginário – assumindo-se como continente de partes dissociadas da personalidade (próxima da capacidade de criar símbolos). Tomado assim, o gémeo imaginário poder-se-á gerar como personagem do mundo mental a partir da fase do espelho, de Lacan, em que a mãe só é vista como separada do bebé depois de ser vivida como autónoma no seu interior. Já o que sucede na patologia borderline, por exemplo, devido à dimensão contraditória das representações dos objectos, o gémeo imaginário adquire o papel de objecto do self.

Diversos contributos à teoria das identificações foram desenvolvidos depois de Bion. Amaral Dias (1988) perspectiva-os como uma "hierarquia de processos", da identificação adesiva à identificação introjectiva. As noções de identificação adesiva (Bick) ou de identificação mimética (Meltzer) – vividas em quadros psicopatológicas dominados pela angústia de separação – ou de identificação coesiva (Grotstein) – representando a protecção-continente da mãe do espaço interno do bebé – trouxeram outra dimensão ao conceito. Também a identificação projectiva, vivida como reacção ao transfert (contra-identificação projectiva, de Grinberg), permite percebê-la no contexto da relação interna com o espaço interior do outro.

Grotstein (1981), a este propósito, refere que "(...) toda a identificação projectiva é dirigida para dentro de um objecto interno. Assim, todas as identificações projectivas são, essencialmente, intra-psíquicas". Como se nota, não é uma ideia muito distante da de Meltzer (1988), quando afirma que "(...) o conflito que rodeia o objecto presente é anterior, em importância, ao conjunto de ansiedades que rodeiam o objecto ausente (...)". Groststein (op. cit.) relevando, ainda, na identificação projectiva, a sua dimensão comunicativa ao serviço da função α vai mais longe, ao afirmar que, perspectivada desta forma, a identificação é uma experiência da imaginação.

A noção de identificação introjectiva parece menos questionável na sua direcção. De acordo com Grinberg, as identificações introjectivas distinguem-se das introjecções uma vez que as primeiras se dirigem ao núcleo do self (sendo sustentadas por vínculos), enquanto as introjecções permanecem na periferia do self – espaço interno – enriquecendo os objectos. Assim, a distinção feita por Bion, entre "aprender com a experiência" e "aprender sobre o mundo", ganha nitidez e representa uma distinção "(...) entre formas narcísicas de identificação (projectiva e adesiva), que produzem uma alteração imediata e, de algum modo, ilusória no sentido da identidade (...)" (Meltzer, 1988), no segundo caso, e o processo introjectivo na leitura da experiência, no qual "(...) os objectos internos são modificados, conduzindo a gradientes de aspiração para o crescimento do self (...)" (ibid.).

4.

Aprender sobre o mundo e Aprender com a experiência

Uma introdução aos contributos de Bion para a compreensão do pensamento, necessita que se clarifiquem, para além do seu léxico essencial, as noções inscritas na Tábua biónica, e inseridas nos dois eixos essenciais que a constituem. Para Bion, é possível traçar um eixo que represente a complexidade crescente do mundo mental: o eixo vertical da Tábua de Bion.

- MODELO CONTINENTE-CONTEÚDO
- VÍNCULOS: AMOR [A], CONHECIMENTO [C] e ÓDIO [O]
- OSCILAÇÃO DINÂMICA POSIÇÃO ESQUIZO-PARANOIDE / POSIÇÃO DEPRESSIVA [PS ← → D]
- IDENTIFICAÇÃO PROJECTIVA: AO SERVIÇO DA COMUNICAÇÃO, AO SERVIÇO DA FORMAÇÃO DE SÍMBOLOS

Figura 2 – Elementos fundamentais para a compreensão
do processo de pensamento, em Bion

Tal como foi fundamentado num plano neurofisiológico (ao nível do que se chamou clivagem transversal e clivagem longitudinal do cérebro humano, equiparada, adiante, a uma dupla consciência: inconsciente pulsional/ inconsciente cognitivo), a grelha biónica, adoptando uma proposta de Meltzer (1988), deve ser considerada, no que concerne ao eixo vertical, como: área simbólica (elementos α e outras transformações) e área não-simbólica (elementos β e função – α).

A ideia nuclear de Bion – Função α – é, assim, tomada numa compreensão dinâmica do eixo vertical, desempenhando um papel integrativo das emoções no acesso à verdade dos vínculos. Através da função α, torna-se nítida a distinção entre "aprender sobre o mundo" e "aprender com a experiência", que Bion estabelece.

Aprender sobre o mundo traduzir-se-á, no psiquismo, num predomínio de concepções com uma ausência de conceitos, e evidencia um bloqueio activo contra a mentalização das emoções. O conceito 'seio', por exemplo, difere da concepção de seio (que resulta da interacção da pré-concepção de seio com a sua presença). A satisfação a 100% do seio estancaria a frustração e, permanecendo num domínio hipotético, não originaria conceitos, mas um espaço mental pleno de concepções.

No entanto, como o seio jamais satisfaz a 100%, a frustração que distancia o "seio real" do "seio perfeito" é do domínio das emoções e dos afectos por mentalizar e, portanto, equivale-se, segundo Bion, aos elementos α. Assim, as emoções criariam a frustração que, tolerada interiormente, por influência das pré-concepções, permitiria a sua transformação, no interior do espaço psíquico da mãe, e a consequente transformação da frustração em experiência. Aprender com a experiência pressupõe um pensamento que surpreende um pensador. Finalmente, representa uma resignação essencial: as emoções aproximam-nos da verdade interna e tornam falsificável a leitura dela, como falsificam os sistemas científicos ou o cálculo algébrico.

Vista no plano da complexidade crescente, os sistemas científicos representam uma mente que implementou a transformação de pré-concepções e de emoções e, inevitavelmente, um pensamento tendo a ver com o seu pensador – dando crédito à ideia de que "(...) todo o conhecimento científico é auto-conhecimento (...)", como afirmou Boaventura Sousa Santos (1987). Doutro lado, o pensamento sobre o mundo, será um pensamento pleno de concepções e, por isso, um pensamento de 'elementos a priori' (sem imaginação, de acordo com Kant, ou sem 'função α', segundo Bion) .

Bion considera que a interacção entre uma pré-concepção e uma experiência real organiza, no psiquismo, uma concepção, cuja representação mental origina uma representação ou um conceito. Já a interacção de uma pré-concepção com uma frustração – tolerada interiormente e transformável em estados mentais pensáveis (elementos α) – organiza um pensamento [na medida em que os elementos α estabelecem vínculos entre si, estruturando uma Barreira de Contacto (aproximável às ideias de 'pele psíquica' e de 'self')]. Finalmente, o produto de uma pré-concepção com uma frustração não transformada faz emergir, internamente, uma onda de experiências emocionais não mentalizáveis (elementos β), que se agregam num bloqueio (Écran de elementos β) à mentalização.

5.

A Tábua de Bion

Para Bion, os pensamentos são genética e epistemologicamente anteriores à capacidade de pensar. São-no pela vertente cognitiva das pré-concepções, como pela vertente emocional dos elementos β. Aliás, esta operacionalização, antes proposta, fundamenta-se na fisiologia cerebral (onde as camadas inferiores do cérebro trinitário organizam as emoções, e o neo-cortex estrutura a estabilização selectiva de sinapses e o pensamento cognitivo).

Freud (1920), em Além do Princípio do Prazer conceptualizou a consciência como a superfície do aparelho psíquico – associando-a, metaforicamente, a uma bolha protoplasmática – que, modificada pelos estímulos, organizaria uma zona de para-excitação. Na mesma linha se coloca Grinberg (1976), ao associar as emoções à vida instintiva, e Lebovici (1989), ao considerá-las inscritas no funcionamento corporal.

Neste contexto, e sob a fundamentação antes referida, é possível determinar dois movimentos no eixo vertical da Tábua biónica: um, associado às sensações, às emoções, e aos afectos (considerados, pela escola kleiniana, dentro da noção de 'fantasia'), que têm na função α um aparelho de transformação; outro, cognitivo que, na minha opinião, se aproxima do que Bion chama 'aparelho de pensar os pensamentos'. Da interacção dos dois surgiria o pensamento: falsificado e enriquecido pelas emoções. Só assim se compreende a ideia de Matte-Blanco (1981) que considera "(...) a emoção como fonte de verdade, a mãe do pensamento (...)".

Assim, considerando a função α como um espaço transitivo entre as vivências emocionais e o pensamento conceptual, poderemos perceber, no psiquismo, duas clivagens de base que a maturação unifica: uma, longitudinal, entre os dois hemisférios cerebrais; e outra, longitudinal, entre o cérebro reptiliano e sistema límbico com o neo-córtex. Neste contexto, com Meltzer (1988), é possível tomar a ideia de transformação, de Bion, como nuclear à divisão "(...) da vida mental em área simbólica e área não-simbólica (elementos β e função α) (...)". No mesmo sentido se dirige Odgen (1985) quando considera que "(...) em linguagem matemática, o consciente e o inconsciente independentes um do outro são conjuntos vazios que se tornam conjuntos incompletos quando se interrelacionam (...)" ou, pensando a partir disso, a sua intersecção resulta num conjunto infinito.

6.
A Barreira de Contacto

Área não simbólica e inconsciente são, para Bion, ideias associáveis, como o são área simbólica e consciente. Mas, como atrás se referiu, a noção de consciência está muito associada à de self, pele psíquica ou imaginação; ou seja, ao conceito de função α. Já o inconsciente, de Freud, não emerge como uma estrutura psíquica mas como qualidades mentais cuja transformação em elementos α [ou símbolos, segundo Meltzer (1988)] se distancia da noção de representação. Este, segundo Lebovici (1989), tem com o afecto ligações indissolúveis, associando Green (1973), a ideia de representação à de significação, como momento retroactivo do vivido. Retomando a ideia de self, associável à de 'barreira de contacto' (de Bion), relembre-se que Kohut (1988) o descreveu como "(...) importante conteúdo (estrutura ou configuração) do aparelho mental. Isto é, como auto-representações (imagos) do self que estão localizadas dentro do eu, do id e do supereu (...)". Já a noção de 'barreira de contacto' – organizada a partir da proliferação de elementos α e marcando a separação entre inconsciente e consciente – pressupõe um espaço transitivo entre esses dois níveis mentais. Self e Barreira de Contacto organizam a continência dos vínculos e a transformação das emoções e dos afectos e, por isso, devem ser tomados como operadores mentais que desempenhando funções transitivas no psiquismo.

Perde, então, sentido a noção de inconsciente, como Freud a perspectivou. Em vez disso, o conceito de 'dupla consciência' condensa movimentos intra-psíquicos entre estruturas mentais de diferentes níveis que existem enquanto coexistem. A exemplo da visão binocular, a função α (tão próxima dos elementos α como da ideia de self) confere profundidade ao psiquismo, sendo interior ao espaço potencial. Relembrando a figura 3: A e B serão limites abstractos de espaços potenciais cuja intersecção originará, como se referiu, um conjunto infinito. O "aparelho de pensar os pensamentos" será o volume das áreas A e B, representando as respectiva intersecção um espaço onde os símbolos são originados [como referiu Odgen (1985)] sem o qual só existe a fantasia.

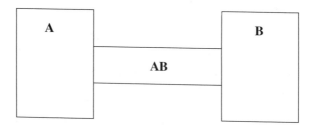

Figura 3 – Aparelho de pensar os pensamentos: uma visão esquemática

Nesta leitura, a função α, interior ao espaço potencial, organiza-se como sucedâneo dos vínculos contidos no núcleo do self. A comunicação interna estrutura-se entre o espaço simbólico (dos símbolos e das representações) e a fantasia (elementos α), originando um processo de integração mental (retomando o conceito de Klein). Este, será tomado, de acordo com Odgen (1985), como um processo dialéctico "(...) em que dois conceitos se criam, se dão forma, se preservam e se negam um ao outro, e no qual cada um mantém uma relação dinâmica (sempre mutável) com o outro".

Sendo a relação entre as áreas não-simbólica e simbólica mediada pela 'barreira de contacto', que organiza a profundidade mental, compreende-se, assim, como "(...) a mente é a função geradora de metáforas (...)" (Meltzer, 1988), e como função α desempenha o papel nuclear nas metáforas enquanto pensamentos de sonho. O ênfase da metáfora como condensação de emoções e afectos numa representação confere, por outro lado, precariedade ao conhecimento. Kyrle (1968) fala, a este propósito de "misconception", como um conceito falsificado pela interferência das emoções, e Matte-Blanco

Os Grandes Autores da Psicanálise   101

(1981) refere cada compreensão como um "mal-entendido". De qualquer forma, os afectos ganham expressão como um "quanto de energia" (Freud, 1897), enquanto Grinberg (1986) se refere a eles como "(...) elementos constituintes fundamentais das pulsões (...) indo funcionar como geradores de significação e veículos das motivações (...)", desempenhando no psiquismo uma função semântica. Noy (1982) considera o afecto como organizador de sistemas psicológicos e fisiológicos.

7.

O Pensamento e a Verdade em Bion

Bion, ao introduzir o conceito de "zero" na leitura da vida mental, considerou-o como realidade única e incognoscível. Zero equivale à ideia de verdade (definida, por Bion, como "conteúdo sem continente, pensamento sem pensador"). Sendo necessária para o crescimento mental, Bion considera que todo o pensamento depois de formulado é falso (distanciando-se da verdade que pretende traduzir e das emoções que interferem na sua compreensão). Assim, considera existirem diferenças fundamentais entre "ser zero", "tornar-se zero", e "estar em rivalidade com zero". "Tornar-se zero", representa o processo de crescimento mental, enquanto qualquer uma das formulações contêm a patologia. Para Matte-Blanco (1981), $0 = -0 = +0$; ou seja, "(...) o que está dividido não existe para o que está indiviso (...) vice-versa, a realidade indivisível não é captada pelo pensamento, não pode ser pensada (...)". Uma tal noção do inconsciente como espaço indivisível não me parece ser sustentável se cruzarmos esta ideia de Bion com as neurociências: sistema nervoso divide, categoriza, e distingue.

Contrariamente à verdade, que aguarda o aparecimento de um pensador "cada mentira está em correspondência bi-unívoca com o estado mental do mentiroso (...). Assim, as mentiras são sempre, em certa medida, profundas verdades (...)" (Matte-Blanco, 1981). Já para Meltzer (1988), "(...) a credibilidade de uma mentira depende, não da sua relação quantitativa com a verdade, mas da sua congruência estrutural ou funcional com os símbolos (...)". Assim, é possível, com Matte-Blanco (1981), distinguir o pensamento do pensável ("pensativar") da intenção essencial de pensar o impensável sem terminar jamais ('pensar'). Seja uma ou outra forma de pensamento, é possível distinguir, a partir de Bion, três níveis de relação entre ele e o pensador: simbiótica, comensal, e parasitária.

Na primeira, pensamento e pensador inter-dependem, crescendo mutuamente a partir da relação íntima que estabelecem, dela emergindo pensamentos falsos que resultam da tentativa de pensar o impensável. Na segunda, pensador e ideia nova são como duas rectas paralelas: só se influenciam quando se encontram num momento do infinito interno; nessa altura, há no universo mental uma "mudança catastrófica", da qual surge uma relação simbiótica entre pensamento e pensador. Na terceira, enfim, o pensamento que procura um pensador é vivido como um pensamento que persegue o pensador; entre um e outro gera-se um vínculo -K (contrariamente ao vínculo K da relação simbiótica), esvaziando-se e destruindo-se ambos mutuamente, como barreira de mentiras contra o contacto íntimo com a verdade interna, e como defesa perante a mudança catastrófica.

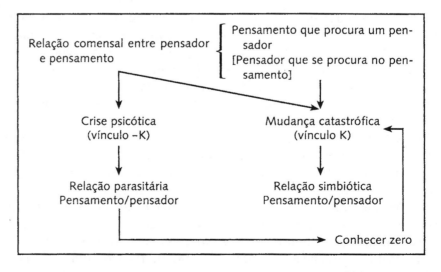

Figura 4 – A relação entre pensamento e pensador, segundo Bion

8.

O Inconsciente que emana de Bion

Tomado o psiquismo como universo mental, ganha sentido a ideia de Meltzer (1979) sobre o crescimento mental, ao associá-lo a um estado de revolução permanente. Sagan (1987) descreve a revolução de um planeta como a sua órbita em torno do Sol: o ponto de chegada é o ponto de partida. Sendo zero o ponto de equilíbrio mental, e estruturando-se os vínculos e os estados psíquicos como os números reais ou como a matéria e a anti-matéria, o espaço que medeia zero e a verdade será infinito, sendo que zero e a verdade são os pontos de partida e de chegada: o mesmo ponto de uma revolução, permanente mas impossível.

A leitura de Bion, a partir dos contributos de Meltzer e de Matte-Blanco, confere ao modelo biónico profundidade, e quase o transforma num léxico que permite ler grande parte das realidades humanas. Como tentativa de leitura a partir dos afectos e das emoções, abre-se à estética e ao senso comum: a psicanálise será, simplesmente, uma gramática mental que tenta compreender "(...) a espantosa ignorância que de si próprios têm os seres humanos (...)" (Meltzer, 1988). Bion assumiu na psicanálise a ignorância que Freud destapou ao falar de inconsciente; Meltzer, consumou-a ao referir-se à tolerância, à incerteza, como um estado de tranquilidade interna a partir da ignorância de cada um perante a completude de zero.

O inconsciente a que Freud se referia é o inconsciente das estruturas arcaicas do cérebro, o inconsciente como estrutura mental, lugar das emoções e como uma validade quase biológica. O inconsciente de Bion considera o contributo de Freud, quando descreve os elementos β, mas fá-lo numa vertente essencialmente cognitiva; o inconsciente de Bion é, sobretudo, representacional (é o inconsciente da verdade interna cuja leitura as emoções falsificam). De um ponto--de-vista interno, ambos existem; ganhar plasticidade mental é tolerar as emoções perante a distância da verdade. Não são, portanto, um mas dois inconscientes: são inconscientes porque são incognoscíveis; mas como dão acesso aos sentimentos, talvez ganhe sentido que se fale de dupla consciência, unida pela relação de um pensador com o seu pensamento.

A noção de inconsciente aproxima-se da noção de infinito. Para Matte-Blanco (1981), nos níveis profundos do psiquismo tudo é "infinitizado", adquirindo o inconsciente uma qualidade simétrica, homogénea e indivisível; todos os elementos de uma dada classe "(...) têm todas as potencialidades da classe em questão (...)" (ibid.), não existindo, segundo Ross (1984), deslocamento. Ou seja, a parte representa o todo, segundo um princípio de generalização.

Coexistem, então, uma lógica simétrica (que organiza os conteúdos inconscientes) e uma lógica assimétrica (onde existe uma descontinuidade entre a classe e os seus membros, não podendo este representá-la) no psiquismo. Esta bi-lógica mental permite compreender que a experiência de pensar "(...) contém elementos simétricos, mas o acto de pensar extrai o seu sentido do inconsciente descobrindo relações assimétricas na experiência simétrica (...)" (Arden, 1984). No entanto, com Taylor (1988) talvez se deva conceber uma "metalógica" que governa a bi-lógica; no fundo, aproximando-se de um nível mental a que atrás se chamou 'núcleo do self'.

O núcleo do self seria, então, uma meta-lógica: um nível ou qualidade mental que contém a vinculação e os vínculos e que, sendo assim, representaria um ponto de certezas básicas no psiquismo, que dada a sua qualidade de ponto entre os pontos é simétrico, e porque gera a propulsão interna em procura da verdade e dos pensamentos sem pensador, assimétrico: 'a loucura dos homens saudáveis'.

A compreensão de níveis psíquicos anteriores à clivagem que contêm a vinculação e os vínculos, releva a ideia biónica de "acto de fé". Esta seria a representação mais semelhante de zero e, por isso, mais simétrica. A fé nos vínculos contraria a ideia da inquisição, pela qual o riso inibe o medo e, sem este, a fé se torna uma tarefa impraticável. Ao contrário, a fé nos vínculos organiza a confiança, a coragem, e a esperança, tornando-se o medo menos fantasmático e mais mentalizável.

De acordo com a compreensão do aparelho psíquico a partir de Bion e dos autores pós-biónicos, a função α representa um processo vinculativo, cujo eixo é a transformação da angústia de morte (num recalcamento primário que organiza o self). No entanto, Bion (a exemplo dos números naturais) considerou que cada vínculo poderia ter uma forma negativa. Com isso, abriu uma leitura intermediária que permite compreender a hipocrisia objectal. Retomando Meltzer

(1988), anti-ódio (-0) é diferente de amor (A), e odiar a falsidade não pressupõe amar a verdade. Permite também, penso, perceber a distância entre a verdade, a mentira e a falsidade, e o certo e o errado. A verdade interna nem sempre é tomada como certa embora sendo falsa (porque fenoménica em relação à verdade).

Retomando Klein (1962), "(...) continua a existir em nós uma aspiração a uma compreensão sem palavras (...)": zero ou a verdade interna. A relação precoce (e Winnicott referiu-o a propósito das pequenas suspensões no curso do processo terapêutico) aproxima-nos, pela não-integração nela vivida pelo bebé, da ideia de calma. A ignorância e a perplexidade da infinitude da nossa ignorância perante o mundo, aproxima-nos da ideia de self e, assim, da tranquilidade de a podermos tolerar a partir da fé nos vínculos. Tomando, com Bion, a verdade ($\underline{0}$) como essencial ao crescimento mental (que ele representa por $\underline{Y}$), o crescimento tenderá essencialmente para zero; ou seja, para a "compreensão sem palavras". Vista assim, a função α será vinculativa: $Y \rightarrow 0$ (o crescimento tende para zero).

Bion, a propósito da transformação como processo nuclear ao pensamento das emoções, refere como frustração (e a dor mental) co-varia com as transformações. Mentalizar a frustração implica que emoções, afectos, e sensações sejam transformados em símbolos e pensamentos; evitá-la desencadeia, antes, mudanças súbitas, redes de concepções e imitações (com prevalência, portanto, de identificações narcísicas).

9.

Transformações

Para Bion, a vida psíquica representa múltiplos processos de transformação (cada um deles implicando mudanças de forma). No processo de transformação, devemos considerar: o eixo ou estado inicial (0, zero), o processo de transformação, e o produto final. Subentendidos à leitura de Bion, estão, também, presentes nesse processo os elementos do meio onde se dá a transformação: espaço (-) e tempo (...). Finalmente, nele intervirão, ainda, factores tais como as competências inatas, as pré-concepções, e os elementos não saturados das pré-concepções. A partir desta formulação, Bion postula a existência, no psiquismo, de três tipos de transformações:

- as transformações de movimento rígido (implicando pouca deformação, e inclui movimentos de rotação e de translacção mentais (como as transformações no âmbito das emoções, do pensamento, e das palavras) que deixam invariante o tamanho e os ângulos das figuras; ou seja, o seu eixo essencial.
- as transformações projectivas (onde o contacto com zero é difícil como também as mudanças catastróficas se dão com dificuldade).
- as transformações em alucinose (através de alucinações francas, fugazes e invisíveis).

10.
Implicações técnicas e epistemológicas

O objecto da psicologia a partir de Bion é o crescimento mental. Na relação terapêutica, e para viabilizar esse objecto, há que considerar as perspectivas do terapeuta perante o paciente, os seus estereótipos, as suas fantasias omnipotentes, e o a priori teórico que sustenta a sua leitura da clínica. Tentando obviar essas variáveis da relação terapêutica, Bion descreveu a intuição como o instrumento essencial da clínica, permitindo evitar a dor desnecessária e integrar a dor inevitável do insight. Para tanto, aproximando-se do zero, na relação, a união mística do terapeuta com a verdade interna do paciente é intuída na medida em que ele está nela sem desejo, sem memória, e sem compreensão.

"Estar em rivalidade com zero" representará o domínio da omnipotência dos estados psicóticos. Sendo o pensamento uma transformação de zero, interessa à clínica compreender de que forma se processam as "transformações em zero". Para Bion, essa qualidade de transformações pressupõe a noção de 'mudança catastrófica', como nuclear ao crescimento mental. Mudança, porque uma subversão do sistema internamente estruturado, catastrófica porque aparece de forma brusca e violenta.

A mudança catastrófica pressupõe um conjunto constante de eixos essenciais à vida psíquica. Um novo conteúdo do continente mental (uma ideia nova, resultante do encontro dum pensamento com um pensador) tem uma força disruptiva das estruturas e do espaço em que emerge, provocando uma mudança catastrófica, desencadeando violência, invariância, e subversão do sistema; ou seja, uma transformação em zero, através de momentos de desorganização, dor e frustração que, depois desse encontro, gera uma relação simbiótica entre pensamento e pensador. Saber acerca de zero implica transformações em K (conhecer zero); passar de K a zero (tornar-se zero) implica uma mudança catastrófica.

Mas, em função disso, para Bion, o que é unicamente importante na sessão analítica é o desconhecido, e nada deve impedir de intui-lo. A esse respeito Meltzer (1971) fala do objecto analítico como "a busca da verdade", referindo como na análise se observa um desequilíbrio recíproco entre analista e analisando, devendo aquele permitir-se perder na experiência interna do material do seu paciente. O problema de base será, então, o do sofrimento psíquico, e o da necessidade dum objecto do mundo exterior que o contenha.

A qualidade não sensorial da realidade psíquica é, para Bion, o "objecto psicanalítico". Se a intuição permite o acesso a essa realidade quando se conjuga na díade analítica uma correlação e uma confrontação de pontos-de-vista entre analista e analisando. A esses ângulos, ou perspectivas, através dos quais se compreende uma determinada experiência, Bion chama "vértices", relevando a precaridade da verdade em psicanálise e a sua dimensão emocional.

A ideia de "eixo seleccionado", de Poincaré, que Bion adoptou (tida como uma emoção ou uma ideia que dá coerência ao disperso, que gera o cosmos a partir do caos e que protege o psiquismo dos 'efeitos-borboleta') parece-me ser uma manifestação dos conteúdos do núcleo do self no pensamento. Por outras palavras: na medida em que existe um núcleo no self surgem no pensamento eixos seleccionados; não serão os eixos que dão, por si, coerência ao disperso, mas enquanto fios dum pêndulo imaginário cujo ponto geométrico (ou ponto de equilíbrio) é o núcleo do self.

O eixo seleccionado representa uma direcção interior aos vértices ou perspectivas, e a sua função coesiva manifesta-se na clínica como na investigação científica. Pierce aproximou-se desta tendência interpretativa ao distinguir no conhecimento três processos fundamentais: indução, dedução, e abducção. (ou instinto de adivinhar). Para ele, o Dr. Watson seria o protótipo da dúvida metódica enquanto Sherlock Holmes o da abducção, aproximando este termo da ideia de intuição, em Bion.

A especificidade clínica da psicanálise tem suscitado comentários que põem em dúvida a sua cientificidade. Mas a verdade das ciências tem pouco a ver com o positivismo, como o descreveu Comte. Acerca da biologia, Bateson (1987) refere que "(...) a verdade significaria uma correspondência precisa entre a nossa descrição e aquilo que descrevemos, ou entre o cruzamento total de abstracções e deduções, e uma compreensão absoluta do mundo exterior (...)". Bion, refere que a descrição da experiência emocional introduz uma falsificação menor do que a fotografia da fonte da verdade (deturpada pelo fotógrafo e pela sua máquina).

A ciência tratará, assim, "(...) o discerenível: cria heterogeneidade e em seguida une os elementos separados em intermináveis associações (...)". Neste contexto, ganha sentido a afirmação de Perrotta, quando afirma que "(...) em psicanálise não existe oposição entre explicação e interpretação: esta última é um recurso instrumental, utilizado dentro do processo terapêutico, mediante a qual se comunica a um paciente uma explicação (...)".

Como qualquer ciência, a psicanálise privilegia os "conhecimentos tácitos" (Kuhn, 1970) que se adquirem pelo exercício prático e pela experiência, muito mais que por explicações teóricas. Assumindo o Princípio de Heisenberg para as ciências psicológicas, a psicologia a partir de Bion só pode aspirar a "resultados aproximados" (Santos, 1987), assumindo sujeito e objecto a "forma dum continuum" (Santos, 1987) e compreendendo que (...) a totalidade do real não se reduz à soma das partes em que a dividimos para observar e medir (...)" (Santos, 1987). Prigogine (1988) aproxima-se desta ideia quando refere que "(...) as probabilidades já não exprimem o grau da nossa ignorância, exprimem sim a própria estrutura do universo (...)".

Talvez a noção de probabilidade represente uma definição imperfeita do acaso. Mais importante que isso é compreender o universo mental segundo uma coerência essencial conferida pelos vínculos que, ao contrário do Universo, não o tornam vulnerável ao caos

Os Grandes Autores da Psicanálise 109

gerado pelo bater de asas duma borboleta. Reunindo os extremos temáticos reflectidos neste trabalho, refira-se que indivíduo e grupo representarão duas realidades distintas e que, a exemplo de Hawking, podemos considerá-las como semelhantes, em relação, à mecânica quântica (e à microfísica) com a teoria da relatividade [que "(...) dá forma à estrutura do Universo em macro-escala (...)" (Hawking, 1988)]. Retomando a neurobiologia, e as suas consequências para a psicopatologia, com Bourguignon (1981) poder-se-á afirmar que todos os modelos serão muito gerais, com necessidade de se compreender a sua ontogénese, como os ambientes sucessivas e as interacções tidas com eles.

A psicanálise a partir de Bion abre-se à estética, e ao senso comum; abre-se fundamentalmente ao pensamento, e às leituras das diferentes realidades que despertam a curiosidade de um ser humano. Como o Universo, o psiquismo é uma realidade imaginária; como nela, "num universo infinito, cada ponto pode ser eleito o centro, porque em cada direcção que cruza o ponto podem contar-se infinitas estrelas" (Hawking, 1988).

11.

Pensando com Bion: o pensamento de sonho

A história da relação dos homens com o pensamento oscila entre desassossegos, desencontros e... ideias. Porque é que sendo nós tão competentes para o conhecimento, como dizia Meltzer, somos tantas vezes, tão desconhecidos de nós próprios? Que desencontros teremos com o olhar, de nós, sobre nós, e perante os outros? Conhecemos com as palavras ou para além das palavras? Conhecemos com os sentidos ou com os sentimentos? De onde olhamos para os outros: olhamo-los dos olhos ou de dentro de nós?

Como Meltzer disse, o sonho é o lugar onde o pensamento se gera. Isto é, tudo é sonho porque tudo é imaginário. Quero dizer que somos desconhecidos de nós mesmos porque os reencontros se fazem, muitas vezes, nos pesadelos brancos do silêncio da nossa relação com o sonho.

Sonhar supõe que se pôde fechar os olhos (e adormecer com "confiança básica") ao colo de alguém... que olha por nós. Isto é, a tranquila entrega ao acto de sonhar representa, num plano simbólico, não tanto a disponibilidade de fechar os olhos mas de os abrir... para dentro depois de os fechar para a relação. Daí que as crianças aproximem o morrer do dormir e não distingam o sonhar do faz de conta. A consciência do sonho como sonho é tardia nas crianças, porque o pensamento infantil não distingue o sonho da realidade; tudo, no pensamento das crianças, é linguagem do sonho. O pensamento das crianças tem a mesma dinâmica (condensação, imagens), tem as mesmas nuances representacionais (e a mesma função dramática), e tem a mesma economia (afinal, só nos recordamos dos sonhos que percebemos mal, porque se metabolizam e digerem no aparelho mental e, por outro lado, os sonhos permitem-nos pensar pensamentos sem a consciência do pensamento).

Mas a verdade é uma imagem ou um sonho? A verdade vem dos lugares do sonho. Por isso, vem de dentro, do modo como organizámos a certeza absoluta do amor dos nossos pais por nós como acto de fé no pensamento, como ponto fixo que nos guarda o universo mental; nós precisamos dessa certeza para podermos ter dúvidas, e é por ela falhar na psicose que se gera uma consciência que mata. Então, à custa de não terem quem os guarde dos sonhos, os psicóticos "são o sonho", não se tomando a loucura como um sonhar acordado, como em Moreau de Tours, mas como um desejo de dormir para os sonhos. É aquela certeza absoluta que organiza o recalcamento primário da angústia de morte nos bebés, quero dizer, é a fé (no amor dos pais) que organiza o esquecimento... e o riso.

Só porque podemos duvidar podemos sonhar, isto é, a fé organiza a rêverie como função mental (associável à noção de fantasia) e o pensamento. A verdade não é só o que sentimos que é verdade, é o que lemos como verdade nos olhos dos outros. Vergílio Ferreira em *Pensar,* di-lo melhor: "toda a verdade tem uma zona de sombra que jamais poderás conhecer. Porque se conhecesses uma verdade toda, deixarias de acreditar nela. Acreditar é não saber. (...)". Compreendido assim, o pensamento representa sombras do sonho na esquadria das palavras.

Hubert Reeves, citando Annie Leclerc, di-lo de outro modo: "Ainda criança, tive a ideia de que a nossa faculdade de acesso à verdade não era nem o entendimento, nem a razão, nem a inteligência, mas unicamente o júbilo". Daí que a verdade não tenha a ver com o espelho mas com o espaço criado pelo júbilo dos pensamentos de sonho dentro de nós.

Como tenho dito, "Pensar não é ter pensamentos: é podê-los abandonar" mas ter consciência. "Mas como é que se tem consciência? Quando se transforma um pensamento em potência [P] – os pensamentos anteriores ao pensamento, isto é, emoções – num pensamento pensável. Mas depois de pensado, cada pensamento torna-se impensável; isto é, se pensar (simbolizar) é ter consciência, pensar é transformar a inconsciência... em inconsciência (...) depois de pensado, um pensamento permanece impensável. Assim, a única coisa que construímos na vida não é um pensamento (de pensamentos) mas um aparelho de pensar (...)" (a partir dos momentos mágicos dos pensamentos de sonho na actividade de pensar).

Já na loucura, pensar é não poder ter consciência e, no entanto, sentir a consciência duma consciência que mata. Talvez, por isso, na loucura o pensamento persiga um pensador e, então, separar-se da sombra traria a Lucky Luke a ameaça destrutiva da sua outra parte diferente de si. Daí que a relação, na loucura, faça lembrar o modo como dois espelhos interagem um diante do outro, propagando até ao infinito a mesma imagem (como na cidade dos espelhos das "estirpes condenadas a cem anos de solidão" ou nas matrioscas) que faz com que a relação de objecto na psicose não seja simbiótica mas – mais – siamesa.

Mas a rêverie (ou o sonhar acordado, na opinião de Jorge de Sena, no prefácio aos *Manifestos do Surrealismo*) como a ilusão, distinguem-se da alucinação porque aquelas representam a consciência do sonho, enquanto esta é a consciência da vigília. Pensar é, então, literalmente, ter a consciência tranquila, isto é, é ter não-consciência e integrar. Mas se pensar é ter consciência, sonhar é pensar? É pensar; mas o sonho é como o jogo das crianças: neles vivem-se afectos sem a nítida consciência que se estão a viver. A consciência do sonho como sonho transforma-o em realidade, como a consciência do adormecer transforma o sono em insónia.

Então, os pensamentos de sonho representam um pensador que se abandona ao pensamento, e pensamentos que toleram os conteúdos impensáveis do pensamento. Só assim a ideia de Meltzer de que o crescimento psíquico se aproxima de um estado de revolução permanente, como Trotsky falou, será verdade. Com Sagan aprendi que a revolução de um planeta é a sua órbita em torno do sol. Isto é, o ponto de partida é o ponto de chegada, o que traduzido para o plano do pensamento quererá dizer que nos transformamos sempre que ficamos mais iguais a nós próprios. E, no entanto, pensar implica recriar, retomar as raízes da partida para além do horizonte da chegada. E de cada vez que se julgue compreender o mundo reconhece-se, como Borges, que "esse labirinto de traços nos reproduz a imagem do rosto". Então, pensar, mais do que a monotonia essencial da revolução, representa a relação do sonho com o pensamento, como percurso de um actor à procura do texto escrito para si.

Perguntas & Respostas

1.

O que entende Bion quando se refere a um sistema protomental?

Toma-o como um nível de comunicação privilegiado de união entre o psiquismo e o corpo, remetido "algures" para o desenvolvimento uterino. Representará um ganho acrescido em relação às perspectivas psicossomáticas? Não me parece porque, tal como com elas, não surge integrado numa perspectiva psicopatológica compreensiva. Em rigor, parece-me que, quer as perspectivas psicossomáticas, quer muitos pontos de vista psicanalíticos, ainda se organizam sob a influência cartesiana duma dualidade corpo-mente (que, se estudarmos com minúcia a psicofisiologia, não existe), e remetem para os fetos e para os bebés uma ideia dum funcionamento elementar onde essa unidade íntima se observa, vindo a decrescer de importância à medida que a organização simbólica parece ganhar espaço sobre o corpo no desenvolvimento humano. Daí que, no Capítulo II, chame a atenção para o modo como, no plano das neurociências e da psicanálise (com ênfase, para os contributos de Bion), as imagens mentais (elementos α, de Bion) serão a consequência mais consistente da experiência íntima e indissociável corpo-mente. As imagens mentais, recombinando-se espontânea e constantemente, originam um imaginário (uma função α). "Calcificado" por experiências traumáticas que remetam para uma compulsão à repetição da patogeneidade das relações que configuraram o desenvolvimento, o imaginário expressar-se-á, nessas circunstâncias, preferencialmente, através do corpo. A ideia de ritmo, de Sami Ali, ganha, a este nível, alguma preponderância, se a percebermos como a necessidade do psiquismo, em vez de domesticar a biologia, se adequar a ela. Vista assim, a noção de ritmo representará um sinónimo muito interessante da unidade corpomente de que falava Bion que, partindo desta leitura, se verificará desde sempre e para sempre.

2.
Que utilidade podemos reconhecer nas noções de pré-concepções, de concepções e de conceitos?

Uma vez mais se sente, nesta formulação de Bion, uma clivagem da noção de inconsciente, de Freud, sem ganhos científicos e clínicos que a justifiquem, repartindo as pré-concepções e os elementos β que, na ideia mais tradicional do inconsciente, estariam juntos. Já a distinção que estabelece entre um pensamento de concepções e um pensamento de conceitos é importante. Representa a distinção entre um pensamento pleno de concepções, sobre o mundo, e um pensamento vivido, mediado por experiências de frustração toleradas e transformadas em experiência. O primeiro representa, a meu ver, uma função simbólica que se organiza como função – α (como um falso self que se barrica em concepções falsas ou numa falsa função simbólica que obstaculiza o pensamento). O segundo, que transforma a experiência em pré-concepção e a utiliza como

114 *Textos com Psicanálise*

"marcador somático" emocional (Damásio) na sua relação com novas emoções.

3.
Que ganho representa a ideia de Bion, segundo a qual, os pensamentos são anteriores à capacidade de os pensarmos?

Ao trazer, também por influência duma cultura hindu, uma discussão sobre a verdade, Bion introduziu um humanismo mais nítido e expressivo na psicanálise. A verdade, como "coisa em si" será incognoscível e, por isso, nas suas palavras, representará "um pensamento à procura de um pensador". O conhecimento faz-se através de "aproximações à verdade", levando Matte-Blanco a afirmar que "cada compreensão é um mal entendido".

Que ganho representará essa formulação para a psicanálise e para a clínica psicanalítica? Um ganho enorme, porque, na sequência dos contributos de Klein, vem colocar a compreensão analítica no âmbito da dinâmica interactiva. Por outras palavras, na dinâmica transfero-contransferencial. A psicanálise deixa de reivindicar uma perspectiva semelhante à de um oráculo, deixando o psicanalista de se reclamar como o agente que acede "à verdade interna" do paciente, quer quando se trata de resignificar o seu passado, quer quando pretende realizar uma leitura compreensiva das suas relações actuais. Uma interpretação passa a ser, simplesmente, uma hipótese de compreensão e, para além do mais, "morre em estado nascente".

Todavia, por estranho que pareça, ressaltam "dois Bions": o Bion com influências hindus, e o Bion psicanalista que parece não as transpôr para uma operacionalização clínica (como, talvez, o pudesse ter feito com a noção de capacidade de rêverie).

4.
É, teoricamente, lucrativa a noção de elementos β ?

Os elementos β constituiriam o essencial duma área não-simbólica do funcionamento mental que, como o inconsciente, concebido num plano mais ou menos clássico, se organizaria numa lógica simétrica, em que símbolo e simbolizado seriam indistintos. Parece-me dos contributos mais equívocos de Bion. Primeiro, porque confrontando o sistema nervoso e o inconsciente, facilmente se compreende que, indo além de Meltzer, o inconsciente é cognoscente e uma função geradora de metáforas. Ou, adoptando uma terminologia de Bion, o inconsciente é função α. Tentando ser mais claro, ainda, parece-me que a noção de elementos e de função α talvez represente um passo atrás em relação à noção de inconsciente, de Freud, mais abrangente, mais filogenética, e mais cognitiva. Que, por seu lado, perderá em operacionalidade clínica, em relação à noção de "dupla consciência" (que Freud e de Breuer referem a propósito da histeria).

5.
Que implicação têm, na teoria e na clínica, as noções de elementos α, de β, função α e de capacidade de rêverie?

Se Freud, num período de grande fulgor positivista, teve a ousadia de deixar implícito que o Homem é, simplesmente, um animal... racional, trazendo para as ciências psicológicas a filogénese, e Klein, sem rupturas muito significativas em relação ao modelo freudiano, afirmou que o Homem simboliza... e pensa, Bion acrescentou que também imagina. As imagens mentais, associáveis à noção de elementos α, pressupõem, no entanto, que sem uma função mental transformadora, não seria possível transformar" o corpo" em mente. Como já afirmei atrás, o sistema nervoso pensa à margem da intencionalidade de pensar: isto é, o corpo... pensa. Suponho que Bion terá aglutinado, sem as distinguir, três noções distintas: a função α, a função de rêverie, e a função simbólica (de que falava Heimman).

A função α, confunde-se com a orgânica do próprio sistema nervoso e perde, ainda, consistência, ao pressupôr que, sem uma função transformadora maternal, o bebé submergia em sensorialidade e em elementos β. Associando-a à função α, Bion concebe a capacidade de rêverie operando sobre os dados das impressões sensoriais e a experiência emocional, obtidos pelo "orgão" consciência, transformando-os em elementos α, com os quais o psiquismo se torna apto para sonhar. Para Grotstein (1981), a função α será a "(...) capacidade de registar sensações e codificá-las em sentimentos".

A função de rêverie, um conceito muito próximo da noção de 'empatia' (em Kohut) e da noção de 'gesto espontâneo' (de Winnicott) não foi muito desenvolvida por Bion e, muito menos, operacionalizada em termos clínicos (embora talvez só ganhe operacionalidade no contexto duma leitura objectal da clínica psicanalítica).

Já a função simbólica representará um nível "acima" em relação ao sistema nervoso e representará, sem equivalentes de consistência idêntica em Bion, o eixo das transformações da fantasia em simbolização. Por outras palavras, não haverá transformações sem função simbólica.

6.
Na psicose, parece existir rêverie sem sonho?

Pode parecer que existe um sonhar acordado que, num plano metafórico, analisa e interpreta a vida mental. No entanto, não me parece que seja assim.

Primeiro, porque aquilo parece ser essa rêverie, representa o quanto o inconsciente, quando tenta metabolizar a dor, é α e não β. Elabora, permanentemente, imagens, metáforas, que nos permitem também perceber que, morrer, dum ponto de vista emocional, é desistir de imaginar.

Em segundo lugar, porque não me parece que haja rêverie sem transformação.

7.

Transformar é curar?

Por muito que pareça a recuperação dum conceito mais ou menos banal, a noção de transformação transcende, em muito, a ideia do retorno do recalcado como paradigma da cura analítica. E confere ao analista, e à ressonância do outro nas suas reacções mais reflexas, um protagonismo menos omnipotente, mas mais humano.

Nos processos de transformação, parece-me que talvez Bion tenha pecado por defeito, ao imaginar uma capacidade de rêverie do analista a actuar sobre a realidade mental da pessoa que acompanha. Segundo Bion, a capacidade de rêverie opera sobre os dados das impressões sensoriais e a experiência emocional, obtidos pelo "orgão" consciência, transformando-os em elementos α, com os quais o psiquismo se torna apto para sonhar. Mas, pergunto-me, se será exequível uma capacidade de sonhar acordado, em presença do outro, que não seja a dois? Parece-me que não. A capacidade de rêverie será indissociável a uma comunhão com o outro. Sendo assim, A TRANSFORMAÇÃO DÁ-SE SEMPRE QUE SE FICA MAIS PRÓXIMO DE ZERO (OU SE FICA MAIS IGUAL A SI PRÓPRIO) em presença de alguém que nos cria as condições para a autenticidade. Assim, transformar será, de certa forma, curar.

8.

Do ponto de vista do crescimento mental, o 1 é anterior ao 0 ?

De alguma forma, Bion trouxe os fetos para a psicanálise. Ainda que de um modo mais ou menos rudimentar, aos olhos dos conhecimentos de que hoje dispomos, referiu-se a um "psiquismo fetal", e às experiências emocionais impressas nele, que poderão corporizar, na minha opinião, aquilo a que ele veio a chamar "terror sem nome". Se para Soulé (1999), a "tríade biológica pré-natal: feto-
-placenta-mãe" representa uma dinâmica interactiva que, para os biólogos, "consitutui um paradoxo imunológico (...) que se desenrola graças a um sistema de tolerância induzido por hormonas imuno-

-supressoras", Zimmerman (1999) transcende os aspectos biológicos e fala dum "prazer sem nome", tentando trazer para a discussão os efeitos nutritivos da experiência uterina, o que me deixa particularmente satisfeito se a compararmos aquilo a que, em 1992, chamei "posição uterina", como um conjunto de experiências organizadoras de toda a relação (e do instinto de vida) anteriores aquilo a que Klein chamava "posição esquizoparanóide". Sendo assim, será a íntima comunhão da relação mãe-bebé (o 1+1=1, de Almada Negreiros) que funda «a união mística com a verdade» (o zero...) que nos capacita para a competência do conhecimento.

9.
A intuição traz-nos ganhos
para a compreensão do psiquismo?

Sem dúvida que sim. Adoptando uma terminologia de Bion, será uma verdade que se revela a um pensador... antes de ser procurada. Afinal, poderemos dizer que a intuição representa o corolário da contratransferência. Se associarmos a isso o que fui afirmando, a propósito das neurociências, quando referia a intuição como "o "topo de gama" do sistema nervoso", fica claro que aquilo a que temos chamado inconsciente:

– não é reflexológico, como algumas leituras "diagonais" de Freud fariam supôr;
– pensa por nós;
– e, ao contrário do que a quase totalidade das opiniões em psicanálise, não obedece à "lei do tudo ou nada", não é homogéneo ou imutável, mas transforma-se com a experiência.

Os Grandes Autores da Psicanálise 119

10.

O que significa que uma doença mental pode ser uma doença dos vínculos, uma doença da imaginação e do self ou uma doença dos objectos internos, como referia Meltzer?

Significa uma abstracção didáctica profundamente escorregadia. Como veremos a seguir, quando pensarmos a psicose, uma manifestação paranoide é, para mim, o resultado da desvitalização dos objectos internos. Isto é, não vejo como poderemos estar confusos, sem nos sentirmos ameaçados, sendo certo que é a presença de objectos depressígenos que nos empurra para o precipício da melancolia que desencadeia esses sintomas.

11.

O inconsciente terá, ainda, algum lugar na psicanálise, depois de Bion?

Bion terá alargado a operacionalidade da noção de inconsciente à actividade de conhecer e de pensar. Ao distinguir os pensamentos (conteúdos cerebrais que decorrem da fisiologia nervosa) do pensar (como o processo de metabolização mental dos conteúdos nervosos) Bion distingue implicitamente o cerebral do mental, perspectivando os pensamentos (enquanto produtos incontornáveis da actividade nervosa) como anteriores à competência para os pensar, e introduzindo um conjunto de conceitos que, aplicados à psicologia do feto e do bebé, nos permitirão ir de encontro à intuição de Freud, a propósito da vida mental muito precoce, e consolidar Klein no que ela tomava como raiz relacional precoce dos quadros psicopatológicos mais graves.

Fugir a um protagonismo mais aberto do inconsciente como objecto de estudo da psicanálise, parece-me perigoso. Não acho que os diversos inconscientes de que falámos, a propósito de Freud, sejam palpáveis numa ideia psicanalítica orbitando em redor do pensamento. Nem vejo nele a clarividência da noção de fantasia inconsciente, de Klein. Se a noção de pensamento, de Bion, teve um mérito foi, na minha opinião, o de conferir ao sistema nervoso (e ao inconsciente) uma função cognitiva; isto é, permitam-me o ênfase, o de o tomar como um inconsciente cognitivo. Parece um paradoxo, não é? Mas talvez, com isto, fique mais claro que o inconsciente, à margem de quaisquer valores morais, é a "dupla consciência" que pensa connosco, às vezes, pensa por nós, e que, sem quaisquer receios "conservadores", reúne os recursos para que possa continuar a ser o objecto de estudo da psicanálise.

12.

Terá significado um aparelho de pensar os pensamentos concebido à margem dos objectos internos?

Do meu ponto de vista, não. Os objectos internos são, para mim, o aparelho de pensar os pensamentos, e espanto-me por senti-los tão pouco explícitos no trabalho de Bion.

13.

A noção de fé não devia ser mais ou menos interdita nos modelos científicos?

Não me parece. Bion teve esse grande mérito de esclarecer que a fé na verdade ou a fé na vida é mais do que um instinto. Faltou-lhe relacionar a fé com a relação objectal. Para mim, a fé é o resultado da posição uterina, de que vos falava, atrás. Isto é, não compreendo o conhecimento como a tentativa de regressar ao paraíso perdido do útero materno, como alguns imaginam, mas como um modo de sermos movidos para experiências de comunhão relacional que, por não nos serem estranhas (se bem que, por vezes, pareçam mais ou menos distorcidas), nos alimentam a fé de reconquistarmos um conhecimento "à margem da necessidade de palavras", como Klein chegou a afirmar. Como disse noutro local, é a experiência de comunhão, que conhecemos das experiências muito precoces, que criam a fé e nos movem para a esperança.

Os Grandes Autores da Psicanálise   121

14.

As suposições básicas, de Bion, são contributos importantes de que forma?

Para Bion, as suposições básicas são o equivalente, para o grupo, das fantasias omnipotentes, que o levam a agir como uma unidade: são estados emocionais tendentes a evitar a frustração inerente à aprendizagem pela experiência.

Já a mentalidade grupal, representa um espaço continente das suposições básicas de dependência, de ataque/fuga, ou de aparição. E a cultura de grupo como o resultado da inter-relação entre a mentalidade grupal e os desejos do indivíduo.

Não sinto, por isso, que a noção de suposições básicas traga um grande acréscimo à síntese de Freud sobre os grupos.

15.

Que lugar existe, no psiquismo, para os pré-sentimentos, para os ressentimentos e para os pré-conceitos?

A língua portuguesa, nalguns dos seus conceitos mais ou menos banais, é de uma clarividência fantástica, e pode acrescentar alguns contributos às noções de Bion. Tentemos definir alguns deles:

Pré-sentimentos: sentimentos anteriores à faculdade de os sentirmos (serão intuição, simplesmente);

Ressentimentos: sentimentos constrangidos pelos remorsos;

Preconceitos: sentimentos que inibem a faculdade de conhecer.

16.

Bion é o futuro da psicanálise?

Não acho que seja, embora talvez, ao dizê-lo, contrarie muitos jovens estudantes que tomam as perspectivas de Bion como um modelo mais ou menos matemático que adoptam antes, sequer, de se aventurarem na clínica com ele. Bion, ao pôr em causa tantos conceitos, talvez nos tenha iludido e nos tenha impedido de perceber que lhe falta a "coluna vertebral" do pensamento de Freud. Mas obriga-nos a um regresso ao futuro. Isto é, a repensar Freud e os clássicos, e a aprender a fazer como ele: escutando o mundo e as disciplinas científicas à nossa volta, enriquecendo a psicanálise com essa liberdade de pensar.

Comparando Freud e Klein, Amaral Dias (2000) refere que "Freud é um autor mais complexo do que Melanie Klein, que nos apresenta uma compreensão do humano com base numa estrutura projectiva. Além disso, existe em Freud a questão da ética que não existe em Klein". Já Bion, como mais vimos, representa para a psicanálise o compromisso da maturação, clínica e conceptual, da obra de Freud, e o arrojo latente nos contributos de Klein, ao pretender tomar o pensamento como o objecto de estudo da psicanálise. As noções de 'continente' ou de 'capacidade de rêverie', por exemplo, transformaram a psicanálise numa fisiologia do pensamento, aproximando a compreensão da saúde e da doença psíquicas, cujo conceito de posição já iniciara. Ao aproximar o diálogo interno das personagens do mundo interior, a psicanálise tem-se transformado numa teologia do mundo mental, gerida pela função interna das personagens e pela densidade elaborativa do imaginário.

Mais do que a compreensão da Identificação Projectiva, de Klein, como um requisito mental básico para a comunicação, o contributo fundamental de Bion centrou-se na compreensão do psiquismo segundo a lógica de Lavoisier, onde as emoções e a sua transformação no pensamento desempenham uma função nuclear, na estruturação dum 'aparelho de pensar os pensamentos'.

Talvez Bion tenha ignorado Winnicott nesta reflexão. A meu ver mal, porque poderia ter ganho com o enriquecimento que o seu conjunto de modelos de leitura do psiquismo teria se os objectos internos ganhassem o protagonismo que assumem na organização psíquica. Afinal, a ideia de Área Transitiva e de Fenómenos Transitivos, de Winnicott, não é inconciliável com as diversas noções de Bion, e permitia que se tomasse a Identificação Projectiva e a Pulsão Epistemofílica ao serviço da formação de símbolos, por intermédio da dinâmica dos objectos, e o psiquismo ganhasse uma dimensão essencialmente interactiva, consumando a ruptura com a biologia positivista e abrindo a psicanálise à incerteza.

A partir da concepção do mundo interior, mediado pela presença de objectos, o inconsciente, tal como foi descrito por Freud, torna-se menos abstracto. De facto, as emoções desempenham, no psiquismo, uma função que as torna "(...) fonte de verdade e mãe do conhecimento (...)" (Matte-Blanco, 1981), mas a sua fonte são os objectos internos. Já a "união mística com a verdade", de que fala Bion, remete para a vinculação e, portanto, para o que, grosseiramente, poderíamos designar por inconsciente cognitivo. A existência de uma 'dupla consciência' cerebral, resultante de dois hemisférios com funções distintas e de níveis de cognição discriminados, permite retomar, uma primeira vez, a dinâmica da visão binocular, a exemplo do que Bion, noutro contexto, fez.

As reflexões posteriores a Bion permitiram conceptualizar e enriquecer alguns dos seus contributos fundamentais. Se, como foi referido, a concepção energética do psiquismo conferiu ao inconsciente de Freud uma validade quase biológica – colocando-o, na psicanálise, num lugar semelhante ao que Claude Bernard ocupa nas ciências médicas – a leitura do inconsciente a partir de Bion assume a ruptura (em relação aos modelos freudianos) e a evolução natural das contribuições que, entre um e outro, desempenhou um movimento de báscula nesta evolução: Melanie Klein.

Quando Klein, a propósito de estados mentais precocíssimos os associou com qualidades mentais da psicose, falando duma posição esquizo-paranóide no desenvolvimento psíquico, deixou aberta a conceptualização de Bion de uma oscilação dinâmica e permanente no psiquismo, entre posição esquizo-paranoide e posição depressiva. Neste contexto, para Bion, o conceito de personalidade psicótica não representa um diagnóstico psiquiátrico mas um estado mental que coexiste (e se organiza em interacção) com outro estado (personalidade não-psicótica). Apesar de algumas dissonâncias na compatibilização dos diversos pontos de vista da psicanálise, não deixa de ser curioso que, ao tornar a psicose menos fantasmática e... mais acessível, Bion tenha aprofundado os recursos psicoterapêuticos em relação a ela, e tenha aberto a psicanálise ao enriquecimento do seu humanismo.

Bibliografia Essencial

BION, W. R. (1948). Psychiatry at a time of crisis. *Bristish Journal Of Medical Psychology*, XXI.

BION, W. R. (1952). Group dynamics: a review. *Int. J. Psycho-Anal.*, 33 (2).

BION, W. R. (1954). Notes on the theory of schizophrenia. *Int. J. Psycho-Anal.*, 35 (2).

BION, W. R. (1955). *Language and the shizophrenic.* New Directions in Psychoanalysis,. Londres: Tavistock.

BION, W. R. (1956). Development of shizophrenic thought. *Int. J. Psycho-Anal*, 37 (3)

BION, W. R. (1957). Differentiation of the psychotic from the non-psychotic. *Int. J. Psycho-Anal,* 38 (3-4).

BION, W. R. (1958). On arrogance. *Int. J. Psycho-Anal.*, 39 .

BION, W. R. (1959). *Secound Thoughts.* Londres: William Heinemann.

BION, W. R. (1959). Attacks on linking. *Int. J. Psycho-Anal.*, 40 (5-6).

BION, W. R. (1959). *Experience in groups.* Londres: Tavistock.

BION, W. R. (1961). On hallucination. *Int. J. Psycho-Anal.*, 39.

BION, W. R. (1962). *Learning from Experience.* Londres: Heinemann.

BION, W. R. (1962). A theory of thinking Int. *J. Psycho-Anal.*, 43 (4-5).

BION, W. R. (1963). *Elements of Psychoanalysis.* Londres: W. Heinemann.

BION, W. R. (1965). *Transformations.* Londres: W. Heinemann.

BION, W. R. (1966). *Catastrophic Change.* Scientific Bulletin of the Bristish Aalitical Society, 5.

BION, W. R. (1970). *Attention and Interpretation.* Londres : Tavistock.

CONTE, J. (1999). *Seminários com Arnaldo Chuster.* São Paulo : Instituto Bion.

DIAS, C. A. (1994). *(A) Re-Pensar.* Porto: Edições Afrontamento.

GRINBERG, L., SOR, D. e BIANCHEDI, E. (1991). *Nueva introdución a las ideas de Bion.* Madrid : Tecnopublicaciones S.ª

GROTSTEIN, J. (1999). *O Buraco Negro.* Lisboa: Climepsi.

LUZES, P. (1983). *Da Emoção ao Pensamento.* Lisboa: Edição do Autor.

REZENDE, A . M. (1995). W*ilfred R. Bion: Uma Psicanálise do Pensamento.* São Paulo: Papirus.

ZIMMERMAN, D. (1995). *Bion: da teoria à prática.* Porto Alegre: Artes Médicas.

Leituras de síntese:

ARDEN, M. (1984). Infinite sets and double binds. *Int. J. Psycho-Anal.*, 65.

ASSOUN, P. (1989). L'exemple est la chose même (...). *Bulletin de Psychologie*, XXXIX, Nº 377.

BATESON, G. (1987). *Natureza e Espírito.* Lisboa: Edições Dom Quixote.

BICK, E. (1982). L' experience de la peau dans lês relations objectales precocês. *Revue Belge de Psychanalyse*, 73-76.

BOURGUIGNON, A. (1981). Fondements neurobiologiques pour une theorie de la psychopathologie. *Psychiatrie de l'Enfant*, 24 (2).

CAPIAUX, J. (1982). La peau comme premier contenant. *Revue Belge de Psychanalyse*, 71-73.

CHANGEAUX, J. P. (1983). *O Homem Neuronal*. Lisboa: Edições Dom Quixote.

CHOMSKY, N. (1968). *La langage et le penseé*. Paris: Petite Biblioteque Payot.

COSNIER J. (1985), L'approche etho-antropologique dês comunications humaines et quelques-unes de sés incidences sur la clinique. *Bulletin de Psychologie*, XXXVIII, 37.

DELEUZE, G. (1988). *Lepli*. Paris: Les Editions de Minuit.

DENIS, A. (1982). A propôs de l'organization primitive et dês êtats de non-separation. *Revue Belge de Psychanalyse*, 71-73.

DIAS, C. A. (1988). *Para uma Psicanálise da Relação*. Porto: Edições Afrontamento.

FAIRBAIRN, W. (1944). Endopsyçhiç struçture considered in terms of objecto--relationships. *Psychoanalytic Studies of the Personality*. Londres; Rout. and Kegan Paul.

FINK, K. (1989). From symmetry to asymmetry. *Int. J. Psycho-Anal,* 70.

FLAGEY, D. (1982). En deça du désir. *Revue Belge de Psychanalyse*, 71-73.

GREEN, A. (1973). *Le Discours Vivant*. Paris: PUF.

GREEN, A. (1977). Conceptions on affect. *Int. J. Psycho-Anal.*, 58.

GRINBERG, L. (1976). *Teoria de la Identificacion*. Barcelona: Paidós.

GRINBERG, L. et al. (1976). *Psicoterapia de Grupo*. Rio de Janeiro: Forense Universitária.

GRINBERG L. (1983). *Culpa y Depresion*. Madrid: Alianza Editorial.

GRINBERG, L. (1986). Pulsion et affects: dês modeles plutôt que dês théories. *Bulletin F. E. de Psychanalyse*, 26-27.

GROTSTEIN, J. (1981). *Splitting and Projective Identification*. Nova York: Jason Aronson, inc.

GROTSTEIN, J. (1985). *A proposed revision of the psychoanalytic concept of death instinct*. The Year Book of Psychoanal. And Psychotherapy, 1.

HEBB, D. (1949). *The Organization of Behavior*. Nova York: Wiley.

HEIMANN, P. (1982). *Notas sobre a teoria dos instintos de vida e de morte*. Os Progressos da Psicanálise. Rio de janeiro: Zahar Editores.

HEIMANN, P. (1974). Discussion of the paper of (...) depression, anxiety affect theory. *Int. J. Psycho-Anal*, 55.

JUNG, C. (1963). *L' ame et la Vie*. Paris: Buchet/Chastel.

KLEIN, M. (1952). *Notas sobre os mecanismos esquizóides. Os Progressos da Psicanálise*. Rio de Janeiro: Zahar Editores.

KOHUT, H. (1981). *Formes et transformations du narcissisme. Dix ans de Psychanalyse en Amerique*. Paris: PUF.

KOHUT, H. (1984). *Self e Narcisismo*. Rio de janeiro: Zahar Editores.

KOHUT, H. (1988). *Psicologia d Self e a Cultura Humana*. Porto Alegre: Artes Médicas.

KUHN, T.S. (1970). *The Structure of Scientifc Revolutions*. Chicago: Chicago University Press.

KUHN, T. (1989). *A Tensão Essencial*. Lisboa: Edições 70.

LE BON. G. (1970). *A Psicologia das Multidões*. Lisboa: Publicações Europa-América.

LEBOVICI, S. (1989). Emotions et affects (...). *Bulletin F. E. de Psychanalyse*, XXXIX.

LUZES, P. (1978). Sobre a vida e obra de Melanie Klein. *Análise Psicológica*, 1, 4.

MATTE-BLANCO, I. (1959). Expression in symbolic logic of the system ucs. *Int. J. Psycho-Anal*, 40.

MATTE-BLANCO, I. (1975). *The Unconscious as Infinite Sets*. Londres: Duckworth.

MATTE-BLANCO, I. (1981). Reflexionando con Bion. *Rev. Chil. Psicoanal.*, 3, 8.

MELTZER, D. (1971). *Le Processus Psychanalique*. Paris: Payot.

MELTZER, D. (1978). *The Kleinian Development*. Londres: Clunie Press.

MELTZER, D. (1979). *Estados Sexuais da Mente*. Rio de Janeiro. Imago.

MELTZER, D. (1984). *Deam Life (...)*. Londres: Clunie Press.

MONEY-KYRLE, R. (1969). *Uma contribuição inconclusa para a teoria do instinto de morte. Temas de Psicanálise Aplicada*. Rio de Janeiro: Zahar Editores.

NOY, P. (1982). *A revision of the psychoanalytic theory of affects*. The Annual Book of Psychoanalysis, X.

ODGEN, T. (1985). *En torno al espacio potencial*. Livro Anual de Psicoanal. Lima: Ediciones Psicoanaliticas Imago.

RACAMIER, P. (1973). *Les Schizopheres*. Paris: Payot.

SANDERS K. (1984). Bion's "protomental system" and psychosomatic illness in general pratice. *Bristish Journal of Medical Psychology*, 57.

SANTOS, B. S. (1987). Um Discurso sobre as Ciências. Porto: Edições Afrontamento.

SEGAL, H. (1969). *Uma concepção psicanalítica da estética. Temas de Psicanálise Aplicada*. Rio de Janeiro: Zahar Editores.

SEGAL, H. (1977). Contratransference. *Journal of Psychoanalytic Psychotherapy*, 6.

SKELTON, R. (1984). Understanding matte-blanco. *Int. J. Psycho-Anal.*, 65.

SOULÉ, M. (1999). La vie du foetus. *La Psychiaytrie de L'Enfant*, XLII, 1.

SPILLIUS, E. B. (1983). Some developments from the work of melanie klein. *Int. J. Psycho-Anal.*, 64.

STEWART, H. (1985). *Câmbios en el espacio interno*. Livro Anual de Psicoanal. Lima: Ediciones Psicoanaliticas Imago.

TAYLOR, S. (1988). Matte-Blanco and Skelton; systems of logic and logic of systems. *Int. J. Psycho-Anal.*, 69.

WINNICOTT, D. (1969). *De la Pediatrie a la Psychalyse*. Paris: Payot.

ZIMERMAN, D. (2000). *Fundamentos Psicanalíticos*. Porto Alegre : Artes Médicas.

Capítulo III

PSICANÁLISE
E PSICOTERAPIA PSICANALÍTICAS

MEMÓRIA É FUTURO:
a intuição e a empatia
entre a fantasia e a realidade

1.
Mais pessoas

Num filme de há vários anos, Peter Sellers, desempenhando um papel muito distante das comédias que o tornaram famoso, numa história chamada "Feliz Natal, Mr. Chance", despedia-se com um olhar sereno, de sabedoria, dizendo para si próprio: "A vida?!... É um estado de espírito..." (querendo, talvez, insinuar que haverá, em vida, outra vida para além da vida que nos engrandece e a expande). Talvez, também, não se despedisse só do filme e daí que o fizesse sem um rasgo de alegria ou de paixão. Fiquei – porventura, como alguns de vós – desalentado por essa descoberta parecer surgir, para ele, tarde demais. E não pude deixar de olhar para ela com um outro olhar: afinal, o que significará estar vivo... por dentro? E em nós: será que a vida, em nós, nos torna vivos? E quando é que escutar, acolher, e assumir a vida que "se passeia" no nosso interior, se transforma... num estado de espírito?

É curioso que, olhando os bebés, quando têm olhares nutritivos que os acolhem, eles pareçam expandir um estado de espírito até ao cume – até um "estado de graça" – e surjam, tantas vezes, como a luz que promove a nossa redenção. Já ao olharmos as crianças e os adolescentes, fica clara a forma como – confundindo educar com domesticar – os premiamos sempre que reprimem a vida: quer quando iludem a espontaneidade e a autenticidade, quer quando desqualificam a intuição (como se, em vez dela ser o "topo de gama" do sistema nervoso, que pensa por nós, parecesse ser um impecilho da subjectividade humana que os atropelava e lhes pode atraiçoar a razão).

Talvez porque os estados de graça dos bebés pareçam muito distantes das nossas experiências emocionais, fomos levados a imaginar que a vida mental dos bebés seria insípida e – na psicanálise como fora dela – fomos associando, ao longo dos anos, os bebés à debilidade, postulando que, para além da realidade corporal, o sistema nervoso dos recém-nascidos seria rudimentar nas preformances e obsoleto, quando comparado com o nosso.

Em consequência da forma como fomos educados, muitos de nós fomos reprimindo todas as linguagens do corpo, sem que percebêssemos que o corpo e o sistema nervoso não são "um estado de espírito": transformam-se num "estado de espírito" quando corpo e sistema nervoso encontram numa relação empática o equilíbrio ecológico que permite que a vida não empalideça e que ascenda para estados de harmonia de níveis sempre crescentes. E se tomarmos, enfaticamente, que as linguagens do corpo e do sistema nervoso se casam na intuição, talvez o desafio desse ecossistema passe por trazermos a intuição até à consciência, através da empatia duma relação que arquitecta o corpo e o sistema nervoso, através da modulção sináptica que promove. Talvez a esse equilíbrio ecológico possamos chamar verdadeiro self (ou autenticidade, ou – com a licença de Peter Sellers – estado de espírito). Verdadeiro self será, assim, num primeiro momento, tomado – a exemplo de Donald Winnicott – como um equivalente do gesto espontâneo (que pressupõe a existência, simultânea, de duas pessoas em relação e de duas identificações, desencadeando o conhecimento íntimo de cada pessoa um gesto que se encontra a meio caminho com o gesto do outro que o conhecimento recíproco antecipou).

Não gostaria que imaginassem este equilíbrio ecológico como fonte de serenidade ou que o associassem ao estado idílico que muitos investigadores relacionam com a vida pré-natal. A relação corpo/sistema nervoso, arquitectada por uma relação empática que expanda essa fonte de vida para degraus de harmonia de complexidade sempre crescente (ao contrário do modelo hidrostático da biologia que influenciou Freud e é, ainda hoje, um pressuposto dos modelos sistémicos), não se estrutura à margem das manifestações espontâneas de vida:

seja o stress (que é uma resposta – que faz bem à saúde – do sistema nervoso a experiências de medo com que a memória nos sinaliza), seja a agressividade e a ira (que são argumentos – reflexos – que opomos ao medo, e que protegem este ecossistema). Sempre que iludimos as respostas de vida, por falha de relações empáticas que promovam a transformação da turbulência com que a vida desequilibra este ecossistema num equilíbrio ecológico, falha a criação (que talvez seja sempre pro-criação e re-criação), falha a diversidade, falha a vida, organiza-se um falso self, e instala-se a depressão. Isto é: os sintomas psicopatológicos representam a falência das respostas de vida com que este ecossistema se defende... da vida.

Sendo assim, deixem que repita: aceitarmos a intuição e a empatia como o que está entre a fantasia e a realidade leva a que aceitemos a vida e lucremos com as suas manifestações, transformando-as, com o auxílio de relações em que a empatia permite que a intuição se case com a consciência, num "estado de espírito" (sejam as relações de que vos falo uma relação familiar, uma relação amorosa, ou a relação analítica). Daí que uma psicanálise, tornando-nos mais pessoas, sempre que nos permite conviver com a diversidade das respostas humanas dentro de nós, nos permita aceitar que nos tornamos mais pessoas sempre que dialogamos com a consciência das nossas contradições. E que somos mais pessoas se convivermos com a impetuosidade da intuição que revela um pensamento a um pensador (muitas vezes, desprevenido para o escutar e desatento para a compreender). E que somos, ainda, mais pessoas, quando entendemos que é, também, com desassossegos e, até, de sentimentos tempestuosos que se constrói o verdadeiro self (ou a autenticidade) numa relação.

2.

A memória é futuro

No fundo, o humanismo psicanalítico, talvez contrarie o ímpeto, quase divino, de muitos psicoterapeutas, que reclamam para si o protagonismo exclusivo das transformações das pessoas, parecendo transcender até S. Tomás de Aquino, quando afirmava que " a prova

de que Deus não é todo-poderoso é que não pode mudar o passado".
E, no entanto, sempre que qualquer relação (familiar, amorosa ou analítica, continuando com os mesmos exemplos) é única e irrepetível, cria através da empatia, o verdadeiro self, e pode mudar o passado sempre que transforma a memória em futuro. Ou, se preferirem, faz do futuro (como de outros conteúdos expansivos do pensamento, como a esperança, ou fé) a imaginação que se elabora a partir da memória. Quando uma relação se organiza sem passado nem futuro – isto é, "é eterna enquanto dura" – e trazendo a psicofisiologia para a psicanálise, a memória é futuro. Já o traumatismo, por seu lado, repetição, saudade... é um futuro interdito.

3.
Bebés para sempre

Talvez por isso um psicoterapeuta não seja muito importante pelas transformações que promove na relação clínica, mas, unicamente, quando essa nova relação cria um verdadeiro self é memória e futuro e, com ela, se repõe o ecossistema de que vos falo. Um ecossistema em que o que intuímos surge em paridade com o que sentimos, em função de uma relação empática, aproxima-nos de uma forma de estar semelhante, não às idealizações idílicas acerca do seu mundo mental, mas ao equilíbrio ecológico corpo/sistema nervoso do bebé, que, assim, nos torna "bebés para sempre", sempre que a empatia duma relação nos reconcilia com as qualidades originárias da própria vida mental e, em consequência disso, com o namoro pela vida.

4.
O princípio do conhecimento

Porque este equilíbrio ecológico na relação com a vida talvez seja mais nítido nos bebés, proponho-vos que possamos ir até aos mais pequenos dos bebés – os fetos – e, dessa memória, continuemos a construir o futuro da psicanálise.

Psicanálise e Psicoterapia Psicanalíticas 133

Deixem que vos recorde a experiência de muitos meses com alguns fetos que, por uma circunstância acidental, para eles, foram precocemente expulsos do útero o que, só por isso, levou a que os técnicos hospitalares os considerassem... bebés.

Estes pequenos bebés, alguns com seis meses de gestação, e de seiscentos a novecentas gramas de peso, foram expulsos do útero em consequência de tentativas de abortamento tardias das suas mães, na maior parte das vezes, através da introdução de longos elementos perfurantes pela vagina, como – por exemplo – agulhas de tricotar. Na maior parte das vezes, estes bebés chegam ao serviço de neonatologia (muitos deles, com as costas maceradas pelos instrumentos que romperam as membranas) como grandes prematuros, com diversas imaturidades funcionais e, aparentemente, sem autonomia relevante que se distinga no seu comportamento. Parecem estar num estado de contínua sonolência, com sondas naso-gástricas e respiração assistida, acolhidos num meio um pouco mais amplo que um útero mas, incomparavelmente, mais agressivo nos estímulos que lhes faz chegar, nomeadamente através de uma contínua poluição sonora dos instrumentos que lhe vigiam a vida. Se preferirem, doutro modo, estes bebés parecem estar num estado de contínua prostração, parecendo justificar a ideia de um estado inicial de aparente encapsulação autística com que muitos autores os foram caracterizando no século XX.

Dando crédito aos impulsos que as moveram para a indução artesanal, e mais ou menos desesperada, da interrupção voluntária (e tão tardia) da gravidez, estes bebés parecem representar a prova do triplo insucesso das suas mães: o insucesso que resultou na gravidez; a forma como estes bebés parecem representar, simbolicamente, uma relação que elas pretendem esquecer e exorcizar; e o insucesso que resultou no nascimento do bebé quando (em função da tentativa de abortamento) se esperaria que não sobrevivesse. Para mais, na maioria das circunstâncias, estas mães, podendo ir de uma hostilidade contida, em relação ao bebé, às manifestações mais agrestes de culpa, decorrentes dos seus actos, vêem comprometidos os seus recursos vinculativos no modo como têm de conviver com um acolhimento hospitalar que lhes é hostil, sendo mesmo, em muitas circunstâncias, tomadas como infanticidas (o que, na verdade, num primeiro olhar, só não terá acontecido por manifesta infelicidade... para elas).

Mas serão estes fetos que, em consequência de um acidente tumultuoso, se tornaram bebés, capazes de discriminar a realidade à volta deles e de interagir em relação a estas mães? Será que o ecossistema de que vos falo (envolvendo intuição e empatia entre a fantasia e a realidade), e remontando aos fetos, é um estado estritamente biológico, mantido num equilíbrio "de ponto 0", paradisíaco, ou necessita – até para os fetos de seis meses de gestação – de relações que o alimentem, alargando-o em complexidade e, por isso, inundando-o de mais vida? Passo, em seguida, a descrever-vos, de forma breve, alguns pequenos episódios de um estudo que implementámos num grande hospital português.

5.
A intuição do feto

O Manel nasceu em Agosto de 1999, em consequência de uma tentativa de interrupção da gravidez (IVG), quando ele tinha 29 semanas de idade. A mãe não aceitou participar no trabalho de parto, e manifestou, de forma mais ou menos aberta, uma hostilidade em relação ao Manel, que parecia oscilar com períodos de um grande vazio expressivo.

Como todos os bebés que nascem nas circunstâncias do Manel, ele ficou internado na Unidade de Cuidados Intensivos Neo-natais, podendo a sua mãe participar em todas as tarefas relacionados com o seu cuidado, o que, de início, não aconteceu.

Utilizando os dados constantes no Diário da Enfermagem, que agrupa informação relativa ao estado do bebé (temperatura, frequência cardíaca, baixas de saturação), e em relação ao seu comportamento (como a agitação, a calma ou a reactividade que manifesta), para além das visitas dos pais, foi feito um levantamento dos registos das visitas diárias da mãe, e da relação que poderiam ter com o estado geral e com o estado físico do bebé.

Os comportamentos do Manel – recordo-vos: um feto com seis meses e meio de gestação que, por acidente, sobreviveu a uma IVG – não são muito semelhantes aos comportamentos de outros bebés desta idade. Na verdade, quando é tocado pela mãe, os comportamentos de choro intenso e de agitação psicomotora aumentam significativamente, ao contrário do que sucede quando a interacção se dá com quaisquer outros estranhos, mesmo de outras equipas hospitalares, que interajam com ele. Em consequência disso, sempre que a mãe interagiu com ele, nos primeiros 35 dias de internamento, o Manel revelava, continuadamente, grandes baixas de saturação de oxigénio, necessitando de respiração assistida, como se fosse dominado por uma angústia incontrolável que o encaminhava para experiências de «quase-morte» (como Betty Joseph referia), parecendo ele descriminá-la de todos os outros adultos, intuindo que aquela mãe poderia ser mortífera para ele.

À medida que mães como a do Manel se vão reconciliando com estes bebés, e as visitas se tornam mais constantes, elas fazem menos comportamentos de retirada, em consequência da agitação e do choro dos bebés, e tornam-se capazes de acolher melhor os seus apelos de apego, tornando-se eles, reciprocamente, mais acolhedores, e mãe e bebé mais continentes um para o outro (e mais sintónicos). Em consequência desta redenção mútua, o estado geral destes bebés vai evoluindo favoravelmente, e onde, antes, existiam experiências de "quase-morte" passam a observar-se comportamentos de maior vivacidade e mais interactivos.

No fundo, um feto abandonado aos seus ritmos é 1, e o grande desafio da vida será que, de cada relação, 1+1 seja igual a 3. Isto é, num plano biológico, como no plano psíquico, depois de uma relação se abrir, ou tende para 3 (e traz consigo um efeito multiplicativo de vida), ou tende para 1 (e encerra um efeito de adaptação hegemónica a uma relação dominante que bloqueia as respostas aos desafios da vida). O que parece mais imponente nesta relação do Manel com a mãe, é que a ideia psicanalítica de self encontrará aqui uma expressão fantástica: também na relação feto-mãe, se sente que o pequeno bebé com seis meses de gestação parece procurar naquela relação a triangulação que cria o verdadeiro self. Isto é, retomando Winnicott, um estado de vinculação que funde a autonomia e, com ela, retome a experiência de comunhão mãe-bebé que reponha vida onde existia quase-morte. Como na Natureza, também na vida psíquica a memória é, uma vez mais, futuro. Ou, talvez melhor, **a intuição é a ponte entre a memória e o futuro e o pensamento é a transformação da memória em futuro**.

136   *Textos com Psicanálise*

Estas experiências de comunhão serão **o princípio do conheci-mento** (como, desde há dez anos, tenho vindo a chamar) *e representarão uma* **função placentária da relação uterina** *que sustenta o instinto epistemofílico*, enfantizando eu, com este conceito, a existência de uma experiência relacional, anterior à posição esquizo-paranoide (de que fala Klein), mais forte e mais determinante na organização do conhecimento e da função α (ou imaginário), de que fala Bion, a que chamei **posição uterina** que, de facto, nos permite compreender a experiência de comunhão relacional como anterior, e mais determinante na coesividade que traz à linguagem do sistema nervoso que é, afinal, a produção e a recombinação de imagens a que podemos chamar imaginação.

Daqui resultará, também, que, olhando o Manel, o sistema nervoso (ou inconsciente) se desvenda como a base biológica do conhecimento, que só se torna ameaçador quando não encontra acolhimento numa relação de comunhão que retome a função placentária e que se assuma como uma união mística com a verdade (indo por Bion) ou n' o princípio do conhecimento (indo por mim). Ou, se preferirem, o Manel (como outras crianças que, do mesmo modo, nasceram em circunstâncias idênticas), ajuda-nos a compreender como a intuição do feto é um nível de conhecimento anterior à consciência (descrita como aparelho perceptivo por Freud e por Bion). Ao contrário deste último autor, o Manel ajuda-nos a compreender que o pensamento é anterior à capacidade de o pensarmos. E resulta, também, que a experiência triangular de comunhão mãe-útero-bebé será mais ou menos matricial, inacessível à narrativa, mas presente na memória implícita que poderemos explorar numa análise, que representa o núcleo invariante da experiência vivida muito próxima da noção religiosa de alma.

Então, sempre que há uma distonia neste ecossistema, o que fica entre a fantasia e a realidade será, potencialmente, psicose. Porquê? Porque esta distonia representa uma identificação a um objecto relacional potencialmente totalitário e a uma relação potencialmente hegemónica que faz com que os recursos de vida (de um feto, de um bebé, de uma criança, de um adolescente, ou de cada um de nós) pareçam tornar-se ameaçadores, porque não compreendidos por ninguém, parecendo configurar-se como um quadro auto-imune em que um psiquismo, se defende da vida... que o defende.

6.
A intuição e a empatia... entre a fantasia e a realidade

Ao falar-vos destes bebés, quis dizer-vos que Piaget, Melanie Klein e Margaret Mahler não tinham razão quando descreviam os bebés com nove meses de gestação como se estivessem muito "metidos com eles", e parecessem um "tubo digestivo", sendo unicamente capazes de respostas reflexas ou de estados sensório-motores, sem grande autonomia e sem personalidade.

Quando, noutras ocasiões, vos dizia que as mães **não** são necessárias para o desenvolvimento dos bebés, queria dizer, como compreendem, que não é o facto delas serem «suficientemente boas» que pauta os comportamentos dos bebés. Tal como o Manel na relação com a sua mãe, a função materna também depende da função continente de um bebé em relação aos estados emocionais da mãe. E, ou se cria entre as mães e os bebés uma empatia que retome o estado de comunhão uterina e expanda ambos os ritmos, tornando-os aos dois mais vivos, ou os ritmos de um são sentidos como constrangedores e hegemónicos, adoecendo os dois. Ou seja, mais ou menos vida resulta da forma como dois ecossistemas criam um terceiro, que os acresce de complexidade e de vida, sem que isso iniba a fluência de todas as manifestações vivas que, até aí, existiam em cada um. Por outras palavras, ou a intuição nos encaminha para a empatia, ou ficarmos presos à fantasia ou à realidade representa uma forma de 1+1 tender para 1 em vez de nos expandir para 3. Ou, tentando, ainda, ser mais claro: depois de se abrir uma relação, ou se cria um verdadeiro self ou um falso self. O primeiro, como uma experiência de sonho que coloca em comunhão a fantasia e a realidade, o feto e a mãe, a memória e o futuro. O segundo, como experiência que ilude a ausência de experiências de sonho com o predomínio de um pensamento dominado ou pela fantasia ou pela realidade.

Parecendo que me repito, uma vez mais: não pretendo, com um raciocínio destes, renegar Freud, Klein, Winnicott ou Bion, mas tão só integrá-los com outros conhecimentos. Afinal, todo este artigo se baseia num princípio mais ou menos "inegociável": em termos biológicos, os sistemas vivos evoluem sempre para estados de complexidade crescente. Quando isso não é possível, morrem. Isto é, na Natureza ou há estagnação e morte, ou há transformação e vida (trazendo a evolução consigo experiências de turbulência que procuram estados de harmonia de nível superior). Também com a psicanálise, se não houver uma polifonia relacional entre a diversidade das ciências e a pluralidade de pontos de vista sobre a clínica ("uma memória de futuro"), o purismo psicanalítico será um fundamentalismo mortífero e, em vez de memória, inebria-se de saudade. Se for assim, talvez nos devamos perguntar como é que um psicanalista pode ter uma relação presumilvelmente ética com as pessoas se tem, tantas vezes, uma relação tão desprezível e arrogante com o conhecimento?

É claro que da história do Manel e da sua mãe resulta que, para cada um deles, a vinculação é um imperativo psicológico **e** biológico, e, sobretudo, que não há autonomia sem vinculação e não há vinculação sem autonomia. E resulta, também que a criatividade não será uma qualidade inata mas o que fica das experiências de diálogo livre em que, através da empatia, alguém se aventura (com a luminosidade de uma intuição inata que não encontrou no desenvolvimento constrangimentos que a inibissem e se alimentou de argumentos empáticos que a estimularam) pelo "escuro" do desconhecido. (É curioso como, vista assim, só existirá criatividade quando re-criação se comunga com pro-crição; talvez seja isso o verdadeiro self.) Mas, sobretudo, fica claro como é o psicológico que arquitecta o biológico (não o contrário), e que o sistema nervoso é a fonte de subjectividade. E que subjectividade é diversidade, é vivacidade, é sabedoria, mas necessita de relações de protagonismo que arquitectem a vida, sem a inibir, e a levem a exprimir-se numa relação empática que constrói o verdadeiro self e a empatia.

Afinal, há um ecossistema entre a fantasia e a realidade, e não só uma «terceira área», como Winnicott defende. Um ecosssistema composto por intuição (que é uma manifestação inata do sistema nervoso, que pensa por nós, como vimos a propósito dos fetos) e pela empatia (que não será uma qualidade humana mas a conquista de uma relação). Afinal, um "estado de graça" que será toda a vida (relacional) para além da vida (interior), único e irrepetível, que cria, através da empatia, o verdadeiro self, que pode mudar o passado sempre que transforma (nos fetos como em nós) a memória em futuro.

Peter Sellers tinha razão: estar vivo é... um estado de espírito. E, sendo assim, entre a fantasia e a realidade, talvez tenhamos encontrado motivos para lhe dizer: Feliz Natal, Mr. Chance.

ALGUNS APONTAMENTOS
SOBRE A PSICANÁLISE
E A PSICOTERAPIA PSICANALÍTICA[2]

1.

Uma maneira de olhar as coisas

Há alguns anos, escrevi para a Revista Portuguesa de Pedagogia um texto sobre a obra de Carlos Amaral Dias, em que afirmava:

> "Acho que perde intimidade agradecer as identificações. Identificar supõe a gratidão... e a diferença. Ou, como Wittgenstein afirmava, "é inseparável o facto que se aprende, da forma como se aprendeu, e de quem o ensinou".

Hoje, ao pensar convosco o livro Psicanálise e Psicoterapia Psicanalítica, de António Coimbra de Matos, tenho o privilégio de reflectir acerca de outro psicanalista que, como o Prof. Amaral Dias, ao presentear-me com as inúmeras diversidades do seu pensamento, me obrigou a compatibilizá-los dentro da "minha psicanálise", por entre os meus desassossegos, através das minhas contradições, e a pensar (mais ou menos) por mim.

Ao elaborar a síntese deste livro para vós, tentarei, se me permitem, ficar aquém de Winnicott quando, nalguns momentos da sua privacidade, reclamava para si "nada menos que tudo". Sendo assim, pensei este texto tendo Erikson por referência, quando afirmava: "Nada tenho a oferecer, excepto uma maneira de olhar as coisas".

---

[2] Este texto representa um resumo do trabalho **Psicoterapia e Psicanálise Psicanalítica**, da autoria de António Coimbra de Matos, que aqui é apresentado como a base para uma reflexão final sobre esta formação de base acerca da Psicopatologia e da Psiquiatria Dinâmica.

2.
A Descoberta da Máquina a Vapor

Com uma ironia enfática, Coimbra de Matos afirma que a grande descoberta de Sigmund Freud foi... a máquina a vapor, querendo, com isso, afirmar que o inconsciente, mais do que uma entidade enigmática e domesticável, representa uma fonte de vida que, como Freud afirma, "desconhece a morte".

A psicanálise é, para Coimbra de Matos, uma ciência da relação que, por isso, toma a doença mental como o resultado de "relações interpessoais patológicas e patogénicas internalizadas". E como uma exploração do recalcado. Daí que, a determinada altura, Coimbra de Matos afirme que a psicanálise é uma ciência descritiva e não experimental, em que a investigação psicanalítica se faz no terreno da auto--análise, transformando um psicanalista num observador-explorador. Para, mais adiante, descrever a relação analítica como uma "relação profunda e recíproca", uma "aliança para a vida", em que analista e analisando estão implicados "na terra prometida (desejada) da harmonia, do saber, e da criação", e onde a cura analítica como "a liberdade de pensamento e a expansão da mente".

Tomada assim, "a psicanálise e o psicanalista são apenas a técnica e o personagem que têm como finalidade o melhor conhecimento da pessoa e a sua maior liberdade interior".

3.
Um Cirurgião da Alma

Ser psicanalista é, para Coimbra de Matos, "ter a capacidade, afectiva e intelectual, possuir os meios técnicos, e usufruir da liberdade e tolerância, necessárias e suficientes, para compreender o outro na sua particular subjectividade, na sua individual aspiração, e na realidade da sua singularidade".

Tomado assim, o analista será "um cirurgião da alma", e representará, para o analisando, na realidade psíquica inconsciente deste, o objecto do desejo e o sujeito da interdição. Mas o analista será, também, um analista-interpretante, organizando a colaboração analítica, permitindo que o analisando retome, inconscientemente, o romance familiar da sua infância, comportando-se o técnico de saúde mental como o filho, pai, ou mãe imaginário. Jamais abdicando de um juízo lúcido na apreciação do material analítico, sob risco, se não o fizer, de cair numa distorção valorativa. Daí que Meltzer diga que a psicanálise é uma ciência descritiva e não experimental, onde a investigação psicanalítica se faz no terreno da auto-análise.

4.
Identificação, Identidade e Transferência

Coimbra de Matos toma a identidade como o processo de síntese das identificações. Daí que a identidade represente uma construção pessoal, cuja base são as relações pessoais (interpessoais) significativas, ditas "relações de objecto", que constróem o pensamento; e que permitem que cada um de nós, em relação a elas, vá além dum enigma esfíngico e afirme: "penso porque existo, e existo porque fui amado; sem isso não seria reconhecido".

Neste processo de sedimentação identificatória, Coimbra de Matos distingue identificações imagóico-imagéticas (por assimilação da imagem ou da identidade atribuída), das identificações alotriomórfica (identificação com o objecto modelo de relação), das identificações idiomórficas ou idiopáticas (que são a consequência do auto-conhecimento).

Os processos identificatórios deslocados para a relação clínica – a transferência – são mediados por diversos movimentos protectores que, ao mesmo tempo que traduzem a esperança de, através dela, serem retomados os processos de desenvolvimento interrompidos pelo sofrimento cumulativo das diversas relações, expõem o medo de que ela repercuta todos os desencontros que se foram acumulando num círculo vicioso das relações de referência. A estes últimos aspectos poder-se-á chamar resistência à transferência, que Freud descreveu como resistência a recordar-se e, logo depois, como resistência à associação livre, e que Coimbra de Matos, citando um artigo de Kinston e Cohen – publicado, em 1986, no International Journal of Psychoanalysis – adopta segundo três estados:

- estado de resistência neurótica: caracterizado por movimentos defensivos, para além de uma fluência associativa e de uma consistente abertura transferencial;
- estado de resistência narcíseo-depressiva: caracterizado por associações superficiais e por alguma retirada depressiva que, por vezes, se mascara num sentimento de ternura ou de íntima amizade, diante do recalcamento e da inibição do amor sexual incestuoso ou da identificação edipiana;
- estado de resistência psicótico: caracterizado pelo bloqueio associativo e pelo distanciamento esquizóide.

Em quaisquer circunstâncias, releva que um dos erros de técnica é interpretar a resistência depois da sua acção se ter feito sentir. Quando se interpreta 'sobre' ou 'em cima' da resistência, não só esta se consciencializa, como se liberta a energia nela contida.

No processo de compreensão das identificações na construção da identidade, e a partir da sua ressonância na construção da relação transferencial, o analista, diz Coimbra de Matos, não deve empolar ou diabolizar os objectos internos num plano estritamente descritivo («de nada serve lutar contra tigres de papel ou elefantes de cartolina»), nem os pode ignorar, opondo-se a eles, e dando-se como objecto alternativo de amor ("ninguém se cura com amores de substituição. (...) Na submissão e à sombra do medo, ninguém é feliz nem tira prazer").

Um processo clínico é, não só, a recapitulação e revivência da pré-história do indivíduo como sujeito desejante, como também da sua pré-história como objecto do desejo do outro. Distinguindo, de forma clara, repetição, transferência e cura, Coimbra de Matos releva o processo clínico como a transferência-retomada da evolução suspensa que, como afirma, se dá, sobretudo, quando repara as suas feridas narcísicas e restaura o self, desidealiza e desculpabiliza o objecto, forja as relações numa dimensão de equivalência, retira dos objectos actuais a sombra dos de antanho, e interioriza a função analisante, adquirindo uma função auto-analítica fluente e integrada no funcionamento mental corrente".

Psicanálise e Psicoterapia Psicanalíticas 143

Daí que Coimbra de Matos distinga um transfert psicótico "maciço, acrítico, marcadamente ambivalente", que dificilmente permite a discriminação interpretativa e a análise propriamente dita, dum transfert neurótico "sereno e estável" onde o relacionamento entre o passado e o presente transferencial é possível e funda a auto-análise. Especificando que, numa relação clínica, se deve opor uma transferência amigável (que fornece "a necessária energia afectiva à aliança de trabalho analítica"), às transferências erótica, hostil, e idealizante ("sempre ao serviço da resistência").

5.

A Contratransferência

Transferência e contratransferência são processos (quase) simultâneos, que, no decurso duma análise, se enlaçam e se influenciam mutuamente. Todavia, a contratransferência é a transferência que o analista faz para o analisando, evidenciando em si mesma o seu carácter de resistência do psicanalista à sua própria análise. Daí que Freud tomasse a contratransferência como uma contrapartida da transferência, recomendando que o analista a consciencialize.

A propósito da contratransferência, Coimbra de Matos descreve-a como reacção inconsciente do analista que encerra, além de elementos da transferência do analista para o analisando, uma resposta adaptada à transferência do analisando para o analista. Todavia, segundo Coimbra de Matos (1985), a contratransferência purificada pode ser uma resistência do psicanalista a conhecer-se a si próprio.

Tomando a contratransferência como base, Coimbra de Matos recorda Melanie Klein, referindo o seu contributo, ao esclarecer o papel da identificação projectiva na abertura do caminho para a compreensão do material transferencial. E retoma Paula Heimann (e o seu trabalho Sobre a contratransferência, de 1950), quando se refere à contratransferência como um fenómeno aproveitável para a compreensão do processo analítico, e Bion, com a sua clarividência a propósito da capacidade de rêverie do analista [que, na minha opinião, não representa uma função pensante que interpreta e que pensa os conteúdos mentais que surgem numa análise, mas a conquista de uma capacidade de aceder à figurabilidade (de que Freud falava, a propósito do trabalho de sonho), em presença do analisando, como se dum sonhar acordado, a dois, se tratasse].

O inconsciente do analista compreende o do doente, segundo Heimann. Se o analista toma consciência dessa resposta, dispõe da chave para a compreensão do inconsciente desse analisando, podendo essa alteração, segundo Coimbra de Matos, alterar a atenção flutuante e a neutralidade de escuta do analista, que perturbarão a sua capacidade interpretativa e a espontaneidade do processo transferencial. Daí que, para ele, seja mais adequado que o analista analise o que é transferência, em primeiro lugar, deixando para um segundo momento a resposta que considere mais correcta ao inconsciente do analisando.

Assumindo uma grande convergência de pontos de vista, Coimbra de Matos refere Racker, quando ele afirma que a contratransferência engloba tudo o que são as resposta inconscientes do analista mais as identificações "concordantes ou homólogas" (que não são mais do que uma contra-identificação). Os movimentos inconscientes adoptados pelo analista podem, segundo ele, captar, fixando, a transferência, formando "núcleos de cristalização" no processo analítico, ou "pólos de atracção" (do analista em relação a alguns desses núcleos de cristalização), que encaminharão o analisando para falsos selfs em consequência da contratransferência perversa que contribui para que núcleos neuróticos se transfigurem em acting out's.

Talvez pelo enovelamento de projecções que promove, na contratransferência podemos identificar três processos defensivos que a obstróiem:

- a resistência à contratransferência, através de mecanismos de isolamento do afecto, com planura afectiva, evidenciando o polo obsessivo da personalidade do analista;
- a contratransferência de defesa (ou resistência pela contratransferência); e
- a identificação complementar (de Racker), que representa a tendência do analista a repetir o comportamento dos pais do paciente. Se ele se adequa a essa identificação projectada sobre ele, Racker fala duma "identificação concordante ou homóloga" (que não será mais do que uma contra-identificação).

Ainda com Racker, Coimbra de Matos enfatiza o humanismo da relação psicanalítica ao referir-se à "contratransferência positiva de base", tomada como o interesse humano e profissional do analista pelo seu analisando, e falando de uma contratransferência adulta libertadora, "(...) que empatiza com as potencialidades virtuais do analisando, e (...) promove a progressão para a saúde mental e para a autonomia dos analisandos (...)". Concluindo que a psicanálise é, até certo ponto, "uma cura pela contratransferência", o que nos levará a compreender que, numa análise, será saudável que "(...) as pessoas não aceitem a submissão, a não afirmação pessoal, e a continuação no registo masoquista (...)".

6.
Psicanálise e Psicoterapia Psicanalítica

Coimbra de Matos descreve a psicoterapia psicanalítica como o "corpo de técnicas que utilizam métodos psicológicos para tratamento de estados mentais patológicos e doenças psicossomáticas", referindo que as consequências de uma psicoterapia serão: uma melhor percepção de si próprio e da sua situação interior (insight), uma compreensão (melhor, reconstrução) da sua história, e a conquista de uma experiência relacional diferente, através da qual pode retomar o desenvolvimento que ficou suspenso.

Já uma psicanálise é tida como um processo que deve decorrer sob "o mais genuíno, sincero e humilde respeito pela personalidade do outro, e a mais elevada cultura de tolerância à dúvida e da capacidade de viver na incerteza em nós próprios", sendo a investigação em psicanálise "uma investigação a dois, de parceria", onde cada "(...) interpretação é sempre formulada como uma hipótese a testar – confirmar, infirmar, corrigir – pelo analisando". Talvez, por isso, uma psicanálise seja descrita como "uma auto-análise assistida"; do analisando e do analista, digo eu.

Uma psicanálise é, pois, "uma experiência emocional e intelectiva, global, e integrada (...) que se faz na busca responsiva que melhore e alargue o entendimento: de si e do outro, da relação e do produto da relação – o conhecimento", passando-se do círculo vicioso da repetição dos aspectos patogénicos das relações interiorizadas, para o "círculo virtuoso da criação". Representando os ganhos de uma análise: "(...) o diálogo de afectos e saberes que se relacionam, e entre eus que observam e pensam, anotam e conceptualizam, com a finalidade de – comunicando entre eles (...) a experiência emocional – se produzir crescimento (...)".

O tratamento psicanalítico assenta em dois procedimentos metodológicos: reconstrução e análise do passado vivido e desmantelamento das relações patogénicas (com "dissolução dos maus objectos internos circulantes, recalcados/clivados, ou/e projectados"), e desenvolvimento de uma nova relação, «desenvolutiva e sangínea» com o psicanalista (que possibilite a transferência das conquistas dessa relação para outras fora do setting analítico: «transferência da transferência»).

Nele, o divã recomenda-se pelo que favorece a introspecção do analisando, estimula a espontaneidade do processo transferencial, adequa a contratransferência e a associação livre do analisando, a atenção flutuante do analista, a focalização e o isolamento do campo de investigação".

Mas uma cura analítica não recolhe o protagonismo das transformações (internas e externas), mais ou menos radicais, que promovem mudanças significativas: a paixão amorosa, a experiência mística, a militância política (no sentido amplo de arrastamento por grandes ideais), a vivência poética-estética, o pensamento criador e a experiência filosófica, a experiência depressiva, a vivência psicótica, a par da cura analítica podem promovê-las, representando esta, todavia, a única "porta" para a auto-análise e para a função analítica da personalidade. Porque, afinal, as transformações psicanalíticas pressupõem, para Coimbra de Matos, que "a identidade transforma-se como se forma, do mesmo modo e pelos mesmos processos, até porque a sua formação é uma permanente transformação". Não obstante, surgem.

7.
Um Sonhador Inspirado

Psicanálise e Psicoterapia Psicanalítica não é um trabalho clínico, não é um manual sobre a técnica psicanalítica, é, muito mais que tudo isso, um desafio ao humanismo de todos os clínicos. E subentende que, mais do que a placidez da remoção dos sintomas, ou a megalomania de algumas leituras omnipotentes, a cura analítica se propõe, nas palavras de Coimbra de Matos, "relançar o processo criativo, interdito ou inibido pela doença, expandir o imaginário e desenvolver o simbólico, restaurar o crescimento psíquico em espiral evolutiva", funcionando o analista como objecto vincular transformador, "como uma mãe, um aparelho psíquico auxiliar, um sonhador inspirado, fonte de afecto, espelho de reconhecimento e apreço, abrigo de segurança, conforto e protecção".

PERGUNTAS & RESPOSTAS

1.
O que representará um facto psicanalítico?

Para Vollmer Filho (1996), "cada relato de um facto é por nós considerado como uma comunicação a respeito da experiência interna do analisando", adiantando que "o facto comum começa a ser transformado, na situação analítica, em facto clínico psicanalítico a partir do momento em que, na mente do analista, o entendimento se fixa na realidade psíquica". Na opinião de Ahumada (1996) "os factos psicanalíticos devem evoluir, tanto do analista quanto para o paciente, do intuível para o observável; em termos de Pierce, da "abdução" para a "indução", ou seja, da emergência de uma hipótese para a sua testagem experiencial, observacional".

Segundo Quinodoz (1996), "corresponde ao momento em que o psicanalista apreende a totalidade do complexo dos elementos significativos que observa na relação de transferência-contratransferência, considerando-os modificáveis pela interpretação, de modo a resolver a neurose de transferência e, com eles os sintomas". Já Natch, reclama preferir as situações de transferências às neuroses de transferência.

Um facto clínico psicanalítico deve, portanto, ocorrer dentro da situação psicanalítica, referindo-se, segundo Schaffer (1996) à "ressimbolização", representando "a compreensão teórica que o analista tem de aspectos desse relacionamento em qualquer momento dado" (Riesenberg-Malcolm, 1996), e "uma construção realizada por analista e analisando no âmbito do campo psicodinâmico" (Vollmer-Filho, op. cit.).

2.
O trabalho psicanalítico faz-se à margem de quaisquer definições?

Não. Para, Robert Caper (1996), "definir alguma coisa explicitamente é muito diferente de conhecê-la implicitamente", referindo que não é concebível imaginar a mais simples observação científica sem um aparelho conceptual que sustente a sua interpretação. O'Shaughnessy (1996) será mais explícito ao afirmar que, quando se reivindica uma verdade, não se reivindicando a infalibilidade da verdade: "não estou reivindicando saber a verdade, ou toda a verdade, mas somente uma verdade". De que tudo isto, ressalta que "a psicanálise estuda a realidade psíquica, que, num certo sentido, é realidade subjectiva" (ibid.), representando a mente do analista "o instrumento que investiga a mente do paciente" (ibid.).

3.
Há diferenças entre uma psicoterapia psicanalítica e uma psicanálise?

Kohut (1982), referia que a psicanálise se transformou "menos numa ciência e mais num sistema moral", enquanto que a psicoterapia "menos num procedimento científco (...) e mais num procedimento educativo".

4.
Como distinguir, num processo analítico, introspecção, empatia e altruísmo?

A neutralidade do analista, de que Freud falava, talvez não tenha, hoje, o mesmo impacto que ganhou quando foi formulada. Goretti (2002) afirma, mesmo, que o analista desempenha uma função estruturante, pela intersubjectividade que o move, reafirmando Stein (2001), a propósito do afecto, que o analista não pode ser "objecto não-ausente", e Fox (1998), adiantando que a contratransferência positiva aceitável pode facilitar o processo analítico em diversas instâncias o processo de sublimação na análise. Neste contexto, e recorrendo a alguns autores, poderemos afirmar que a **empatia** e a **introspecção** permitem tornar apreensíveis não só as pulsões e os conflitos das pulsões, mas as manifestações psicológicas do vivido interno respeitantes ao sentimento de se ser indivíduo (Kohut, 1982). Já para Seelig e Rosof (2001), "a empatia é necessária mas não é suficiente para o **altruísmo** genuíno. A habilidade para aceder às necessidades do outro e determinar se e quando se atingem essas necessidades é, também, uma componente do altruísmo maduro".

Bibliografia Essencial

MATOS, C. (2002). *Psicanálise e Psicoterapia Psicanalítica*. Lisboa: Climepsi.

Leituras de síntese

AHUMADA, J. (1996). *O que é um fato clínico? A psicanálise clínica como método indutivo*. Livro Anual de Psicanálise, X. São Paulo: Editora Escuta Ltda.

CAPER, R. (1996). *O que é um fato clínico?*. Livro Anual de Psicanálise, X. São Paulo: Editora Escuta Ltda.

FOX, R. (1998). The "unobjectionable" positive countertransference. *Journal of the Psychoanalytic Association*, 46, 4.

GORETTI, G. (2001). The myth and history of some psychoanalytic concepts. *International Journal of Psychoanalysis*, 82.

KERR, J. (1997). Um método perigoso. Rio de Janeiro: Imago.

KOHUT, H. (1992). Introspection, empathy and the semi-circle of mental health. *International Journal of Psychoanalysis*, 63.

NICHOLS, M. & PAOLINO, T. (1995). *Basic Techniques of Psychodynamic Psychotherapy*. New Jersey: Jason Aronson Inc..

O'SHAUHNESSY, E. (1996). *O que é um fato clínico?*. Livro Anual de Psicanálise, X. São Paulo: Editora Escuta Ltda.

QUINODOZ, J.M. (1996). *Fatos clínicos ou fatos clínicos psicanalíticos*. Livro Anual de Psicanálise, X. São Paulo: Editora Escuta Ltda.

RACKER, H. (1988). *Impasse e Interpretação*. Porto Alegre: Artes Médicas.

RIESENBERG-MALCOLM , R. (1996). *A conceituação dos fatos clínicos no processo analítico*. Livro Anual de Psicanálise, X. São Paulo: Editora Escuta Ltda.

ROSENFELD, H. (1988). *Impasse e Interpretação*. Rio de Janeiro: Imago.

SCAFFER, R. (1996). *A conceituação dos fatos clínicos*. Livro Anual de Psicanálise, X. São Paulo: Editora Escuta Ltda.

SEELIG, B. & ROSOF, L. (2001). Normal and pathological altruism. *Journal of the Psychoanalytic Association*, 49, 3.

STEIN, R. (2201). Affect in psychoanalytic theory: discussion of André Green's 'on discriminating between affect and representation. *International Journal of Psychoanalysis*, 82, 5.

THOMA, H. & KACHELE, H. (1989). *Teoría y Práctica del Psicoanálisis*. Barcelona: Editorial Herder.

VOLLMER FILHO, G. (1996). *A conceitualização do fato clínico psicanalítico*. Livro Anual de Psicanálise, X. São Paulo: Editora Escuta Ltda.

Capítulo IV

TEXTOS COM PSICANÁLISE

PSICANÁLISE E SEXUALIDADE

1.
Breve História da Sexualidade

Seria quase improvável que um trabalho, mesmo que introdutório, sobre a psicanálise, não abordasse a sexualidade. Todavia, será útil (antes de qualquer reflexão sobre as suas ligações) fazermos uma breve digressão sobre a história da sexualidade, até para compreendermos se fará – ou não – sentido algum protagonismo que a psicanálise lhe tem conferido.

O homem pré-histórico gosta de se representar sob uma aparência fálica. E as suas relações seriam, sobretudo, poligâmicas. Mais tarde, muito tarde, "o rei Hamurábi da Babilónia manteve várias centenas de "esposas-escravas"; os reis incas e astecas, mais de quatro mil; o imperador chinês Fei-ti, dez mil; e o imperador Udayama da Índia, mais de dezasseis mil, em aposentos cercados por um anel de fogo e guardados por eunucos do palácio" (Andreae, 2003).

Mas embora estas práticas fossem correntes na Antiguidade, a imagem de fertilidade era, regra geral, feminina. No Egipto, a fertilidade assumia um papel feminino. A deusa-mãe tomou a forma da temível Ísis, associada à vaca doadora de leite, à árvore da vida, e ao trono dos faraós. E a outra grande civilização mediterrânea pré-helénica – a de Creta – legou-nos mulheres mais naturalistas de seios enormes, acompanhadas de serpentes (Yalom, 1998).

Na Grécia, Platão elogiava a castidade e tinha-se como inequívoco que a perda do sémen torna o homem cobarde, retirando-lhe as forças e que o abuso da sexualidade pode provocar loucura ou surdez (nada de muito lisongeante para as ligações fortes com o erotismo masculino). Para Aristóteles, o esperma seria aquilo que resta quando tudo foi digerido. Independentemente destes pontos de vista, a bissexualidade seria mais ou menos generalizada. As raparigas casavam com homens 20 anos mais velhos. "Na Atenas do séc. V A.C., as mulheres eram cuidadosamente controladas por um sistema patriarcal, que lhes atribuía deveres domésticos, as excluía da vida política e lhes impunha que cobrissem o corpo da cabeça aos pés" (Yalom, 1998), e tinha grande expressão o mito das Amazonas (um povo lendário oriundo da Capadócia), que cortavam o seio direito para terem mais agilidade a disparar o arco que, uma vez por ano, dormiam com homens de outros povos, de forma a preservarem a raça. Na Grécia, existiam as hetairai – cortesãs – cuja tarefa seria fornecerem serviços sexuais, entreter, e servir de companhia sexual aos homens gregos e tinha-se como aceite que, ao ser desprezada, a mulher grega poderia escolher entre a masturbação, as suas companheiras ou o tédio. São dessa altura os termos socratizar (apaixonado activo) e alcibidiar, de Alcibíades, amante de Sócrates (apaixonado passivo) e distingue-se a pederastia (amor institucionalizado pelos rapazes) da homossexualidade (como uma descida ao nível passivo da mulher). Os contraceptivos mais em voga nessa altura seriam: espinhos de acácia e de mel, óleo de cedro e bílis de boi misturada com gordura de serpente. Era comum a ginástica anti-fecundação.

Já em Roma, a castidade seria uma qualidade impossível de encontrar. As Vestais, obrigatoriamente virgens, eram recrutadas com menos de 10 anos, era grande sucesso das 'libertinagens' e das orgias... com o auxílio de muito vinho (Bacanais) e o divórcio é facilmente aceite. No século I chegam a existir casamentos homossexuais, tendo Nero desposado o seu favorito.

Para lutar contra a impotência, eram fabricados falsos pénis de couro, untados com azeite e pimenta moída. Fustigam-se as coxas com ortigas, engolia-se medula de porco e o testículo direito de um burro, nabos, feijões, pinhões, açafrão, raízes de narciso. Eram, também, vulgares as dietas para diminuir o desejo (vinho, dormir numa cama dura, comer uma alface inteira) e os contraceptivos (fígado de doninha, aranha), apesar da esterilidade masculina ser muito significativa nessa altura, devido ao saturnismo (do chumbo das canalizações) e ao alcoolismo. O aborto passou a ser penalizado no século II.

Textos com Psicanálise   155

A eliminação física, a venda ou o abandono das crianças não desejadas era aceite. Tendo as primeiras leis anti-homossexuais surgido, em Roma, no Século III.

Noutras latitudes, também no século II, na cultura Hindu, é publicado o *Kama Sutra*. A sexualidade era vista como meio de libertação e o pénis em erecção era venerado.

Já para os chineses, pénis significaria pénis 'caule de Jade' e seriam comuns os conselhos práticos em relação à sexualidade: qual seria o maior número de mulheres com quem um homem deve acasalar, o maior proveito que deverá tirar do acto, etc. O tom machista da sociedade chinesa de então levou a que, muito mais tarde, no século XI d.C., se tivessem tomado medidas para impedir as mulheres de andarem de um lado para o outro, ligando-lhes os pés de tal maneira que elas não podiam caminhar. O seu comprimento ideal para as mulheres da classe alta seria um ínfimos dez centímetros.

Com o advento do Cristianismo deu-se uma profunda transformação do modo de relação da Humanidade com a sexualidade. A abstinência, como reacção ao liberalismo romano diante dos costumes, passou a ser como o caminho mais curto para o Paraíso. S. Paulo passou a defender o celibato e S. Francisco de Assis deu, como exemplo, o elefante, que só acasala uma vez por ano. As interdições diante da sexualidade iam-se alargando: era interdito o coito à 5.ª feira (dia em que foi preso Jesus), à 6ªfeira (porque foi o dia em que ele morreu), ao Sábado (para honrar a Virgem), ao Domingo (dia de Maria), e à Segunda-feira (em honra de todos os mortos). Seriam, por assim dizer, benditas as terça e quartas-feiras. Para além disso, também essas interdições eram extensas à Quaresma, à Páscoa, ao Pentecostes e ao Natal.

Em 567, o Concílio de Tours, impediu os monges de partilhar a mesma cama. E, em 585, o Concílio de Mácon, decidiu que nenhum cadáver masculino devia ser sepultado ao lado de um cadáver feminino, antes da decomposição. Em 1000, no Concílio de Toledo, ameaçaram-se os membros do clero que tivessem práticas homossexuais com castigos divinos. E no Concílo de Trento, em 1550, foram proibidas todas as práticas pré-nupciais. Anos antes, S. Paulo, afirmava que "a carne peca contra o espírito, e o espírito contra a carne; e são contrários um ao outro" e, embora sejam descritas as atitudes faustosas de alguns Papas em relação aos valores carnais e, apesar dos exemplos de Pedro e da sua mulher Paulina, a igreja chama a atenção para a natureza inferior do sexo e para o necessário voto de castidade, o que levou S. Agostinho (que tinha tido uma amante durante 15 anos) a afirmar: "dai-me a castidade, mas não ainda" (Parrinder, 1999). Talvez por isso, João XXIII "foi acusado de ter contratado trezentas freiras com quem manteve relações sacrílegas"; Alexandre VI (mais conhecido por Rodrigo Bórgia), ainda antes de subir ao trono, tinha sofrido uma severa reprimenda do Papa Pio II por ter estado numa orgia com todas as damas nobres de Siena e, mais tarde, como Papa, nunca viajava sem um grupo de dançarinas, levando vinte e cinco prostitutas para os seus aposentos quase todas as noites (Andreade, 2003).

Na Bíblia hebraica, as mulheres eram consideradas, em primeiro lugar, como procriadoras. A visão negativa da Igreja em relação à corporalidade, traduzida na arte, não estabelecia grande diferença entre os corpos masculino e feminino, sendo o corpo das mulheres tão liso como o dos homens. Talvez por isso, por volta de 1100, entra em França o vestuário unisexo. O bliaud, túnica curta que chega ao meio das coxas, alonga-se até aos pés dos homens como um vestido de mulher. Os sapatos alongavam-se para pigaces (sapatos de bicos enchidos de estopa).

A liberdade sexual surge como reacção à grande quebra demográfica em consequência da Peste Negra, que reduziu para metade a população europeia. Na Idade Média, o Amor seria atracção carnal. A linguagem recheou-se de termos sexuais. Brantôme, utiliza o termo 'comer' para fazer amor. As anedotas sobre sexo são frequentes, e pintam-se corpos nus. E um dos provérbios dessa altura seria: 'as mulheres dão sempre dois bons presuntos em troca de um chouriço'. A violação era uma prática banal para com as mulheres e, talvez por isso, deu-se a invenção do cinto de castidade, com a justificação de pretender proteger as mulheres da violação (ainda se encontrando alguns desses exemplares, por 1930, nalguns catálogos de instrumentos médicos). Já são conhecidas todas as variações e posições do coito. Apesar disso, a Igreja condenava qualquer relação sexual que não se desse à noite. As rainhas casam-se ente os 10 e os 14 anos, para terem mais filhos. O adultério era frequente nos homens e nas mulheres e, por isso, o Século XV ficou conhecido como

Textos com Psicanálise 157

o século dos bastardos. Renascem os banhos, copiados dos romanos, e a prostituição tem um grande incremento ('suprimam do mundo a prostituição e, por toda a parte, surgirá a sodomia' – dizia-se), havendo em Roma, no século XV, 7000 prostitutas recenseadas. A Sodomia era interdita (sendo queimados em Itália e condenados em França). 'A virgindade não é apenas indesejável, é perniciosa, e a continência, anormal', dizia Lutero. E a Igeja tolerava os abortos que precedem o quadragésimo dia da gravidez, porque é nesse altura que se supõe dar-se o nascimento da alma no embrião.

Até à Idade Média, os homens e as mulheres usavam vestes muito parecidas, túnicas pelos tornozelos, nomeadamente. Com o início do século XIV, os homens passaram a usar vestes mais curtas, deixando as pernas à mostra. As mulheres continuaram a usar roupas compridas, mas baixaram o decote de forma a acentuarem o busto. Inicia-se a liberalização do seio, indo os decotes até ao umbigo, ao contrário do que se afirmava antigamente, quando Ovídio recomendava que se apagasse a candeia quando as pessoas se despissem. Na Idade Média, entrever uma perna era pior do que observar um seio. A racha pára na cintura e as ligas começam a estar na moda. A cava desce até à cintura e é rebaptizada como "janela do inferno". O camisão fica pelo alto das coxas e, pouco a pouco, transforma-se em gibão e os calções nas pernas. Ainda assim, só os juizes, os doutores, os professores e outros personagens recusaram mostrar "o que faz saliência à frente". Entre os séculos XV e XVI, as braguilhas foram "o ponto de mira do vestuário masculino", tornando-se grandes bolsos rígido, enfeitado de pérolas e jóias "para atrair o olhar" Bem depressa os homens menos bem fornecidos compreenderam a utilidade de um estojo rígido, designado por *boutique*, onde muitos homens guardavam o lenço, frutos, ou azeitonas... Só com Luis XIII se fizeram as primeiras ceroulas.

Como acontecia desde a Antiguidade, os banhos tornam-se mistos. "Privar-se do banho torna-se sinal de santidade. Não se hesita em canonizar os corajosos que, como Santa Agnès, mãe do imperador Henrique IV, dele se abstiveram durante toda a vida" (Bologne, 1996). Num período em que quase não havia estradas, existiam, por toda a parte, poeira e lama, e as pessoas lavam-se para se limparem. Daí que o hábito de oferecer um banho aos convidados atravessa a

Idade Média. Em 1292, havia 27 banhos quentes em Paris, o que fazia com que os pregoeiros fossem pelas ruas avisar os potenciais interessados, começando os banhos mistos a ser interditos.

Com o Renascimento, já no fim do século XVI, aparece – em imagem – a criança nua e, embora não se dê importância à primeira infância, surgem os primeiros retratos familiares com as crianças no centro. Em 1545, é publicado o primeiro manual de pediatria. Em 1550, a Igreja Católica impõe celibato aos padres e defende a virgindade como um estado preferível ao casamento. Sugere-se que desapareçam as práticas pré-nupciais. Fecham-se banhos, saunas e os bordéis municipais. O casamento por paixão passa a ser bem visto. Incentiva-se a continência e surge a neurastenia e a enxaqueca femininas. A bestialidade e a sodomia são punidas com pena de morte no Novo Mundo. E o número de nascimentos ilegítimos aumenta.

Apesar disso, Agnès Sorel, amante do rei de França (Carlos VII), era pintada, na segunda metade do século XV, como uma nossa senhora, com um seio descoberto. Quinze anos antes, este mesmo rei tinha sido incentivado à acção militar por Joana D'Arc. Agnés marcou a transição do seio sagrado, associado à maternidade, para os seios erotizado. Todavia, "o sistema de avaliação dos seios na Idade Média manteve-se essencialmente igual ao longo do Renascimento: deviam ser pequenos, brancos, redondos como maçãs, duros, firmes, e muito afastados" (Yalom, 1998). Para evitarem seios enormes, as mulheres francesas usavam água de papoila, infusão feita de hera, óleo de rosa, e cânfora. Para evitarem que os seios descaíssem, as mulheres de Itália e de França, não amamentavam os filhos. A nova liberdade sexual do renascimento, fez com que as mulheres que trabalhavam no comércio sexual se dividissem em duas categorias: a prostituta comum e a cortesã honesta, propiciando, esta última, conversação e entretenimento (canto, dança, cartas escritas). Logo que os seios destas começavam a cair, o seu valor comercial decaía. Em Itália, estas podiam estar na Ponte delleTette (Ponte das Mamas), nuas da cintura para cima, por forma a que assim se descobrissem as prostitutas que se vestiam de homens para atraírem a clientela gay. Neste período foram lançadas as banheiras ovais em substituição dos banhos públicos servindo para substituir as banheiras redondas do século anterior.

Durante o Renascimento, o busto nu surgiu na arte, correspondendo a um novo sentido de beleza feminina, sendo os seios descobertos o centro do erotismo da alta cultura. Os aspectos eróticos do seio fizeram com que as mulheres se dividissem entre as recomendações médicas de amamentação e as opiniões contrárias dos seus maridos, sendo, nessa altura, descritos dois tipos de seios: os seios compactos das classes altas, e os seios lactantes. A mão no seio – um motivo comum na arte renascentista – revelava o sentido de posse que os homens consideravam ser-lhes devida. Desde o final da Renascença, a tendência das preferências masculinas sempre favoreceu os seios maiores. Já na Holanda do século XVII podiam encontrar-se inúmeros quadros com cenas realistas da vida quotidiana, sendo comuns, também, as cenas onde apareciam alcoviteiras – "antigas prostitutas que assumiam a contratação de prostitutas mais novas – eram representadas nas obras de arte como criaturas desagradáveis: velhas, feias e avarentas".

A partir dessa altura, na Holanda, os seios grandes passaram a estar na moda, muito por influência de **Rubens** (1577-1640). Ao mesmo tempo, já a Holanda do século XVII, espantava os franceses e os ingleses, porque as mulheres holandesas davam beijos em público, tinham conversas francas, passeios sem companhia. Mas, à medida que as influências estrangeiras chegavam à Holanda, as **golas de tufos espanholas** a cobrir o pescoço ganharam grande relevância embora, em meados desse século, o rufo tenha dado origem a uma gola mais mole e, depois, o decote desceu, permitindo mostrar a região entre a clavícula e o seio, chegando, por vezes, à ponta do mamilo. Os espartilhos passaram a ser essenciais para as mulheres das classes média e alta, uma vez que elevavam os seios, para alturas artificiais acima do decote.

Já em Inglaterra, por influência de **Isabel I** – que, durante a sua infância viveu na adversidade (cuja mãe foi morta no cadafalso) – a mulher passou a passar uma imagem andrógina, onde o corpo frágil e fraco se encontrava oculto por baixo de roupagens pesadas que lhe esmagavam o peito, cuja parte de cima estava encerrado num corpete duro de barbas de baleia (body) que descia até à cintura. As mulheres da Grã-Bretanha amamentavam os filhos, enquanto as escocesas contratavam amas de leite. Isso não impedia que os seios fossem descritos pelos poetas corteses como "bicos", "botões", "cerejas" ou "morangos". A influência deste modelo marcou Shakespeare, que exigia que a amada fosse bela e virtuosa, a sua virtude consistindo primordialmente numa recusa obstinada em gratificar o desejo masculino.

O Renascimento foi a altura em que a bruxaria foi perseguida por católicos e por protestantes, sendo condenadas à morte entre 60 000 e 150 000 pessoas, ao longo de dois séculos (80% delas eram mulheres). A caça às bruxas – que desencadeava vergastadas públicas e mutilações – baseava-se em marcas do corpo ou protuberâncias "anti-naturais", nomeadamente uma terceira mama (por onde o Diabo se alimentava), um sinal, uma verruga, uma sarda ou uma mancha. As bruxas eram mulheres pobres, incultas e velhas, supostamente capazes de lançar feitiços sobre a fertilidade e a potência sexual.

Com o Renascimento, vêem-se aparecer, a começar pelos países protestantes, as primeiras proibições aos banhos nus. "No século XVI, homens nus, ainda passa. Mas mulheres nuas na cidade começam a perturbar os espíritos devotos" (Bologne, 1996). A partir do século XVII as mulheres deixam de estar autorizadas a fazer nudismo nas margens do Sena. Com a epidemia de sífilis, do século XVI, fecharam os banhos públicos. Mas os banhos privados conservarão, por muito tempo, século XIX incluído, um aspecto convivencial. Nomeadamente, nas curas termais, nas fontes de água doce, e no mar a nudez permanece em voga. Mostrar-se na banheira ou "no meio do banho" não é, nessa altura, considerado indecente. Aliás, até ao século XVIII as damas vão poder, se ofender os seus convidados, recebê-los durante o banho, apesar de se deitar na banheira um pouco de leite para salvaguardar a decência... embora existissem, junto dos aristocratas, banheiras de quatro lugares... para acolher os amigos mais íntimos... Na Dinamarca, na Rússia e na Crimeia a nudez continuará a ser autorizada até ao início do século XX.

Com o advento do século XVIII, a Igreja vigia as crianças diante do risco de se masturbarem. Esse será o século da biologia, com a verdadeira emancipação do papel da mulher na fecundação e A Origem das Espécies, de Darwin. Dá-se a invenção do preservativo (concebido, de início, como protecção contra a sífilis, trazida da América pelos marinheiros de Cristovão Colombo). Os romances dessa altura são laxivos e luxuriantes. Casanova tira outro partido do preservativo e Sade publica 'Justine'. A higiene manifesta grandes progressos, com a introdução do quarto de banho.

"Antes do século chegar ao fim, os seios viriam a ser associados à própria ideia de nação". "Em França e em Inglaterra (...) os corpetes e espartilhos eram desenhados de forma a forçar as omoplatas para trás e a projectar o peito para a frente, com os mamilos quase expostos" (ibid.). Em 1700, menos de metade das mães britânicas amamentavam os próprios filhos. Em meados do século XVIII, cerca de 50% de todas as crianças parisienses eram enviadas para o campo para serem criadas por amas de leite. Por volta de 1780, apenas 10% estavam a ser criados nos seus lares, tendo surgido vários movimentos a favor do abolicionismo das amas de leite.

Émile Rosseau, no seu tratado de 1762 sobre a educação, defendia a tese que o aleitamento favorecia laços mais sólidos entre as mães e os bebés. Rousseau sugeria que os homens vieram ao mundo com cérebro para pensar, enquanto as mulheres recebiam seios para amamentar. No entanto, Rosseau foi pai de cinco filhos, todos eles entregues na roda... No final do século XVIII, o aleitamento passou a assumir o aspecto de culto, havendo uma lei de 1793, em França, que exigia que todas as mulheres indigentes que se candidatassem a apoio deviam amamentar, existindo uma lei prussiana que exigia que todas as mulheres saudáveis amamentassem. Em meados de 1780, a camisa da mulher fez a sua primeira aparição, com o tecido leve e o seu corte largo a contrastar com a rigidez das roupas anteriores. E a Revolução Francesa tornou as mulheres de seios descobertos num ícone da revolução. Por volta de 1850, a incarnação dos seios da República Francesa passou a ter um nome – Marianne – aparecendo de seios descobertos em inúmeros quadros.

Neste século observam-se as primeiras modas: chapéus e coletes, a abundância das rendas e das fitas, as calças tufadas e as jaquetas de lapelas largas. As calças dos homens tornam-se mais justas, sendo necessária a ajuda de empregados para as vestir. O vestido afasta-se a pouco e pouco da garganta e os braços são vestidos até aos cotovelos. Esta época é associada ao frufru (roçar de saias de seda murmurantes, com folhos e rendas, guarnecidas de fitas de veludo) e ao strip-tease.

Na Idade Média, há um quarto para todos, e todos na mesma cama, sendo costume os burgueses convidarem os peregrinos a passar a noite no seu quarto, e sendo hábito as pessoas dormirem nuas. Mesmo quando, a partir do Renascimento, começam a existir vários quartos num castelo, os quartos comunicam entre si sendo impossível manter a privacidade. A burguesia e a nobreza começam, progressivamente, a usar camisa de noite. Para as esposas mais ariscas aperfeiçoou-se a "camisa conjugal" (com um buraco no lugar "previsto"). No entanto, no quarto do rei dormem o primeiro-gentil-homem da câmara ou o primeiro criado de quarto, a rainha, etc. E o clero – claro – dormindo os monges com uma camisa que vestem, sem nunca observarem o seu corpo, e apertando-se com um cinto ou uma corda que se desti-navam a contrariar os rins, que se pensava serem do sémen, e a evitar ejaculações nocturnas.

Com o Século XIX, a banheira (considerado local de todos os vícios) e banho são mal vistos. O corpo não é exposto em público e as coxas de frango só são comidas em privado. São rejeitados os instintos. Para os vitorianos, uma mulher virtuosa raras vezes experi-menta o desejo. A sexualidade emana de romances de Balzac, Zola e Flaubert. A mulher só permite que o médico a examine através de vários tecidos, embora isso não se devesse ao enorme receio de infecção e das doenças contagiosas que era vulgar na época. Em 1810, existem em Paris 180 bordéis oficiais e 59 em 1892. Em 1850, a polícia conta 30 000 prostitutas em Paris. Viena, pela mesma altura, tinha referenciadas 20 000 prostitutas para 400 000 habitantes, que tinham uma função iniciática. Mais ou menos 30% das prostitutas de Londres, eram menores. Os estudantes, antes de casarem, tinham como costume viver com uma operária (costureirinha).

Em 1865, calcula-se que 85% das mulheres sofrem de leucorreia e um número semelhante de sifilíticos (Schubert e Nietzsche morre-ram de sífilis), epidemia dominada, mais tarde, pela penicilina; entre as duas guerras, a sífilis causa 140 000 mortes. O British Medical Journal acha que uma mulher com o período não pode tocar num presunto sem que ele apodreça. Em 1894, Dra. Alice Stockham, defende o acto conjugal unicamente para procriar... e uma vez por mês, norma muito recomendada pelo corpo médico. O telefone, en-tretanto inventado, é proibido às mulheres pelas ligas de defesa das virtudes. O cinema é mal recebido por causa do escuro.

Textos com Psicanálise 163

O século XIX é dos fatos de banho compridos e dos quartos de banho privados. O banho-convívio vai desaparecendo. Nas casas elegantes a banheira é levada para o quarto. No século XIX, o exotismo fez com que se reintroduzisse os banhos turcos. O século XIX é muito púdico. É o corpo em si que há que negar, modelar, domar. O ideal é haver roupa que não se cole muito ao corpo. Já no século XX, é na *"Belle Époque"* que o calção de banho começa a encolher, enquanto as calças das damas ficam acima do tornozelo, mas ficam abaixo do joelho.

A burguesia do século XIX é vitoriana, isto é, de inúmeros interditos. São raras as mulheres que fazem um exame ginecológico, vivido pelas mulheres como um autêntico atentado à sua honra. As mulheres também não se desnudam facilmente diante dos seus maridos. O coito é feito sem que as mulheres dispam e de luz fechada. As relações sexuais durante a gravidez e durante a menstruação são proibidas, e os chamados "favores ousados" – em particular o beijo profundo e as práticas bucais – são reservados às prostitutas ou às mestres emancipadas. A mãe celibatária é tida como desclassificada e isso explica o número elevado de infanticídios na França mediterrânea. O código civil pune com pena de prisão a adúltera feminina, enquanto que o homem escapa com uma advertência. E, nas grandes cidades francesas – Paris, Lyon e Marselha – são frequentes as concubinas.

Vem do final do século XIX, um furor puritano contra a masturbação. Nele se destaca o Dr. Kellog, puritano militante, que afirmava que uma dieta equilibrada constitui a melhor prevenção contra a masturbação. É sua, também, a iniciativa de indicar 39 sinais para que os pais descobrissem se os filhos se masturbavam. Vejamos alguns: debilidade geral, mudanças súbitas de humor, insónia, falta de capacidade intelectual, timidez, ideias confusas, costas fracas e falta de flexibilidade das articulações, apetite caprichoso, consumo de tabaco, mãos frias e húmidas, palpitações do coração... Contra tudo isso recomendava o Dr. Kellog cereais com o seu nome o que, passados tantos anos, talvez não esteja na ideia de quem os consome, todos os dias, pela manhã. Ainda assim, esse tratamento seria muito mais parcimonioso do que aquele que, nessa altura, se recomendava: nos rapazes: circuncisão imediata, sem anestesia; nas raparigas, aplicação de ácido carbólico puro no clítoris. Só mimos, portanto...

164 *Textos com Psicanálise*

É, pois, nesta atmosfera, com séculos de mal-entendidos que nasce a psicanálise e se priveligia a sua atenção diante dos traumatismos sexuais que comprometem a vida de inúmeras mulheres dessa altura, vítimas de assédio, de abusos ou de violção.

2.
Uma tremenda improbabilidade

Voltemos, agora, atrás. Porventura, ao início do início. Aquilo a que alguns psicanalistas gostam de chamar "cena primitiva". E tentemos compreender os seus significados. Com determinação, procurei as pontes que um tal conceito poderia ter noutras áreas do conhecimento. Para meu desalento, cena primitiva e erotismo parecem não ser bem referenciados pelos autores de biologia, por onde comecei a minha procura. Encontrei ... fecundação. Resignado, decidi continuar.

Era um livro, talvez, básico. Dizia assim: "a fecundação é o resultado da união de um espermatozóide e de um óvulo". (Como definição, não é genial, reconheçamos. E, assim, algum desalento tomou conta de mim. Num primeiro parágrafo, o melhor que descobri foi que a cena primitiva, para a biologia da reprodução, à boa maneira das tradições, ainda é... o que era). Fui por diante – e, então, sim – ficou mais clara (para mim) a clarividência de Freud, sempre que se aventurava e sentia outras disciplinas do conhecimento. A "cena primitiva" é o resultado – num determinado segundo – da união de um espermatozóide (entre cem milhões possíveis) e de um óvulo (num milhão). Antes da cena primitiva, a probabilidade de cada um de nós estar vivo seria, portanto, de um para cem mil biliões de milhares de milhões. Ou seja, de um para 10 seguido de vinte e três zeros.

(Já tinha percebido que, ao contrário das "plumagens" narcísicas dalgum conhecimento, somos todos, cada um per si, partículas sem grande relevância no "contrato de trabalho" que o Universo tem com a vida, mas – agora, percebi melhor – nunca me imaginei o resultado mais que provável da maior das improbabilidades). Imaginei chamar pelo "pai"... apelando pelo 'princípio da realidade' (o que, numa versão menos erudita, talvez queira significar que, diante de tão poucas hipóteses... "o que tem de ser... tem muita força !"). Mas se tomar em consideração esse número arrebatador em relação às coincidências que foram precisas aos nossos pais e aos nossos avós para que, cada um de nós seja como é, a probabilidade, *a priori*, de estarmos vivos, e aqui, torna-nos mais importantes... mas só no universo das improbabilidades: passamos a existir, na melhor das hipóteses, numa probabilidade de 1 para 10 [1449]. (Para grande pena minha, à luz das probabilidades, não devíamos existir. Quando muito, conforta-me que, no plano da biologia, o erotismo começou, em cada um de nós, por ser... uma tremenda coincidência!).

Mas, se tomarmos os desencontros relacionais como uma desertificação que se vai instalando, pela vida fora, como teria sido o erotismo dos nossos avós diante... do deserto? É claro que se supõe que, no "deserto" – tomado literalmente – os nossos avós e os nossos pais tivessem menos quantidade de apelos eróticos. Certamente que o erotismo deles num deserto não correria o risco de números tão exuberantes. Descansei. Imaginando-os no deserto, os nossos avós e os nossos pais ter-nos-iam protegido de números tão exagerados, diante dos quais estarmos vivos teria sido um tudo-nada... menos improvável.

Correria, talvez, um outro risco, já que se um espermatozóide "(...) tecnicamente falando, é expulso a 30 quilómetros por hora da virilidade paterna (...) e toma a direcção do colo do útero à velocidade de 1 cm por hora (...)", resta saber que incidência poderia ter o calor do deserto na virilidade... e na velocidade dos espermatozóides... útero... acima... Preferi nem pensar.

Resignado, conclui que, multiplicando este número por todos as pessoas presentes neste curso de Psicanálise e de Psicopatologia Dinâmica, a hipótese de estarmos juntos, hoje e aqui, seria um número escandaloso: o que há, *a priori*, de mais improvável. Mas, todavia, estamos juntos, a pensar a Psicanálise. E, por coincidência, sempre que tantas improbabilidades se juntam, e se dispõem a pensar, a insignificância ou a pequenez humanas ficam mais pequenas... É verdade: sempre que nos dispomos a estar juntos, até o mais improvável pode acontecer.

3.

Humanidade e psicanálise

Se tomarmos o deserto como metáfora da desertificação relacional (que uma certa filosofia tecnocrática da vida, mais ou menos maníaca, tem pretendido implementar no desenvolvimento humano), talvez devamos honrar a função social da psicanálise: pensar (em contra-mão, sempre que necessário), à procura da clarividência (subversiva, seja em que circunstâncias for...), à margem de fundamentalismos ou de visões ideológicas, mas com coragem, com humanidade, e em liberdade.

A vida de muitas pessoas é um deserto. Uma solidão feita de silhuetas mas sem as pessoas de que se precisa para se estar vivo. Uma solidão que desvitaliza e deserotiza. Uma solidão abrasiva, que se vai instalando em silêncio e devagar (iludida por actividades profissionais frenéticas, ou adormecida por brinquedos cada vez mais caros).

Diante de um deserto relacional, a psicanálise deve ser mais do que um oásis na vida de alguém: será redentora para com o erotismo, sempre que reconcilia as pessoas com o namoro pela vida (que aqui tomo como o sinónimo de erotismo). E vivifica, sempre que "duas improbabilidades" se escutam e dialogam.

A psicanálise não ensina a abrir os olhos: ajuda a fechá-los.

"Abrir os olhos" é, para muitos, um sinónimo de maturidade, ao qual se opõe um "confiar de olhos fechados", tomado como um gesto de generosidade, mas imprudente. Não acho que seja assim.

Na verdade, nunca confiamos em ninguém, mas nos sentimentos que essa pessoa nos leva a sentir. Acontece que, de tanto fazermos por estar de olhos abertos, talvez os fechemos de menos para olharmos para os sentimentos com que cada pessoa nos premeia. E, se não o fizermos, não confiamos: fazemos por confiar que é, sem nos darmos conta, uma forma de aprendermos a desconfiar dos nossos sentimentos.

Repito-me: sempre que duas pessoas se escutam, as improbabilidades diante do erotismo e da vida ficam menores.

4.

Um terceiro no erotismo

Senti pacificados o erotismo e o deserto. E, se em vez do assédio do terrível sexual na relação mãe-bebé pensasse, convosco, acerca do assédio terrível do sexual na relação pais-bebé?... Indo para além da biologia da reprodução, talvez deva reflectir acerca da sexualidade no bebé.

A sexualidade de um casal envolve dois corpos, dois mundos interiores, e todas as pessoas que vivem na memória de cada um. Dentro da mãe e do pai convivem as suas famílias e as pessoas com quem se foram aventurando pela sexualidade. Nem sempre a maturidade dessas múltiplas experiências atribui à relação amorosa da actualidade o protagonismo que a tornará numa outra placenta para a gestação do bebé. A convivência interior de tantas pessoas pode gerar controvérsias (muitas vezes, silenciosas) na sexualidade do casal, que a exuberância do bebé na vida dos pais pode ir iludindo, mas pode ser um factor preponderante de esterilidade emocional com a qual concorre.

Elegendo, como referência para pensarmos, um casal saudável, podemos imaginar que uma tal pluralidade de referências amorosas, dentro de cada um dos pais, se pode consolidar em vínculos amorosos que se espraiem na sexualidade de um casal. Nessas circunstâncias, ele (casal) sente o bebé com um protagonismo que, eroticamente, o aproxima mais. Um "rei na barriga" que não interfere com a sexualidade dos pais; um rei pouco sentido como um "terceiro"... intrometido. Um "rei" cuja presença trará alguma culpabilidade aos pais, reparada com outros desejos da mãe, quase sempre nocturnos, impetuosos como a sexualidade, mas que deslocam para os caprichos alimentares a necessidade da mãe se sossegar de algum mal-estar para com o bebé. Este sossego do bebé é descrito, popularmente, quando se deseja que, o bebé "não venha de boca aberta" (querendo, com isso, dizer-se, que se imagina que o bebé possa nascer mais inconsolável, ressentido e "aguado"). Nessas alturas, se tudo se passar sem muitos sobressaltos, a mãe sossega ao descobrir que, em vez de ter só um companheiro de paixão, também dorme com o "génio da lâmpada", que concretiza todos os seus desejos. Ao mesmo tempo, parece pacificar alguma culpabilidade residual, mais ou menos inconsciente, em relação ao bebé, sossegando-o pelo estômago, com iguarias, "adoçando" o bebé do mal-estar que possa resultar da sexualidade dos pais.

Um terceiro entre o erotismo dos pais foi fazendo com que, por muitos séculos, eles tenham necessitado fantasiar que, ao nascerem, os bebés não viam, como se, assim, olhos que não vissem... não acedessem ao pecado... e à sexualidade dos pais.

Um terceiro no erotismo dos pais pode, ainda, estimular a imaginação deles na elaboração dos conflitos que resultam da presença do bebé no erotismo do casal. É aí que, com o auxílio da opacidade do recalcamento neurótico, muitas mães rivalizam com o bebé, sendo levadas a dizer que a gravidez de uma menina "rouba a beleza à mãe", tornando-a mais "panenta", menos apetecível, e mais deserotizada.

Mas a sexualidade da qual surge um bebé pode ser uma erotização sem erotismo (e, sendo assim, uma gravidez que daí resulte, vive o erotismo com condescendência), transformando o bebé no hospedeiro onde se aloja o silêncio relacional dos pais. A sexualidade, na gravidez destes pais, far-se-á mais por impulso – que condensa alguma violência latente – e que, muitas vezes, leva mães e pais a fantasiá-la como uma destrutividade que pode "desmanchar" a gravidez. Será por isso que muitos pais evitam viver a sexualidade durante a gravidez (projectando sobre o bebé um olhar de censura), ou se fantasiam a profanar um espaço sagrado que, em vez de enriquecer de vida o interior da mãe, a aspira e a desvitaliza de forma a que, retaliatoriamente, se precipite um abortamento espontâneo. Será, também, por alguma destas nuances, que alguns obstetras, ainda hoje, recomendam a abstinência sexual entre a concepção e o fim do aleitamento, como forma de não se conspurcar, pela sexualidade, o interior da mãe.

Mas, se uma relação amorosa for de uma tonalidade anaclítica, onde um dos pais desempenhe, insistentemente, a função de suporte do outro, a sexualidade tomará o bebé como um estranho que se interpõe num lugar mais privilegiado que o do pai, podendo este sentir-se abandonado, levando-o a tornar-se abandónico, vivendo o

Textos com Psicanálise 169

coito, por vezes, num registo masturbatório. Noutras, repugnando-se diante da sexualidade, repudiando a entrega erótica da companheira, e renegando as duas.

Já quando o erotismo tem um perfil narcísico, uma mulher grávida deixa de se achar num "estado interessante": sente-se gorda, como se o bebé a tivesse deformado, amuando para ele, e abandonando-o 'in utero'. Algumas destas mães, vingativamente, impedem o pai do bebé de exprimir a maternalidade que lhe reconhecem (e que, por vezes, invejam), impedindo-o de aceder ao parto, como se, para mais, aí se desse o clímax das inúmeras desqualificações narcísicas que essa mãe sente, que vive como desprezivas ou humilhantes, e que a deserotizam.

Se a mãe do bebé tem um "tom" psicótico, ele é vivido como um demónio que a parasita e que a destrói, sobretudo depois das 20 semanas de gestação, tornando-se a percepção dos seus movimentos numa alucinação sem delírio: um mal que a possui (e que se condensa no bebé). Os movimentos do bebé são descritos como se assemelhassem aos de uma centopeia e desencadeiam, muitas vezes, uma compulsividade de comportamentos sexuais que, mais do que uma erotização mobilizada pela presença do bebé, desloca para a sexualidade uma função abortiva ao serviço da destrutividade materna.

A sexualidade dos pais também pode ser conturbada por outros acontecimentos que lhe são colaterais. Por exemplo, a presença de disfunções sexuais no casal, cuja gravidez introduz no pai um fantasma de adultério, corporizado no bebé. Ou quando a gravidez decorre após o falecimento de um filho, que transforma o útero num purgatório (que põe em concorrência um filho falecido, e idealizado, com um filho redentor que rivaliza com ele, sendo a culpa inconsciente de cada um dos pais deslocada para o outro). Ou quando um novo bebé surge após uma interrupção voluntária de gravidez, projectando a mãe em todos os homens a culpa persecutória que a atormenta, e que consciencializa, simplesmente, quando teme que o seu acto possa ser punido com a destruição deste novo bebé. Ou, finalmente, quando o bebé surge através de uma fecundação com esperma ou com ovócitos de dador, que leva a que os pais o sintam, ora como Messias, ora como Judas, interferindo – de forma silenciosa – na relação do casal.

Todos os episódios do erotismo dos pais servem para erotizar (no caso de crescerem com eles) ou para desvitalizar o bebé, com todas as consequências que isso tem na vida fetal, no primeiro ano de vida, e na fundação da resiliência que esses episódios desencadeiam.

5.
A sexualidade no bebé

Pensado o assédio terrível do sexual no bebé, passemos ao assédio, simplesmente. Assédio, etimologicamente significa... "perseguição ou cerco prolongado".

Será uma mãe capaz de assediar o bebé? Nos casos de pessoas muito perturbadas, sem dúvida que sim. Ficará mais claro se, à parte do sexual, tomarmos o assédio, ou o atentado ao pudor, como violações... à intimidade do bebé. Sempre que a mãe ou o pai assediam (cercam, prolongadamente) o bebé com fragmentos insolúveis das histórias de vida dos dois, vão desmoronando os recursos de vida de uma relação e, em particular, do bebé: e violentam-no. Fazem-no, pois, muitas vezes (e é importante que, com bom senso, ponhamos 'o sexual' de parte para que não encandeie uma reflexão ponderada). Tenho dito que o bebé não precisa da mãe para pensar e que, olhado com rigor, a sua capacidade para pensar é anterior ao pensamento. Isto é, partindo do sistema nervoso, o pensamento é anterior à intencionalidade do pensamento. O que diferencia uma relação que assedia e violenta é, pois, a sobreposição do ritmo da mãe ou do pai sobre o do bebé, desencontrando-o dos seus ritmos, e magoando-o com constrangimentos. Se nos descentrarmos da sexualidade, fica mais visível o modo como os pais assediam e violentam.

Textos com Psicanálise 171

6.
O diálogo das improbabilidades

Visto assim o assédio, fico – de novo – mais tranquilo: sempre que - entre os pais e o bebé, ou entre pessoas duma relação clínica... ou entre nós, por exemplo – duas pessoas se escutam e se confiam uma à outra, várias improbabilidades que dialogam tornam a vida menos imponderável. Sempre que se tenta sobrepor uma tentativa de compreensão, sem que se escutem e se sintam os sinais da realidade a que tenta aceder (na relação pais-bebé, como relação analítica), as improbabilidades expandem-se geometricamente, e o desconhecido assedia-nos de forma violenta e, sempre, mais terrível.

Perguntas & Respostas

1.
A psicanálise é indissociável da sexualidade?

Não. A psicanálise foi a primeira disciplina psicológica que, nos finais do século XIX, compreendeu que a doença mental não resultava de uma possessão demoníaca, e que a sua compreensão não se restringia a uma leitura biológica. Freud, mais de cem anos antes da "sociedade civil", compreendeu que as neuroses resultavam de experiências relacionais traumáticas que se estendiam pelo desenvolvimento de uma pessoa, e que não encontravam nele experiências reparadoras e cicatrizantes. A importância da sexualidade na psicopatologia dinâmica surgiu quando Freud intuiu que muitos sintomas neuróticos surgiam como reacção à existência de múltiplas experiências de abuso sexual e de pedofilia que se repercutiam nas relações amorosas que essas pessoas vinham a organizar. Estávamos, na Europa, não o devemos esquecer, no período vitoriano, em que a sexualidade era reprimida por uma moralidade intolerante, embora fosse colorida por um número muito significativo de filhos ilegítimos e de abusos sexuais.

2.
A psicanálise é indissociável da "cena primitiva"?

A "cena primitiva", no século XXI, representará, em cada pessoa, um dilema, relacionado com a compatibilização do seu pai e da sua mãe dentro de si, tentando perceber o que os liga, e em que medida as suas identificações a cada um deles convivem, sem conflitos intoleráveis, dentro de si.

A "cena primitiva" não representa, propriamente, uma perspectiva da relação dos pais a partir do coito. Aliás, será importante repararmos que, se bem que todos nós aceitemos que, afinal... "os bebés não vêm de Paris", suportamos muito bem imaginar os nossos pais gostando um do outro, e vivemos com profundo mal-estar imaginá-los em pleno coito. Mas – volto a recordar – estamos no século XXI e temos, hoje, apesar de alguns programas televisivos, uma muito menor exposição das crianças à sexualidade dos pais. No entanto, ontem como hoje, expor as crianças à sexualidade dos pais tem o valor de uma experiência traumática e violenta. Daí que, as experiências que terão tido, a esse nível, ficariam opacas sob um 'fazer por esquecer' a que, na psicanálise, se poderá chamar recalcamento.

É claro que, quando as crianças eram expostas a essas experiências, toda a sua vida relacional era dominada por essas imagens traumáticas. E pela "cena primitiva". Quando são poupadas a essas experiências, o 'pecado original' entre a mãe e o pai resulta na gratidão de, em consequência do amor de um pelo outro, nascer uma criança. Tudo isto, é claro, sem denegar a importância da sexualidade no desenvolvimento humano.

3.
O desenvolvimento é indissociável da sexualidade?

O desenvolvimento talvez tenha cinco grandes momentos: o nascimento, a infância, a sexualidade como marcador da adolescência, a experiência de parentalidade, e a convivência com a presença da ideia de morte na nossa vida. A adolescência, centremo-nos nela,

Textos com Psicanálise 173

indo um pouco além do que Blos (1962) referia, talvez represente o conjunto de transformações psicológicas de adaptação à sexualidade.

A sexualidade define as coordenadas das relações interpessoais e faz notar tanto mais a sua presença quanto o desenvolvimento infantil tiver sido marcado por uma educação muito repressiva que, em muitos momentos, tenha confundido educar com domesticar. Nessas circunstâncias, a emergência do desejo sexual ou das fantasias sexuais, acaba por "balizar" as relações interpessoais, levando a que os adolescentes, e muitos adultos, sempre que não se sentem capazes de conciliar, nas suas relações amorosas, o desejo com a ternura, vivam 'de mal' com a vida. Isto é, se sintam mal amados, e com o seu erotismo a empalidecer, progressivamente. Daí que, para muitos, sexualizar muitas relações seja uma forma de manifestar alguns rasgos de erotismo.

Todavia, ao contrário do que se pensa dela no senso comum, a psicanálise não pretende sexualizar o desenvolvimento. Antes entende que, ontem como hoje, muitos desencontros de muitas pessoas na sua relação com a vida, orbitam em redor da sexualidade (como se fosse um "pára-vento" de toda a conflitualidade interior). Mas entende, também, que a vida "afunilada" na sexualidade a toma como uma defesa e nunca como um instrumento de uma relação mais ampla, com maior pluralidade de afectos, e com uma diversidade de experiências relacionais mais rica, a que podemos chamar Erotismo. Ou vivacidade, se preferirem. Daí que seja saudável chorar com erotismo, sentir indignação, ou ira, ou ódio, com erotismo. Como se vê, haverá, na psicopatologia, quem dê maior protagonismo à sexualidade que os psicanalistas...

4.
A sexualidade é um organizador das relações humanas, desde o início da vida?

Está presente, como tentei descrever no texto anterior (ao tomá-la a exemplo de uma relação, a priori, tão asséptica como a relação pais-bebé) desde o início da vida. Mas nunca quando se confunde o sexuado com o sexual, ou aquilo que Freud chamava "teorias sexuais infantis" com a sexualidade. Como se vê no texto anterior, as experiências relacionais, sejam quais forem, influenciam a vivência dos afectos; e, por consequência, a sexualidade. Não cabe, todavia, numa compreensão psicanalítica uma ideia que separe, no psiquismo, a história de vida da sexualidade. Pelo contrário, a sexualidade será, simplesmente, um dos "palcos" onde a personalidade se exprime com toda a autenticidade que, em muitos momentos, parece estar reprimido. Tão importante como, por exemplo, os desempenhos parentais de cada um de nós. Sobretudo porque deixa a nu que, no mais profundo de cada um de nós, não estará uma força 'em bruto', animal, reflexa, mas um psiquismo relacional e pensante.

Bibliografia Essencial

ARIÉS, P. & DUBY, G. (1991). *História da vida privada*. Porto: Edições Afrontamento.

ANDREAE, S. (2003). *Anatomia do desejo*. Porto: Campo das Letras.

BLOS, P. (1962). On adolescence: A psychoanalytic interpretation. New York: The Free Press.

BOLOGNE, J.C. (1986). *História do pudor*. Lisboa: Círculo de Leitores.

BANTMAN, B. (1998). *Breve história do sexo*. Lisboa: Terramar.

BURGUIÈRE, A., KLAPISCH-ZUBER, C., SEGALEN, M., e ZONABEND, F. (1998). *História da família*. Lisboa: Terramar.

DUBY, G. (1992). *Amor e sexualidade no ocidente*. Lisboa: Terramar.

FISHER, H. (1994). *Anatomia do amor*. Lisboa: Publicações Dom Quixote.

FOUCAULT, M. (1990). *História da Sexualidade*. Rio de Janeiro: Graal.

PANTEL, P.S. (1990). *História das mulheres*. Lisboa: Círculo de Leitores.

PARRINDER, G. (1999). *Sexualidade e moral nas religiões do mundo*. Lisboa: Publicações Europa-América.

PASINI, W. (1993). *A qualidade dos sentimentos*. Lisboa: Difusão Cultural.

SHORTER, E. (1995). *A formação da família moderna*. Lisboa: Terramar.

YALOM, M. (1998). *História do Seio*. Lisboa: Teorema

CRIATIVIDADE E PSICANÁLISE

«(...) Costumo sonhar que estou nesta sala. E todas as portas estão fechadas. Mas há uma fenda aberta no tecto. Consigo escalar a parede até lá e chegar à sala de cima. E vejo que a sala é exactamente igual a esta, repetida. É a ideia do labirinto. Trato de fechar os olhos, de tocar a parede, então acordo. Mas há um momento angustioso em que escapo de um lugar para chegar a um exactamente igual. (...) É um dos pesadelos que tenho. Duas ou três vezes por semana».

JORGE LUÍS BORGES

«Escrevi quase sempre com esforço. Escrever, para mim, acompanha-se de uma atmosfera íntima penosa, para não dizer mesmo de tormento, o que não quer dizer que não haja fases de intenso júbilo com o acto de criar».

FERNANDO NAMORA

«O escritor é um homem falhado. É na medida em que falhou na vida que ele é obrigado a escrever. Isso não resolve os seus problemas mas ajuda-o a sofrer menos (...)».

ARRABAL

«Não lhe digo nem lhe falo de resignação e paciência, sabendo quanto tudo isso é inútil quando a gente se sente esmagado por um fardo mais pesado do que poderia merecer?...».

FLORBELA ESPANCA, numa carta a Raul Proença

1.

O lado estimulante da ignorância

"Como será possível escrever a não ser sobre aquilo que não se sabe ou sobre aquilo que se sabe mal?", perguntava-se Deleuze, a propósito da filosofia. Talvez enquadrado pela mesma questão, tenha aceite pensar... e escrever, a propósito de dois temas de interface que têm merecido atenções diferentes da psicanálise: a literatura e a sexualidade.

Permito-me recordar, com Ferenczi (1923), dois "erros relativos à psicanálise(...)":

– "Um consiste em afirmar que, para a psicanálise, todo o processo psíquico deriva da sexualidade (...)" (ibid.);
– "Quanto ao outro erro, a saber, que a psicanálise liberta as pulsões sexuais (...)" (ibid.).

Conclui Ferenczi (ibid.) que a psicanálise nos ensina que "(...) uma pulsão insatisfeita não conduz o indivíduo à neurose mas, no máximo, torna-o infeliz", afirmando, a rematar, que "a psicanálise permite aos indivíduos adquirir justamente consciência de que são infelizes e suportar isso". Será uma conclusão revestida da atmosfera, mais ou menos trágica, que coloria alguma psicanálise do início do século XX.

Uma visão psicanalítica toma, hoje, em consideração que, não só cada relação – como também cada momento analítico – serão únicos e irrepetíveis, como relação de pessoas e relação com o conhecimento. Sendo assim, talvez a psicanálise, mais do que uma relação com o conhecimento, condense, no essencial, uma ligação com a ignorância. A realidade analítica dará – suponho – sentido a uma ideia de Savater, segundo a qual: "o lado mais estimulante da ignorância é a descoberta de que nada nem ninguém nos dita completamente o que devemos pensar da realidade... nem sequer a própria realidade". Isto é, uma visão analítica condensará, incontornavelmente, a experiência de uma relação entre duas pessoas que se tentam perceber enquanto cada um pensa por si, e de cujo conhecimento dependem as transformações relacionais que alimentam o crescimento de cada uma. Será, portanto, credível que, dessa relação, jamais se persista inalterável.

É impossível, pois, pensar sem conhecer. E embora tenha dito - anos atrás – que, a partir da anátomo-fisiologia cerebral, a máxima cartesiana se deveria transformar em 'se existo... logo penso', reconheço que os mal-entendidos na relação dos seres humanos com o pensamento surjam porque todo o conhecimento supõe a experiência de quem conhece (sendo, portanto, biográfico). Mas, conhecer implica, também, a dor (pela consciência), o medo (perante as transformações que se associam às consequências do conhecimento), para além – claro – da alegria pela proximidade empática que traz luz ao pensamento (e que torna a consciência e o medo suportáveis). Assim, é a partir das experiências de desassossego interior que somos tão 'íntimos' do pensamento e... de nós próprios.

Não sendo um analista espectador numa relação, talvez uma visão analítica pressuponha que, em lugar de uma afirmação fundamentalista de verificação de verdades ou de confirmação de modelos perante realidades diversas, os pontos-de-vista de um analista representarão a sua tentativa de, ao escrever sobre uma realidade que não percebe ou que tenta entender, torná-la menos distante da sua aspiração de a conhecer. Não muito distante da clássica afirmação de Popper, quando afirma que o universo não é um universo de confirmação de verdades, mas "um universo de refutação de erros". Todavia – acrescenta Popper – o universo existe, e também existe a verdade; "a única coisa que não pode existir é a certeza sobre o universo e sobre a verdade".

Por outras palavras: um conhecimento falso gera verdades; uma visão analítica criará, antes, dúvidas e perguntas. Um 'bom analista' será, pois, o 'inimigo' essencial de uma visão analítica, talvez porque suponha alguém que teme conhecer o desconhecido de uma relação e, por isso, se refugie no seu narcisismo perante ele.

2.

A sexualidade como alteridade

Partindo daqui, não vos falarei – no essencial – da sexualidade na organização da criatividade. Porque uma visão analítica pressupõe que uma pessoa se conheça para além daquilo que dela sobressai. Sendo assim, se a sexualidade surgir como a dimensão mais exuberante do mundo interno de alguém, daí resultará que essa manifestação talvez esconda outras realidades psíquicas mais frágeis, menos mentalizáveis.

Não haverá, pois, uma visão analítica da sexualidade, no sentido 'oficial' do termo, não só porque qualquer ortodoxia é uma prisão para o pensamento, como – também – num plano clínico, não haverá sexualidade mas sexualidades. No entanto, o conhecimento analítico do mundo interior não dá – peço desculpa ... – grande ênfase à sexualidade (no sentido estritamente 'pulsional' que lhe queiramos dar). A sua incontornável importância decorre, permitam a grosseria, de ser uma das formas essenciais dos seres humanos tomarem contacto com pedaços menos racionais do seu pensamento... e de crescerem com isso [seremos tanto mais saudáveis quanto nos permitamos viver (e crescer) com as nossas dimensões "animais"], sobretudo porque, esse contacto se faz no contexto de uma relação com o interior do corpo do outro. Mas o espaço do corpo acaba por ser o espaço do próprio pensamento e, desse modo, a sexualidade "serve" para as pessoas se 'despirem' por dentro, dando-se desse modo, também, a conhecer.

Uma visão analítica pressupõe que será impossível dissociar amar e conhecer (tomando amar no sentido dos laços de afecto que dão sentido interior aquilo a que nos propomos conhecer). Mas, assim, conhecer metaboliza um espaço, comum a duas pessoas, irrepetível e inenarrável (aquilo a que Winnicott chama 'gesto espontâneo'), que supõe a criação de um momento de interioridade comum – intimidade – com laços de liberdade – de cada um perante si próprio e perante o outro. Quero dizer, com isto, que haverá momentos e espaços de intimidade na relação entre as pessoas, mas – provavelmente – só a maturidade interior viabilizará relações de intimidade. Então, partindo de uma visão analítica, a sexualidade será a consequência de uma relação de conhecimento e de intimidade. Assim, uma relação que se faça em espelho, talvez não tolere no outro nada para além daquilo que quem vê permite que se veja.

Não creio, então, que de Oscar Wilde se possa, de relevante, falar da sua homossexualidade, tanto mais que Dorian Gray talvez condense um 'lado' seu – interno e escondido – envelhecendo ao abrigo dos olhares. E, sendo assim, imagino como terá sido doloroso a... Dorian Gray esconder-se dos outros para ser quem era.

Não creio, então, que seja legítimo que vejamos a criatividade só a partir da sexualidade porque, com isso, Pessoa – por exemplo – deixaria de 'não ser nada, nem nunca imaginar-se mais que nada (embora tendo em si, para além da genialidade, todos os sonhos do mundo), "sobrando" dele pouco mais que os desencontros amorosos com Ofélia.

Então, se da sexualidade persistir um sentido de violência (como em Henry Miller, ou na correspondência de Simone de Beauvoir a Sartre), se se ficar perante a agitação (em lugar da tranquilidade), como em Annais Nin ou em Kundera, então talvez a sexualidade não 'sirva' para amar, mas para 'vingar' um sofrimento, sem a esperança de que alguém ajude a repará-lo.

Ou, com mais clareza, uma relação – homo ou heterossexual – que não dê espaço ao outro, ou uma interacção que não permita que se elaborem experiências de dor, será homogénea (e porque a sexualidade representa, mais do que uma relação de sexos diferentes, uma alteridade interior que cria a intimidade) será homo-sexual e, por isso, doída e doente. Ao contrário, uma relação de iguais sugere que sejamos re-conhecidos nela como somos, diferentes perante todos e, só por isso, iguais. Assim, talvez não pareça razoável falarmos de relações homo ou heterossexuais mas de relações saudáveis (em que a relação permite que cada um se encontre perante pensamentos que nunca imaginou), e de relações falsas, que não dêem espaço senão à cobardia e ao silêncio.

E, no entanto, já em Eça, por exemplo, a sexualidade representa uma forma de procurar a proximidade empática mas, também, um modo de tomar a sexualidade como um modo – quase perverso – de escrever sobre as dimensões ameaçadoras ou confusionais de proximidade. Mas, sendo assim, sempre que a relação com a sexualidade não dê espaço aos medos, não elabore a desconfiança, e não permita a diferença, transforma-se num "estar junto" em que se controla mas não se está próximo, e onde só se prolonga a solidão.

Assim, a contemplação perante um amor nostálgico (da mãe, por exemplo) será, como em Eugénio Andrade, como ter dentro uma idealização que persegue mais do que alimenta, que destrói mais do que permite amar, a partir dela. Talvez, por isso, Duras tenha dito que "o amor serve para morrer mais comodamente para a vida", como se, dos outros, persistisse o travo azedo da sua incompetência para conhecer e para amar. Amar – como "arte do encontro" – antes permitirá viver mais comodamente com a ideia de morte, sendo-se "feliz... com lágrimas". A ser assim, Ferenczi estaria, em parte, equivocado.

Então, se a sexualidade surgir 'à frente' de uma relação, serve para criar uma falsa proximidade. Pergunto-me, pois, se terá sentido falar-se de uma literatura 'Gay' ou 'lésbica', mas de uma literatura onde haja um sentido de verdade e, portanto, verdadeira ou falsa...

3.
O processo de criação

Os livros preexistem à escrita, e persistem por escrever, depois de escritos. 'Guardam' o escritor dentro de si, que talvez se procure dentro das histórias que escreve: há pensamentos que se procuram, mas, somente quem desiste de se procurar pode ousar encontrar-se com o seu pensamento.

Talvez nunca se pense sem que se crie, porque a criação decorrerá de todo o pensamento da experiência. Mas, sendo assim, criar-se-á para alguém ou perante um apelo próprio que permite elaborar a dor ou dar formas ao êxtase? É estranho, mas a paixão não é boa conselheira dos textos de amor, nem a alegria nos move para dentro de nós na procura de outros contornos para o nosso desfrute. Poderá parecer uma expressão enfática – ou dura, até – mas talvez nunca criemos nada para comunicarmos com mais ninguém para além de o fazermos com os recantos mais íntimos de nós próprios.

Mas, então, a criação literária estará muito próxima do brincar em ausência. Ao brincar, brincar-se-á, no essencial, com os bons como com os maus sentimentos. Brincar em ausência (de que o paradigma será o jogo da bobine, em Freud) cria o pensamento, e brincar em presença (muito próximo de Winnicott), cria a vida.

Brinca-se primeiro com a ausência ("não está cá o bebé !...") e com a presença ("onde está o pai ?..."). Brinca-se com a dor, no fundo. E, sendo assim, conhece-se sempre que se brinca; o que fará do brincar a dimensão mais séria do pensamento. Talvez, por isso, as crianças precisem de brincar com o olhar dos pais no seu e, a seguir, precisem ter a "vista na ponta dos dedos"; para, só depois, verem "os intestinos às coisas". Então, aquilo a que chamamos ilusão terá, provavelmente, a ver – mais do que com um sentimento súbito de continuidade do nosso mundo interior fora de nós – com a criação do pensamento, à vista. Ilusão serão, talvez, os momentos em que os sentidos e o sentir parecem juntos... e ganham sentido.

Mas, sendo assim, a partir de uma visão analítica da criação, haverá criação ou, procriação? No plano da relação, talvez se não crie sem que se procrie. Por isso, re-criar terá mais a ver com recrear (como se, só do recreio – do brincar – surgissem ligações que dão significado aos nossos pensamentos).

4.
Relações que revelam a criatividade

Temos um espaço interno, um corpo, e a nossa própria história (irrepetível e irreprimível). As dores e as angústias, quando as sentimos, são nossas. A tristeza, quando nos abala, pertence-nos (como a raiva ou o azedume – por mais que os atribuamos a quem quer que seja – fazem parte de nós). Sendo assim, o que separa a condição humana do solipsismo? Em que medida não haverá uma 'trágica condenação' à solidão? Temos um espaço interno mas, nele, nada mais será – talvez – tão íntimo de nós, e tão pouco nosso, como o pensamento.

Nunca pensamos sozinhos, mesmo quando a presença dos outros junto a nós mais não faça do que agravar a consciência de estar só. Mas, sempre que nos permitimos pensar, ainda que o façamos a partir de um sofrimento, da dor emergem pensamentos que nos abrem aos momentos – estéticos – porque desvendam o pensamento ao seu pensador. E, no entanto, se os pensamentos que se moldam às palavras permitem dramatizar as dores, e exorcizar as angústias e os medos, talvez só as relações organizem em nós as feridas que outras relações terão aberto. Quando o não fazem, as relações repetirão a mesma dimensão irreparável e doída de relações anteriores, quase afirmando a natureza incontornável de um destino. A criação literária surge, em muitas circunstâncias, de relações assim. Então, talvez perante essas relações que se eternizam, se torne mais claro que a criatividade – numa visão analítica – não surge tanto da relação – solitária – de um pensador, que se procura nos seus próprios pensamentos, mas de relações que lhe revelam pensamentos que lhe permitem criar. Savater – outra vez ! – em 'O Conteúdo da Felicidade' di-lo-á doutra forma: "ser um egoísta racional é aceitar, na prática, que o primeiro, e mais fundamental, dos instintos egoístas é superar a solidão. (...) Ser eu próprio, o melhor e o mais longo tempo possível (...) é qualquer coisa que só posso conseguir através da relação com os outros".

Disse, noutro local, que um pensamento, depois de pensado, permanece... pensável, o que talvez dê uma dimensão fugaz, de desassossego, aos nossos pensamentos, como se, por um lado, ao condensarem climas do vivido, nos permitissem percebê-los, dando-nos nós próprios ao seu entendimento; e, por outro, pudessem guardar – por transformar – pedaços de nós, mais ou menos em aberto.

Assim, talvez um texto só elabore uma parte do pensamento e precise de uma relação – verdadeira – que repare e metabolize as feridas que outra relação abriu. E, talvez, então, quando Pessoa se lamenta "sou lúcido, merda, sou lúcido", o faça em função de uma consciência abrasiva que não dá espaço a relações reparadoras (que se afirmassem à margem da necessidade de palavras). Difícil, na vida, não são os sonhos, nem os pensamentos de sonho, mas as relações de sonho (que também os criam, mas que os transcendem). Relações de sonho serão todas aquelas em que, mais do que precisar-mos de compreender os nossos pensamentos para ficarmos mais

Textos com Psicanálise 183

perto de quem somos, sentimos os outros – sejam quem forem – mais perto de nós, ficando mais reconhecíveis perante os nossos próprios pensamentos... sem que precisemos de ter consciência deles para os pensarmos.

Ironicamente, pensamos ao darmos forma às nossas dores e, ao aproximarmo-nos, com esses pensamentos, da nossa 'verdade interior'. A ser assim, talvez legitimemos Joan Riviere quando afirmava que amor, verdade e beleza se associam como sinónimos uns dos outros. Então, o maior desafio da vida será matizar a dor, não de sonhos, mas do vivido que a repare. Indo além de Ferenczi – ousarmos, mais que nos reconhecermos nos nossos pensamentos, mesmo que os escrevamos, para os perceber melhor – ir ao encontro de quem – seja quem for – nos permita reconhecer a nossa felicidade.

MODOS DE SENTIR: PSICANÁLISE E PINTURA[*]

1.

Quero sentir o que tu vês

"A noção de inconsciência é compatível com a de sistema nervoso. Por mais que o produto do funcionamento nervoso pareça não aceder à consciência, sistema nervoso é consciência e (como o produto, espontâneo, das emoções na mediação nervosa são as imagens mentais) consciência é imaginação. E, ainda, em «estado natural», consciência é comunicação. Indo mais longe que Meltzer, não será a mente mas o sistema nervoso que é a função geradora de metáforas." (Sá, 2004).

O sistema nervoso é argumentista, realizador, produtor, personagem... ao longo das vinte e quatro horas de filmes que produzimos num dia. Como é engraçado termos sido educados para inibirmos a nossa capacidade de sonhar se o nosso pensamento é, sobretudo, sonho! Como é engraçado que se fale de inteligência emocional como se houvesse uma outra à margem da sensibilidade...

Mas o pensamento, como vos dizia, é metáfora... O que liga, então duas metáforas? Seja uma nossa com a de um pintor? Ou outras quaisquer, no contexto de uma relação de autenticidade?... O que liga dois sentimentos é sua comunhão num mesmo gesto (ou, se preferirem, num "mesmo modo" – circunstancial – de ver e de sentir). Talvez seja, aliás, isso mesmo que faz com que uma troca de sentimentos... "morra em estado nascente". E mesmo... que condensemos tanto os nossos sentimentos (numa pintura... por

---

[*] Comunicação discutida no Museu de Serralves.

exemplo), de cada vez que entramos num quadro, fazemo-lo como se fosse uma primeira vez. O que distingue ver de olhar? E ouvir de escutar? Escutamos com o coração. Olhamos com ele. Escutar e olhar são experiências de reciprocidade.

Mas quando um pintor abre o seu espaço de sonho e o compartilha connosco, talvez não espere que o olhemos, simplesmente. Não deseje que o conheçamos. Menos, ainda, que o compreendamos. Espera que sejamos capazes de sentir o que ele sentiu quando disponibilizou os seus sentimentos para nós. Espera que ele seja a tinta e a nossa relação com o quadro o seu pintor. Talvez seja por isso que cada quadro, depois de pintado, permaneça por pintar.

"Olhos nos olhos, quero ver o que você vê", dizia-vos eu, na quinta-feira passada, truncando uma cantiga de Chico Buarque da Holanda. Não consegui, pelo jeito atabalhoado com que o citei, dizer-vos que a relação de um quadro com o seu pintor (nós) não se faz de … "olhos nos olhos". Mas mais: um "quero sentir o que tu vês, logo que veja o que tu sentes, (deixem que cite Neruda) para que "o meu coração tenha o teu peito e a minha liberdade as tuas asas".

São tão escassas as experiências de comunhão e de transparência a que nos autorizamos, já repararam? Se a Humanidade cresceu… a culpa é das mães. Na verdade, as crianças foram, desde sempre, expostas à mais inquietante ignorância. Fomos imaginando, como até há um tempo atrás, que os bebés não viam, porque os olhávamos e não os "víamos", embora as mães os sentissem (quase de forma clandestina…). Os bebés foram sendo enfaixados… Ao crescer, fomos confundindo domesticar com educar e, ainda assim, as crianças cresceram. E a bondade, a beleza ou a verdade continuaram, para a esmagadora maioria delas, a merecer a pena, sustentadas por essa experiência de transparência e de comunhão com a mãe, que vinha desde o útero. Tragicamente, a comunhão e a transparência com a mãe terão sido, para muitas pessoas, as únicas circunstâncias em que isso sucedeu. Como o mundo poderia ser um lugar (ainda) mais apetecível se nos déssemos uma, e outra, e outra vezes esse fantástico privilégio!...

2.

Um lugar, algures entre um espanta-espíritos
e uma tela que apanha um sonho, de fugida

Repito-vos que um sonho, ao contrário da leitura mais arqueológica que, ainda hoje, marca uma ideia mais tradicional da psicanálise, não representa um fragmento onde cada pedaço tenha um significado tipificado, como se cada parte valesse em separado (quando é o todo de um sonho que *fala por si*. As partes sem o todo são letras que procuram um significado).

Todos os sonhos são quadros auto-biográficos. Não se distinguem de um quadro, como vêem. Fale do que fale, uma pessoa fala de si. E projecta na fala a linguagem das pessoas que vivem no seu mundo interior... E as memórias, implícitas ou explícitas, que, como diz o Prof. Damásio, fazem com que a memória não seja uma máquina polaroid. Recordar – das neurociências ou na psicanálise – é recriar. Também, recrear.

Mas sonhar não é tão importante assim. Fundamental é compartilhar um sonho. Um sonho só se transforma numa revolução tranquila quando faz parte de nós, da mesma forma que uma pessoa se transforma junto de um psicanalista se o transforma, a ele primeiro, e o transforma de dentro para fora. Como a relação de uma pintura connosco não será diferente.

Voltando à *minha* psicanálise, uma verdade constrói-se sempre que se criam, e se aprofundam, laços de intimidade. Sendo assim, aquilo que se assemelha à verdade é, muito mais, uma descoberta intimamente relacional. O sonho (ou uma pintura) não é o segredo confiado a um oráculo. Oráculo são as pessoas. E o grande desafio da vida é desvendarmos quem nos desvende; ou a morte perseguir-nos-á. São as pessoas a quem nos damos que criam, na relação connosco, as condições para que uma verdade se revele. Melhor: são os sentimentos de algumas pessoas que tornam os nossos transparentes. Mesmo quando eles se guardam numa pintura, por exemplo. Como é fantástico ir, então, falar-vos da minha relação com duas pinturas que, depois de sentida, já passou... No fundo, um quadro é, simplesmente, um lugar, algures entre um espanta-espíritos e uma tela que apanha um sonho, de fugida.

Volto a dizer-vos que tentarei ver cada quadro como se fosse um sonho. Que deverá interpretar-se na atmosfera com que nos *contagia* e, só depois, deve ser matizado de associação em associação, matizado de todos os sentimentos, que nos levam a senti-lo. Como se, nesse momento, já não fosse um quadro... nem se tratasse dos nossos sentimentos, mas uma paleta em que cada leitura não é dentro nem fora, não é projecção nem compreensão: mas um estado de transparência recíproca em que um quadro ganha vida quando recupera aquela com que ele nos premeia.

3.

Um tornado de vultos

Jackson Pollock
Mural

O que eu sinto que emana do quadro não é uma forma, mas... o branco, por detrás. Não um branco de luminosidade mas uma atmosfera de morte. Um branco onde as formas que predominam, quando se olha em pormenor, se serpenteiam umas nas outras. E que, não sendo labaredas, parecem estar a ser aspiradas por um branco tépido que, como uma areia movediça, as engole. Tomado com um todo, o quadro é atravessado por linhas pretas, cilíndricas, que parecem notas de música ou esboços de letras, desfocados, que buscam uma forma e se procuram ligar e que parecem indiciar os traços de loucura que todo o quadro condensa, sugerindo este ritmo que parece debater-se o princípio do fim da clarividência do pintor.

Dentro do desenho há formas que, tão depressa, sugerem corpos que se debatem, como animais em composição, desenhos (mais ou menos esqueléticos) de crianças, e fragmentos, sem uma forma definida. Muitos fragmentos de dor e de loucura. É curioso mas, se lermos de um extremo para o outro, as formas parecem diluir-se, progressivamente, persistindo o furor de uma destruição sem forma. Curiosamente, as formas parecem chamar por nós. E, sempre que as sentimos estáticas, fogem-nos. Logo que ganham movimento, desmoronam-se.

Num primeiro impacto, o quadro parece ter movimento. Mas, estranhamente, parece tratar-se de um tornado de vultos, estático, onde a cor (o preto, que predomina, e o amarelo, ganham protagonismo, como se matizassem todos os elementos de vida à sua volta, vermelho e azul incluídos, como se os contaminassem de opacidade).

A atmosfera que se destaca do quadro não sugere nem proximidade nem acolhimento. Nem esperança. Nem rebeldia, insolência ou prazer. Parece representar um cenário de onde emana dor. Mais ou menos em estilhaços, que se multiplicam.

E, no entanto, ao entrarmos no quadro, destacam-se, sem uma ligação harmónica ao todo, alguns rostos mais apelativos. Em rigor, três olhos que emergem dos rostos. Um olhar, aparentemente, de criança. E dois outros, vivos, olhando para trás, como se parecesse destacar-se um olhar saudoso.

4.

Um candeeiro de petróleo
compartilhando a luz com o sol

Pablo Picasso
Guernica

Aqui a dor parece ter encontrado formas que configurem a atmosfera que emana da pintura anterior. É um quadro que sugere uma imagem fotográfica. Uma atmosfera de moribundos, que parece impor-se, lânguida e arrastada.

Uma vez mais se destaca um movimento que se insinua da direita para a esquerda, como se sugerisse um crescer contra o futuro, de onde se destacam, no extremo superior esquerdo, uma imagem animal, com um olhar que trespassa ódio e que fita com uma contenção psicopática e, talvez até mesmo, predatória. É curioso mas, se repararem, parece dirigir-se para um componente que, mais que uma janela, parece ser um espelho que não devolve a imagem que nele se projecta, e que faz lembrar o dilema que afecta os vampiros, por exemplo. Ou, se preferirem, as personagens do *outro mundo* sempre que, como silhuetas ou como vultos, tentam, invejosamente, deitar o nosso a perder. A imagem que de lá se destaca sugere um cone vulcânico, um fogo primordial, supostamente, redentor. Na base do lado direito, surge uma outra entidade, que quase se assume como um dinossáurio, com gestos que tanto podem ser de cumprimento como de rendição. Num caso ou noutro, guardando a humanidade que falta ao Mural de Pollock. Em quaisquer circunstâncias parecem dar a entender que passado e futuro se confundem... Mas que, nos extremos, e no centro do quadro, emana vida. A vida, a clarividência, a insubmissão e a verticalidade do próprio autor.

O sol que se destaca, parece comportar um olhar de perplexidade. Ingénuo. Infantil e atordoado, até. Que se deixa iluminar por um candeeiro de petróleo que se ergue de um braço sem corpo. Como se a luz dos moribundos, ainda assim, se impusesse onde escasseia a luz que ilumina a cegueira da destruição, nem que seja para quando um candeeiro de petróleo compartilhando a sua luz com o sol.

Mas é esta imagem que se impõe pela insubmissão e pela esperança. Essa, e um outro sol, este radioso, que se esconde num plano mais recolhido (no canto superior direito desta imagem), como se sugerisse a redenção e a determinação da vida sobre a morte. E como se nos dissesse que só *quem não aceita as imperfeições humanas* (começando pelas suas) *é que não cresce. Só quem não reconhece a sua necessidade de crescer não aceita o futuro.*

5.

Aprender a voar

O que liga dois sentimentos é a sua comunhão num mesmo gesto (ou, se preferirem, num mesmo modo – circunstancial – de ver e de sentir).

Mas quando um pintor, abre o seu espaço de sonho e o compartilha connosco, mesmo que seja para confinar num quadro a sua dor, criar é sempre um movimento de esperança. Que surge, por acaso, mas que esconde anos de estudo, apuro da técnica até que a obra escolha o pintor, como nós quando escolhemos um quadro. Talvez não espere que o olhemos, simplesmente. Não deseja que o conheçamos. Mas, alguma vez escolhemos alguma coisa? Alguma coisa nos escolhe a nós? Ou cada escolha não passa, sempre, de um encontro fortuito que atropela todas as improbabilidades?

Um pintor espera que ele seja a tinta e a nossa relação com o quadro o seu pintor. Talvez olhar e sentir separe *imaginar que se voa* de *aprender a voar*. Talvez seja por isso que cada quadro, depois de pintado, permaneça por pintar.

HUMOR E PSICANÁLISE

1.

O humor e o brincar

Vivemos um período estranho e curioso. Por um lado, haverá o culto duma aragem eufórica. Na verdade, este tom euforizante encontra na promoção do «optimismo», por exemplo, uma espécie de *password* para a felicidade, e parece ser a contra-face duma depressão generalizada que se compreende. Afinal, embora as fracturas de desenvolvimento se acentuem cada vez mais, nunca terão existido, em sectores significativos da Humanidade, tantos recursos educativos, sociais e económicos. E nunca, como agora, diante deles, terá sido tão clara a distância que separa o ter do ser (tantas vezes, de forma tão incompreensível, colocados em antinomia). Temos hoje mais hipóteses do que nunca de sermos felizes. Mas são tantas as solicitações – amorosas, familiares, sociais, económicas, etc. – de cada pessoa, que a respectiva competência para as gerir traz falhas, e muitos episódios de desinteresse e de desamparo cumulativos que deprimem, silenciosamente, as mais diversas pessoas. Talvez porque tentem maquilhar a sua infelicidade cumulativa – em lugar de se transformarem como pessoas, recriando as suas relações – também o crescimento individual parece afastar as pessoas do sorriso (essa marca tão reflexa e tão espontânea de apelo ao apego), do riso (forma tão aberta e vulnerável de nos tornarmos mais pessoas) e do humor (que representa a ligação do complexo com o simples, que engendra a capacidade de análise e de síntese de cada um, e que é, se for humor, uma forma de ligar as pessoas, em tudo equiparável ao brincar). Por outro, como refere Minois (2007), "dos seis mil milhões de seres humanos, três mil milhões são pobres, dois mil milhões não comem segundo a sua fome, e quinhentos milhões estão em hospitais e em asilos". Apesar disso, nunca se consumiram tantas embalagens de anti-depressivos, como sucedeu em 2008, em Portugal.

Apesar de se repetir esse slogan enganoso segundo o qual vivemos numa «sociedade da comunicação», as pessoas, cada vez mais, comunicam pouco, mimam-se pouco, namoram pouco com a vida, brincam pouco e, talvez por isso, confundam o sisudo com o sério e se afastem do humor. Minois (2007) di-lo melhor: "Estamos imersos numa «sociedade humorística», muito bem analisada por Gilles Lipovetsy em 1983 em *L'Ère du vide*. Sociedade que se pretende *cool* e *fun,* amavelmente jocosa, em que os meios de comunicação difundem modelos discontraídos e personagens cheias de humor e na qual é incorrecto tornar-se sério. O riso está omnipresente na publicidade, nos jornais, na televisão – e, apesar disso, é raro encontrá-lo na rua (…)".

Curiosamente, desde a Idade Média que o riso ou o prazer foram um pouco diabolizados pela Igreja, enquanto a felicidade não. Se ao riso associarmos um movimento eufórico e catártico, e ao prazer uma vertigem orgástica em vez das experiências de comunhão humana que ele representa, então essas impulsividades tornar-nos-ão menos humanos. E essas reservas serão compreensíveis. Mas, na verdade, a forma como a Igreja foi, tantas vezes, tão cúmplice (por omissão) com tantos exercícios de maldade, ter-lhe-á tirado espaço como força mobilizadora e estruturante dos movimentos de humanidade. Desse modo, quando no mundo em que vivemos se anuncia uma Era em que o importante serão, finalmente, as pessoas (as pessoas em todas as dimensões que a compõem, fé incluída) talvez seja expectável uma nova visão, laica e sábia, amiga do conhecimento, mais aberta à pluralidade e mais humana. Eu sei que poderei suscitar interpretações enviesadas mas, no futuro, a psicologia e a psicanálise terão, por isso, mais protagonismo. E, já agora, se os valores do progresso forem aqueles que ao desenvolvimento económico aliem a educação e os compromissos sociais, arrisco-me a dizer que o futuro será de esquerda. Antero de Quental, nas Conferências do Casino, anticipou-o. Assim:

"Opunhamos ao catolicisimo não a indiferença ou uma fria negação, mas a ardente afirmação da alma nova, a consciência livre, a contemplação directa do divino pelo humano (isto é, a fusão do divino e do humano), a filosofia, a ciência, a crença no progresso, na renovação incessante da humanidade pelos recursos inesgotáveis do pensamento sempre inspirado".

2.
Breve história do Humor

Os gregos davam-se bem com o humor. Não só os deuses gregos riam como as festas gregas eram amigas do riso. Aliás, a festa seria "(...) uma manifestação do contacto com o mundo divino" (Minois, 1997). O riso agressivo, sem regras, arcaico e desenfreado, em que se cobria de excrementos o adversário, tão incentivado por Aristófanes, foi-se transformando, a partir do momento em que a democracia grega, com a guerra do Peloponeso, entrou em crise. E, com ela, os naturais excessos dum regime que se ia desencontrando da democracia: um decreto de -432 a.c. permitia que fossem perseguidos aqueles que não acreditassem nos deuses reconhecidos pelo Estado. Sucediam-se autos de fé, como aquele que sofreu Protágoras, em -415 a.c.. E deu-se a acusação a Sócrates, em -399 a.c., por exemplo. As críticas teriam de passar a ser "veladas, impessoais, alusivas" (Minois, op. cit.), o que ia fazendo com que da festa, como espaço de humor, se fosse passando, progressivamente, para o teatro. Entretanto, ia-se distinguindo o riso dos cépticos do dos cínicos. O primeiro, personificado por Demócrito; niilista. O segundo, mais positivo, onde a ironia teria uma dimensão mais provocatória e mais dirigida, que tinha em Diógenes a sua figura de referência.

Em Roma, o riso era associado à manifestação divina. No mundo romano o humor era frequente. O riso sob todas as formas: "(...) do trocadilho grosseiro ao mais fino humor, passando pelo grotesco, pelo burlesco, pela ironia, pela troça, pela sátira e pelo sarcasmo." (ibid.). Mas será na sátira e no grotesco que o riso romano se expandiu.

Na sátira, os alvos seriam morais, sociais e políticos. O riso será um instrumento de tonalidade mais conservadora para com a novidade. Daí que ela se dirija, também, contra os estrangeiros e contra aquilo que seria descrito como defeitos sociais: "o orgulho, a avareza e a preguiça". O Imperador seria, igualmente, objecto da sátira, depois da sua morte, como acontecia depois das exéquias de quaisquer defuntos.

O grotesco, terá aparecido no século I, na sequência de atrocidades sociais e militares, sublinhado, em muitos aspectos, com a ironia campesina. Apesar destas manifestações, "Roma declinou ao mesmo tempo que a sua capacidade de rir" (ibid.).

Com a Idade Média, o riso assume, de início, uma cumplicidade com o demónio e com a imperfeição humana, levando a que as festas pagãs fossem deixando de ser feriados. Se para alguns teólogos, como S. João Crisóstomo, o riso seria absoluamente satânico, a Igreja, diante da impossibilidade de o eliminar, foi-o assumindo e, depois, depurando – O. Maalouf (2009) refere que se "(...) atribui demasiado peso à influência das religiões nos povos e não o suficiente à influência dos povos nas religiões". E isso talvez se torne mais nítido a propósito do humor. O riso medieval foi promovendo a paródia: "era um risota, uma sociedade que se olhava num espelho deformado. Essa sociedade macaqueava-se porque encontrara um certo equilíbrio" (ibid.) e foi descobrindo no riso carnavalesco um rito de coesão social. Uma forma de ligar o sagrado e o profano. Foi assim que o Carnaval se foi tornando num símbolo medieval, onde o burlesco servia para tranquilizar e para vencer o medo.

O Renascimento foi rejeitando a cultura feudal da Idade Média através do riso popular. De entre todos, Rabelais – com a sua ambivalência carnavalesca – destacou-se, atribuindo ao riso um poder revolucionário, "(...) numa flagrante contradição entre o humanismo sorridente e o fanatismo religioso (...)" (ibid.), a cultura foi dividindo o humor em três sectores: "o riso, o sorriso e a sisudez" (ibid.). O Bobo, em particular na corte de Henrique IV, atingiu o seu grau mais elevado de afirmação. O valor terapêutico do riso mereceu, também, a atenção de vários tratados tendo, em 1560, Laurenns Joubert publicado o seu *Traité du ris*. Entretanto, «Erasmo introduzia a chalaça na religião" (ibid.) e os comediantes italianos iam atraindo mais público que os pregadores. Também Lutero foi utilizando o sarcasmo – muitas vezes, de tonalidade anti-semita – de forma grosseira e buçal. Mas as reacções religiosas, auxiliadas pelo incremento da imprensa, foram contribuindo para que um outro género cómico

Textos com Psicanálise 197

fosse desenvolvido: a caricatura (que, ainda assim, pretendia humilhar pelo riso). Na mesma altura, a *Commedia dell'arte* impôs-se, no ano de 1545, em Itália.

Mas, a partir de meados do século XVI, o riso foi-se tornando suspeito. O poder absolutista e uma Igreja triunfante foram marginalizando o Carnaval e a festa dos loucos, também porque ambos seriam propícios a distúrbios sociais. Nessa sequência, a fobia da loucura substituiu a fobia da feitiçaria, dando-se origem ao asilo compulsivo dos presumíveis doentes mentais. O riso devia ser disciplinado e tornar-se discreto. As culturas popular e erudita foram-se separando: a primeira, ligada à superstição e à feitiçaria; a segunda, suprimindo o riso carnavalesco. Descartes afirmava que o "escárnio, ou zombaria, é uma espécie de alegria com ódio à mistura, que resulta de se perceber algum pequeno mal numa pessoa que se pensa ser digna dele: sente-se ódio a esse mal, tem-se alegria ao vê-lo em quem é digno dele (...)" (1998). Nessa mesma linha, o Padre António Vieira, em 1674, afirma: "confesso que é próprio do ser racional poder rir; mas digo que o riso é o que há de mais impróprio da razão".

Com a Revolução Francesa o humor não se revestiu de alterações fundamentais a não ser, a nível político, uma mesma proibição de rir. A caricatura e a sátira política iam ganhando mais espaço e, com a proclamação da liberdade de imprensa, em 1789, iam ganhando consistência. A Igreja ia-se manifestando, mais do que nunca, contra o riso. Ele foi merecendo a atenção de Hegel (para quem a ironia seria insuportável), de Kierkegaard (que a tolerava melhor), ou de Nietzsche (onde trespassa um riso niilista). E de Freud (num apêndice de 1928, ao trabalho *O dito de espírito*), para quem a espirituosidade encontrava no humor o máximo resultado com a maior economia de meios. O humor teria, para ele, "qualquer coisa de sublime e de elevado", que "não se resigna: desafia, implica não só o triunfo do eu mas também o do princípio do prazer, que assim encontra um meio para se impor apesar das realidades exteriores desfavoráveis".

3.
O Humor, a Folia e a Festa

De onde vem o humor? Depois da compreensão de Konrad Lorenz (1969), no seu trabalho *A Agressão*, da sublimação da agressividade. Lorenz considera a agressividade como um instinto vital e o riso como uma reorientação e uma ritualização do instinto agressivo que existe em cada um de nós de forma a podermos vivê-lo em sociedade. Do mesmo modo, se estudarmos a dinâmica psico-fisiológica do Homem, compreende-se que a agressividade será um mecanismo adaptativo. Aliás, quanto mais se inibe a expressão da agressividade mais ela se converte em violência, com tudo o que isso tem de disruptivo, em termos mentais e num plano relacional. Ora, é com Lorenz que a expressão facial do riso é associada à representação da agressão, pela forma como os predadores, nomeadamente, manifestam movimentos ritualizados e expressões faciais hostis e intimidantes, em que os caninos são exibidos e pronunciados.

É neste contexto que a festa foi sendo ligada à agressividade. A festa esteve, desde sempre, associada ao riso devido ao "seu carácter excepcional" (Minois, op.cit.) sendo uma forma de "pôr a norma entre parêntisis" (ibid.). A festa tradicional – que foi acentuando o seu carácter macabro ligada aos demónios, à loucura ou à morte – "(...) era a comemoração da crise sacrificial de origem, acto fundador da ordem social, que canalizava a violência para a vítima expiatória" embora hoje "(...) em vez de manter a violência em respeito, dá início a um novo ciclo de vingança" (ibid.). O bobo, em muitas dessas circunstâncias, talvez assumisse a função de bode expiatório, como tantas vezes os palhaços com o seu ar, ora ingénuo ora grotesco, tantas vezes evocam.

Por isso mesmo, talvez a festa e a folia se distingam. "A festa contemporânea, despojada de qualquer superestrutura semelhante ao mito, deixa a folia fantástica apropriar-se dos sentidos imanentes e contingentes, de modo a que o pretexto de libertação e de dessacralização que abre campo para todas as ressacralizações possíveis". Já a folia (que pela raiz etimológica remete para a loucura), ao contrário da festa, representaria uma "busca fetichista do sagrado" (Minois, op. cit.). Isto é, num mundo onde as oportunidades de dar uma dimensão lúdica à agessividade são cada vez menores, (no brincar, no jogo, nas circunstâncias rituais, por exemplo, ou, noutros planos, no confeito com a morte, promovido por guerras que nos toquem) minguam as oportunidades para que a agressividade encontre formas para a sua sublimação. Se a isso associarmos esta estranha paridade entre uma sociedade da informação e a solidão assistida de tantos homens e de tantas mulheres e a iliteracia emocional promovida pelas famílias e pela escola (ao priveligiarem cada vez menos os espaços de conversa e de tertúlia), compreende-se que a agressividade não se transforme em palavras e, portanto, não seja convertida num instrumento de ligação. Aquilo que se não diz representa, por outras palavras, o melhor amigo da violência. Daí que as festas hoje sejam mais folia: catárticas, o mais possível, onde até a desinibição, em virtude da inibição cumulativa que resulta do stress crónico em que se vive, se alavanca através de álcool (muito álcool) e imensos cocktails de substâncias toxicomanogéneas. Talvez por isso, um mundo tão pouco amigo da festa seja tão avesso ao humor, que lhe sucede (como elemento inteligente de promoção do pensamento), padronizando o riso, duma forma trivial, normalizando-o. Se a festa ligava as pessoas, unindo-as num ritual contra medos que as perseguiam, o humor (e a ironia) pode ligá-las por dentro. De tal que não se transforme numa "neurose do optimismo", mais ou menos unânime e obrigatória, onde a felicidade (fazendo jus a uma sociedade de consumo) parece confundir-se com a euforia. Aliás, o consumo parece ser uma forma de contornar um vazio que consome. Ou seja: quanto menos festa mais euforia. Ou, como diz Minois (op. cit.) "a obsessão da festa mata o riso". Será essa, penso eu, a relação que existe nesta imensa discrepância entre aquilo que sentimos e o que nos permitimos manifestar. Konrad Lorenz (op. cit.) di-lo melhor:

> "Creio que o humor exerce no comportamento social do homem uma influência que, em certo sentido, é absolutamente análoga à da respeitabilidade moral: tende a fazer do nosso mundo um lugar mais honesto e, portanto, melhor. Creio que essa influência aumenta rapidamente e, entrando cada vez mais subtilmente nos nossos processos de raciocínio, se mistura mais intimamente neles e com efeitos ainda mais próximos dos da moral".

4.

A Ironia e o Escárnio

Sinceramente, acho que a psicanálise e o humor nunca se deram muito bem. Porque a psicanálise foi-se preocupando com os dilemas humanos, e se foi esquecendo que as pessoas também brincam e riem, por exemplo, como se isso fossem fenómenos mentais menores. Receio que, a exemplo das tradições universitárias, com as suas influências judaico-cristãs, talvez também a psicanálise tenha confundido os sisudos com os sérios, priveligiando os primeiros como se, também aqui, a ideia popular de "muito riso, pouco siso" parecesse ter algum acolhimento. E, no entanto, só as pessoas sérias são capazes de rir.

A psicanálise e o humor não se darão muito bem, repito-o. Talvez, também, porque nem sempre uma experiência psicanalítica torne uma pessoa mais bonita, mais espontânea e mais autêntica (ao contrário do que eu sinto que deveria acontecer). Em vezes demais, um processo psicanalítico promove a construção de um falso-self. Como, nessas circunstâncias, as defesas narcísicas constituem uma forma de escorar a falsidade, acabam por ser múltiplas as situações em que se confunde o humor – que é, simultaneamente, um exercício mental de análise e de síntese e uma experiência humana de humildade e de comunhão – com formas, ora buçais ora, pretensamente, eruditas de manifestar a destrutividade, envoltas numa atmosfera equívoca de humor. Nesse tipo de humor (que num enredo, num *gag* ou numa caricatura utiliza a sátira e a mordacidade) surgem, vezes demais, camufladas, barreiras de defesas narcísicas de quem o movimenta, promovendo – através da risota e da graçola – o escárnio, o desdém e a maledicência de forma cobarde. Aliás, por trás de algum desse humor estarão cobardes envergonhados que, levando a que os outros sintam a violência contida em muitos desses episódios, corroboram com um riso mimético a cumplicidade com que esperam ver-se poupados de tal destrutividade.

5.
Rir de si ou ri do outro

Todos sabemos que "o riso liberta catecolaminas, que são neurotransmissores que põem o organismo em estado de alerta e aumentam a produção de endorfinas, que reduzem a dor e a ansiedade" (Minois, op. cit.). Mas nem sempre rir será o melhor remédio. E, segurantemente, nem sempre quando alguém se ri de si isso é humor. Rir-mo-nos, episodicamente, de nós significa que teremos a competência de assumirmos partes nossas que – pelo seu lado divertido ou, até, patético – merecem duma outra parte – clarividente – o reconhecimento que o riso lhe traz e, com ele, a transformação que mobiliza. Já rir, continuadamente, de si supõe que uma pessoa vive como se uma parte sua discorresse, com desprezo, sobre uma outra que se deixa achincalhar e humilhar. Habitualmente, são os narcísicos quem mais o faz. Levando a sobranceria e a arrogância ao limite, ao ridicularizarem-se e ao escarnecerem de si próprios, colocam-se como se o humor fosse um exercício deliróide de dupla personalidade (ou de clivagem e de fractura mentais) quando, exactamente ao contrário, humor será síntese e integração, será brincar, empatia e comunhão.

Na verdade, como todos os falsos, alguns humoristas reagem mal ao humor. Não o reconhecem como uma experiência de encontro, talvez porque o utilizem como arma de violência e de arremesso. Quando muito, falam dos outros, discorrem sobre a vida dos outros e... riem dos outros. O riso representará uma forma de afastar o estranho mais do que um modo de esbater as diferenças (delineando, através do humor, denominadores comuns). Verberar "O Outro" – ao contrário da ironia ou do humor (que aqui tomo como sinónimos, e que serão experiências de compreensão) – representará uma forma de xenofobia: rir dos outros é estigmatizar neles aquilo que se pressente como persecutório em nós e que, por isso, se projecta (de forma massiva) sem que se tolere o retorno do mentalizado através dos flashs de clarividência e de *insghit* que o humor promove. E será uma forma de confundir sobranceria, altivez e arrogância com humor.

O humor liga; o escárnio desliga. O humor tem a ver com saúde mental; o escárnio, com arrogância e com o desdém, com as barreiras de defesas narcísicas contra a doença mental grave. Duma forma mais simplista, vistas a partir duma psicanálise de rosto humano, haverá dois tipos de pessoas: aquelas que satirizam e desqualificam os outros e as que fazem por se transformar em pessoas melhores. Ou, doutro modo, há quem ria dos outros e quem ria com os outros (como experiência de encontro, onde todos nos revemos, e onde o riso é mais democrático e mais terapêutico).

Como já perceberam, falo-vos duma nova psicanálise. Ao contrário duma psicanálise – repito-me – onde o poder psicanalítico se sobrepõe à autoridade científica (e, quando assim é, vandaliza e corrompe). Uma nova psicanálise em que, tão importante como a sustentação científica das perspectivas clínicas prevalece a pessoa e a humanidade do analista. Mais do que as suas intenções técnicas vale o seu carácter. Uma nova psicanálise reconcilia as pessoas com a vida quando sobre o passado prevalece a relação com o presente e com o futuro. Abre-as às pessoas, ao mundo, ao brincar e ao riso. Autoriza-lhes o esquecimento (sem o qual a memória não se funda). Abre-as ao entusiasmo, como forma de estar em Deus (entheos), em comunhão com aquilo que se é e com os outros ao mesmo tempo. Percebe "o sonho como religião da mente". Liga-as à fé nas pessoas e ao amor pela vida.

6.

O riso e o sorriso

Se tudo aquilo que não é racionalidade for inconsciente, então o riso liga inconsciente e consciência, liga pulsão e pensamento, liga um lado animal à comunhão. Mas há vários risos.

6.1.

O riso como produto jurássico

Mostrar os dentes (ou rir com todos os dentes) é, como sabem, socialmente, incorrecto: fica entre um rugido e um bocejo. Obriga-nos a "arreganhar" os dentes, o que nos confunde com outros preda-dores. Para mais, à escala dos animais, significa expor os caninos que é uma manobra intimidatória dos machos, uns com os outros. Abrir a boca, para quem, de frente para nós, a abre também, seja para bocejar seja para rir – mesmo que não tenhamos sono ou que estranhe-mos os motivos da risota – protege-nos. Esse abrir de boca funciona como um "código de barras" que "põe em guarda" a "concorrência"... Esse abrir de boca ainda não é humor: é instinto de vida.

6.2.

O sorriso como sinal vinculativo

O sorriso, com o olhar e a boca em sintonia, serão uma manifes-tação de ternura, que aproxima. Veja-se, por exemplo, o sorriso, desdentado, dos bebés que – seja para um balão, uma bola... ou um rosto – associam uma forma circular à face humana e, num reflexo, usam o sorriso como sinal que "puxa" os estranhos até si. A simpatia é uma resposta reflexa, de apelo ao apego. Talvez por isso o sorriso modere a exposição dos dentes...

6.3.

O riso como experiência de apego

O humor é uma forma de ligar os sentimentos uns com os outros. Dessa forma o humor, se for assim, promove o riso como experiência de sonho que liga tudo com tudo o que há dentro de nós.

E liga-nos às pessoas. O riso será, mais importante que os sonhos, porque é um sonhar acordado, a dois.

6.4.

O riso como forma de intimidação

Mas o riso pode ser, também, utilizado como forma de intimidação psicopata, violentando um bode expiatório que condensa, regra geral, um conjunto de qualidades que se invejam, mitigadas por um ou dois pormenores que se ridicularizam. Regra geral, quem o promove evoca, nas consequências que alcança em terceiros, *a história do rei que ia nu*. Sob esta capa de humor – quando, na verdade, nem sempre que o que suscita riso represente humor – pode-se, pois, pretender dominar e assassinar o carácter de alguém que se inveja e odeia.

7.

O riso, o bem e o mal

Voltemos às emoções (como o ódio) ou a sentimentos (como a ternura) que convivem em todos nós. Sentir ódio não significa ser odioso, como experimentar a inveja não nos torna, só por si, invejosos. Todos os sentimentos e todas as emoções são formas de compartilhar a subjectividade humana. Daí que, sempre que as emoções e os sentimentos se compartilham nunca são maus; logo que se guardam, tornam-nos maus. Isto quer dizer que, sempre que o ódio se expressa isso pressupõe, em quem o manifesta, a esperança de que a pessoa – junto de quem ele se vive – acolha, interprete e transforme essa experiência subjectiva num laço.

Neste contexto, o riso pode ser um meio que liga as pessoas que (através duma história engenhosa e inteligente, um faz-de-conta como a farsa, por exemplo) se reconhecem naquilo por que riem. Se for assim, o riso será um instrumento ao serviço da clarividência, do *insight* e das transformações humanas. Se for assim, o riso democratiza os sentimentos. Torna as pessoas mais autênticas. Descontrai-as (sobretudo, porque, como sabem, educar continua a ser contrariar, contrair e domesticar).

Mas o riso pode ser, ao contrário, uma forma das pessoas, em vez de se deixarem ligar pelo que reconhecem de comum com aquilo com que se riem, uma forma de as dissociar de si, de as alienar do que sentem e do que pensam. Este riso, tingido pela destrutividade de quem o suscita, leva a que as pessoas se contraiam por pânico ou com terror (diante da violência que ele, subliminarmente, parece suscitar), percam em espontaneidade o que conquistam em falsidade. Se for assim, o riso surge como instrumento de intimidação. Vandaliza e corrompe os sentimentos e tiraniza as relações. (Raramente, diante dum exercício de humor destes, alguém ousa discordar ou adjectivá-lo com rigor, sob a pena de se ver estigmatizado, como se entre quem o escárnio e o humor não pudessem existir, aos olhos de quem os confunde, a mesma diferença que separa o bem do mal, o pensamento do *anti-pensamento*).

8.

A alegria e a euforia

Mas porque é que as pessoas, quando crescem, se desencontram do riso? Porque é que parecem deixar de se "desmanchar" ou de "escangalhar" a rir?

Voltemos à adolescência. Os adolescentes precisam – muitas vezes – para se descontraírem, além da noite e do grupo, de algumas *shots* e de uns tantos "charros". Se o riso é uma entrega lúcida aos sentimentos e a alguém, ao mesmo tempo, o esgar embriagado é uma euforia sintética que os adolescentes (ou as pessoas angustiadas) inventam quando não são capazes de rir. A euforia é o contrário da alegria (como o sarcasmo ou o desdém que são equivalentes da euforia, utilizados por quem não é capaz de rir). E aí talvez comecemos a compreender o que leva a que as pessoas pareçam desencontrar-se do riso à medida que crescem. Na verdade, à medida que acumulam decepções e desamparos, sem reparação, as pessoas parecem ganhar iliteracia emocional. Tornam-se alexitímicas que será uma forma de se falar da indiferença que resulta dos sofrimentos cumulativos sem reparação que a maioria das pessoas parece acumular à medida que vive. Curiosamente, só quem é capaz de chorar consegue rir, tendo no riso uma experiência de encontro! Por outras palavras, quem não tem onde chorar não encontra onde rir. Talvez, por isso, muitas pessoas procurem, hoje, "só rir" (que é uma forma catártica de espantar a dor e de não pensar). Evacuar o sofrimento através do riso – como hoje parece procurar-se em clubes de riso, por exemplo – será uma forma de afugentar o sofrimento, confundindo a alegria e o entusiasmo, que decorrem das experiências de encontro entre pessoas, com a euforia, que mais parece representar uma grito de triunfo diante da presumível inutilidade das pessoas para se chegar ao bem-estar. Se a alegria pressupõe inteligência e bondade, a euforia promove experências de choque que prendem as pessoas e as coage em vez de as libertar. Se a euforia se alavanque, muitas vezes, com a ajuda da coprolália e do brejeiro, enquanto a alegria fica-se pela malícia. Afinal, as pessoas euforizam o que não conseguem viver com descontracção (seja a agressividade, seja a sexualidade, por exemplo). A euforia é amiga do escárnio; a alegria da ironia.

9.

Na Idade Média, dizia-se que o riso inibia a fé. Essas constantes medievais atravessaram o tempo, e levaram-nos a supor que quanto mais riem (ou quanto mais brincam com o humor) menos sérias as pessoas serão. Continuamos a confundir o sério com o sisudo... Afinal, quanto mais nos afastamos do humor, e quanto menos rimos, quanto menos parecermos enamorados pela vida, menos alvo da cobiça nos tornaremos. Será por isso, imagino eu, que o preto (desde a Idade Média) case melhor com o poder... E é por isso, também, que da mesma forma que o desprendimento denega a ambição e o orgulho, também há quem denegue a sua incompetência para a seriedade, através da sisudez. E é, seguramente, por isso que a rezinguice de muitos é um exercício de inveja contra o humor.

E, no entanto, o humor – como forma de ligar o que se sente, o que se pensa e a relação em que se manifesta – é uma linguagem (séria!), ao mesmo tempo, do corpo, da fantasia, e da relação. E é uma forma, lúdica, de brincarmos às escondidas uns com os outros. Só ri quem se entrega ao que sente e aos outros ao mesmo tempo. Rir não é, portanto, uma palhaçada (no sentido de um exercício, mais os menos estéril, de macaquices...). Rimos, por exemplo, do que não percebemos ou do que nos suscita medo.

Não é verdade "quem ri sem saber de quê ou é tolo ou quem o vê"... O riso como uma alavanca para o pensamento é um exercício - inteligente e bondoso – de empatia que alimenta... a "auto-estima". Quem toma o riso como experiência de encontro; ri como forma de olhar com ternura as suas ingenuidades ou ri procurando consertar a mágoa. Estas formas de rir separam o rir inteligente, que nos aproxima dos outros e os cativa, do riso de desdém ou de arrogância, que intimida, humilha e afasta. O rir inteligente e bondoso só está ao alcance de quem se comove. No sentido de co-mover... Por outras palavras, só as pessoas que se comovem são capazes de rir.

Perguntas & Respostas

1.

A psicanálise também serve para compreender o pensamento, por exemplo, a partir da criação artística?

Sem dúvida que sim, porque permite analisá-lo a exemplo do que se faz com uma prova projectiva. Não de forma a invadir a privacidade de um criador e, muito menos, a desqualificar as suas criações a partir de uma compreensão psicanalítica. O essencial da leitura analítica não resulta de se arriscar uma interpretação, mais ou menos cabalística, a partir da análise das criações artísticas. Antes nos beneficia ao tomá-las como um dos exemplos a partir dos quais a psicanálise, como um modelo que se organiza, abstraindo denominadores comuns no pensamento e no comportamento humanos, testa uma leitura do psiquismo, revelando as manifestações humanas dos criadores, tornando-os menos idealizáveis, mas mais acessíveis aos processos identificatórios de todos nós.

2.

Há uma intenção *voyeur* na compreensão, pela psicanálise, da criação artística ou, até mesmo, da vida?

Não, porque uma atitude *voyeur* está, sempre, envolta da profunda perversidade de identificar, nos outros, comportamentos ou qualidades risíveis ou desprezíveis que motivem excitação e, depois, desdém. Ao contrário, uma compreensão psicanalítica é indissociável das manifestações de humanismo, que nos permitem perceber que as manifestações humanas são condicionadas por cada história de vida mas, também, nos permitirão entender que o humanismo e o bom senso de um analista começam na tolerância que resulta da compreensão que vai fazendo da sua história de vida e de todas as suas manifestações humanas.

3.
Existirá uma intenção de procurar a doença psíquica nas "entrelinhas" de toda a criação?

Não. O importante, numa interpretação psicanalítica, não será identificar – num criador ou em determinada pessoa – manifestações doentias, mas percebermos que, apesar delas, há um manancial de saúde e de vida, que os leva a encontrar formas de reagir e a comunicá-las. Mas uma interpretação psicanalítica servirá, também, para compreendermos que a criação artística, por exemplo, representando um magnífico palco para se encenarem dramas interiores, não trará o retorno terapêutico que permita ultrapassá-los. E que só a humanidade de relações muito representativas (relações com vínculos amorosos iniludíveis ou, também, uma relação psicoterapêutica), que promovam transformações profundas, pode representar esse retorno terapêutico.

4.
Que relações tem, tudo isso, com a sexualidade?

Não tanto como algumas perspectivas, porventura menos informadas, atribuirão à psicanálise. A sexualidade será a consequência da relação com a história de vida, com o conhecimento e com as experiências de intimidade, e não a causa de todos os desencontros. Sempre que a relação com a sexualidade não dê espaço aos medos, não elabore a desconfiança, e não permita a diferença, prolonga a solidão. Aliás, muitos dos desencontros com a sexualidade e com os vínculos amorosos resultam de relações que se fazem em espelho, não se tolerando no outro nada para além daquilo que quem vê aceita ver de si.

Bibliografia Essencial

BATESON, G. (1996). *Metadiálogos*. Lisboa: Gradiva.

DHERSE, J.L. & MINGUET, D.H. (1998). *L' éthique et le chaos?*. Paris: Presses de la Renaissance.

FULLER, P. (1983). *Arte e Psicanálise*. Lisboa: Publicações Dom Quixote.

KRISHNAMURTI (1999). *Sobre a mente e o pensamento*. São Paulo: Cultrix.

LUZES, P. (2001). *Sob o manto diáfono do realismo*. Lisboa: Fim de Século.

MELTZER, D. & WILLIAMS, M.H. (1995). A apreensão do belo. Rio de Janeiro: Imago.

SEGAL, H. (1998). *Psicanálise, Literatura e Guerra*. Rio de Janeiro: Imago.

PEREIRA, F. (1995). *Dinâmicas da subjectividade*. Lisboa: ISPA.

LORENZ, K. (1969). *L' Agression*. Paris: Flammarion.

DESCARTES, R. (1998). *As Paixões da Alma*. São Paulo: Martins Fontes.

MINOIS, G. (2007). *História do Riso e do Escárnio*. Lisboa: Teorema.

MAALOUF, A. (2009). *Um mundo sem regras*. Lisboa: Difel.

ANEXOS

ANEXO 1

A Vida Sexual segundo Egas Moniz:
Padrões e papéis sexuais na sociedade portuguesa do início do século XX

EDUARDO SÁ
MAFALDA ANDREA
RAQUEL VIEIRA DA SILVA
ANA RITA SEIXAS

Este artigo pretende ser um olhar discreto sobre o livro *A Vida Sexual*, de Egas Moniz. Representa uma leitura de síntese, deixando os comentários que se pudessem sobrepor aos conteúdos mais relevantes que nele se destacam, mesmo aqueles que, no plano da patologia, possam ser mais questionáveis.

1.

Egas Moniz conquistou e assumiu papéis de extrema importância nos vários quadrantes da sociedade do seu tempo: científico, literário e político. António Caetano de Abreu Freire, nasceu a 29 de Novembro de 1874, em Avanca, no seio de uma família da nobreza, sem grandes recursos económicos. Quando baptizado, o padrinho decidiu atribuir-lhe um apelido de renome histórico, pelo qual viria a ser conhecido, Egas Moniz, sendo a sua vida prova sistemática da necessidade de cumprir essa delegação narcísica de que foi alvo.

Em 1899, Egas Moniz formou-se em medicina, pela Faculdade de Medicina da Universidade de Coimbra. No ano de 1901, prestou provas de Doutoramento, com a apresentação e defesa de uma tese, inovadora e arrojada para a época, de seu nome *A Vida Sexual –* Fisiologia, tendo sido aprovado com a classificação de 17 valores (Muito Bom). A obtenção deste grau académico garantia-lhe o acesso à tão desejada carreira universitária. Um ano mais tarde, prestou provas de concurso para lente da Faculdade de Medicina da Universidade de Coimbra, com a dissertação *A Vida Sexual –* Patologia (Pereira & Pita, 2000, p. 22).

Posteriormente, procedeu-se à compilação e publicação das duas dissertações, com o intuito de expor a sexualidade na sua globalidade, complementando as referências mais organicistas da sexualidade (fisiologia) com a apresentação e sinalização de situações clínicas em que ela não assuma o seu curso normal e desejável (patologia). A segunda parte da obra visa, ainda, o reforço da importância da implementação de práticas neomaltusianistas, anteriormente apresentadas e defendidas, como forma de comprometer as consequências dos comportamentos sexuais, geneticamente perturbados, de indivíduos, aspirando e fomentando um movimento de cariz protector da sociedade, que se apresenta em constante desenvolvimento e crescimento. Como se sente, despontam aqui algumas perspectivas que, no decurso do século XX, iriam ter desenvolvimentos inquietantes para a Humanidade.

2.

A obra conjunta recebeu o título de *A Vida Sexual*, refutando o autor a sugestão de lhe atribuir uma designação em latim, como meio de dificultar um acesso mais aberto ao grande público, e foi, sucessivamente, re-editada (quer em Portugal quer no Brasil) tendo sido publicadas dezanove edições, de vários milhares de exemplares. Devido ao seu conteúdo, susceptível de incomodar os mais moralistas, o governo salazarista, em 1933, proibiu a livre circulação da obra, passando a ser necessária a apresentação de receita médica no acto da sua aquisição.

Anexos 215

No fundo, *A Vida Sexual* constitui um excelente exemplo da ideia apresentada por Tardieu (aplaudida e partilhada por Egas Moniz), sucessivamente referencia em vários dos escritos: "o mistério sagrado do médico, obrigando-o a ver tudo, permite-lhe também dizer tudo" (Tardieu cit. por Lobo Antunes, 1999, p. 86).

A riqueza da obra deve-se, não só, à eloquente exposição dos conhecimentos morfológicos e anatómicos, provenientes do exercício da prática clínica como, também, à influência directa da obra Psychopathia Sexualis, de Kraff-Ebing, autor repetidamente citado. Contudo, esta riqueza viu-se acrescida, nas últimas edições, de conceitos fundadores da teoria freudiana, como: psico-análise, inconsciente, censura, complexos, libido, etc.

De acordo com Pereira & Pita, no prólogo da 4.ª edição (1918), e em todas as edições que se lhe seguiram, passou a ser incluída a Lição de Abertura da Psicanálise, com a finalidade de promover, junto do leitor, uma melhor compreensão do tema da sexualidade, na medida em que Egas Moniz era sensível ao lado meramente descritivo que o livro fazia dele. A psicanálise viria a acompanhar o percurso clínico de Egas Moniz. Curiosamente, mais tarde, em 1925, António Monteiro apresentaria à Faculdade de Medicina da Universidade de Coimbra a sua tese de doutoramento *A Psico-análise de Freud* (Cf. anexo 2).

A leitura, e consequente análise d'*A Vida Sexual*, permite o acesso a dados fundamentais para o conhecimento e caracterização dos padrões e papéis sexuais da sociedade portuguesa, do início do século XX.

Ao longo da obra, o autor adianta uma ideia da sexualidade conservadora, aos olhos do século XXI, mas muito próxima das concepções psicanalíticas de Sigmund Freud (apesar de representarem uma reacção concertada à moral, rígida e puritana, do período vitoriano). As noções, altamente conservadoras, do papel da mulher – "Bonal disse que o homem é uma inteligência servida por órgãos (...)" e a mulher "(...) um útero servido de órgãos" (Moniz, 1927, p. 72) –, e as noções (interligadas) de homossexualidade e de perversão, são alguns dos conceitos de Egas Moniz que melhor contribuem para que o seu trabalho se afigure "datado".

Em *A Vida Sexual*, a sexualidade surge como meio de resposta ao instinto de conservação da espécie, instinto que surge (ontogenética e filogeneticamente) após o instinto de conservação individual, e visa a perpetuação da espécie. No fundo, "(...) o instinto sexual deriva do instinto, mais geral, da reprodução e, por consequência, do instinto de nutrição" (Moniz, 1931, p. 110). Esta concepção da sexualidade confere um papel relevante ao matrimónio que é visto e sentido como aliado da fecundação. Assim, Moniz ressalva a necessidade de se evitar, ao máximo, o matrimónio que não cumpra o fim para o qual foi instituído: "para se ser feliz é preciso ser-se sadio e no casamento não se deve apenas atender ao presente, deve olhar-se ao futuro" (Moniz, 1931, p. 311). Nesta linha, Motta (1871) defende que um matrimónio que atenda mais às "conveniências sociais" do que às "conveniências higiénicas" é "(...) um baixo meio de especulação, em que se sacrifica ao bezerro d'ouro muitas vezes um dos cônjuges, algumas ambos eles, não poucas a saúde e vida dos filhos." (p. 5). Conclui, alertando para que o eventual resultado destes matrimónios é a "(...) morte, desordens domésticas constantes, perigo de contaminação d'um dos esposos pelo outro, e o nascimento de filhos, que forçosamente se hão-de ressentir das desordens físicas ou morais que afectam os pais. É assim que se criam famílias sem duração, sociedades sem vigor." (p. 6). Como se nota, há momentos em que uma perspectiva higienista da sexualidade se confunde com uma perspectiva moral do vínculo matrimonial. Uma perspectiva que, todavia, se torna distinta, consoante os sexos a que aplica: "o homem tem tendências polígamas, a mulher é naturalmente monoândrica" (Moniz, 1927, p. 311).

Egas Moniz defende, de forma enfática, o cumprimento das doutrinas neomaltusianistas "(...) abstenção da maternidade propositada e calculada" (Moniz, 1931, p. 262) que, por intermédio da esterilidade da fecundação da mulher (uso de preservativos masculino e feminino, lavagens, pessários solúveis, pessários mistos) evita, não só a transmissão de doenças sexualmente transmissíveis (doenças venéreas), como o nascimento de indivíduos que ponham em causa os valores de saúde física e psíquica, idealmente desejáveis para a sociedade (apelidadas por E. Moniz por consequências funestas). É importante reconhecer que Egas Moniz não divulga os processos de esterilidade da mulher, como forma de obtenção de fins ilícitos (acima de tudo, a sua implementação é sustentada pela seguinte ideia, exposta no prólogo: "entre os pais terem maus filhos, ou serem infecundos, nós preferimos esta solução"). As doutrinas maltusianistas, para além das questões sociais apresentadas anteriormente, colocam em evidência aspectos do espectro económico que não acompanham o ritmo de expansão dos recursos de sobrevivência. Isto é: "(...) a população tem uma tendência orgânica e virtual para aumentar mais rapidamente do que os meios de subsistência" (Moniz, 1927 p. 257). Apesar de não existir uma rigorosa fórmula matemática, no entender de Egas Moniz, deve procurar-se a forma que permita uma melhor distribuição dos impostos e leis sociais, combatendo a miséria das classes do proletariado, e evitando a sobrecarga social de inúteis e de doentes.

A exposição das práticas neomaltusianistas estipula o momento ideal para a análise do papel da mulher. Egas Moniz reconhece que a mulher tem vindo a conquistar, progressivamente, estatutos e posições que, até então, haviam sido atribuídas ao homem. Esta sua expansão compromete a ideia de que "a grande e verdadeira missão da mulher é a maternidade: nenhuma outra preocupação a deve desviar do fim que, para bem da espécie, lhe foi cuidadosamente confinado" (Moniz, 1927 p. 265), traduzida na diminuição da taxa de natalidade. Comparativamente ao homem, a mulher é vista como sendo "(...) muito mais fiel e dedicada, o que é uma consequência da educação, do pudor, e dos costumes sociais." (Moniz, 1927, p. 118). Por outro lado, "(...) o homem é mais sensual do que a mulher. E sendo assim, e sabendo-se que são anormais todos os exageros sexuais da mulher que, por vezes, os patenteia da maneira mais exibicionista e até atentatória da dignidade da situação social que ocupa, indo de encontro aos bons costumes e às conveniências, deve admitir-se que esses exageros andam ligados à sua constituição neuropática" (Moniz, 1927, p. 342).

Na obra, o autor constrói uma crítica acérrima à prostituição feminina, designando-a como um facto monstruoso, incompreensível e degradante, negando que esta emirja dos males da civilização (visto que, historicamente, se encontra presente, precocemente, e sob várias formas). Como causa etiológica, aponta o alcoolismo da descendência, destacando o papel preponderante que a hereditariedade assume, por isso, sugerido que se procurem as taras físicas e psíquicas que ilustrem o seu estado de degenerescência. As prostitutas são descritas como infelizes, obtusas ou descuidadas que, dificilmente, abandonam a prostituição (sendo, por isso, sugerido que a prostituição proporcione mais do que benefícios para a sobrevivência: "com efeito, se certo número dessas infelizes puderam ser arrancadas à sua vida e entregues a uma existência normal, desde que alcançaram um ganha-pão que lhes assegurou a subsistência, a maior parte tem voltado, ao fim de certo tempo, a mergulhar-se na prostituição que lhe obrigaram a deixar" – Moniz, 1927, p. 368).

O progresso científico, ao serviço da mulher e, consequentemente, do casal, é mencionado como sendo responsável pelo "(...) alvorecer duma vida nova, cheia de alegrias das ambicionadas crianças, a que não faltarão carinhos nem meios para se educarem e robustecerem, de forma a poderem ser mais tarde prestáveis aos seus e à sociedade" (Moniz, 1927, p. 283/4), por intermédio da fecundação artificial da mulher. Este método surge como tratamento individual e familiar, aplicado em situações de esterilidade natural e desconhecida. O autor procede a uma minuciosa descrição das causas da esterilidade, do homem e da mulher, deixando escapar uma das mais frequentes, no sexo masculino: "se o presente volume fosse um livro de propaganda, dedicaria este capítulo aos maridos dos casais infecundos. Muitas vezes é deles, e por um processo do domínio da ciência médica, que depende o tornarem-se pais" (Moniz, 1927, p. 284).

Para uma abordagem mais completa da sexualidade e da sua expressão, é imperativo alargar o âmbito da sua análise ao domínio da homossexualidade, visto que é irrefutável a noção de que "há homens que só se excitam genesicamente com a aproximação de outros homens, e há mulheres que só experimentam desejos sexuais quando se aproximam de outras mulheres" (Moniz, 1927, p. 417).

A homossexualidade assume-se como uma manifestação da orientação sexual que se observa, desde sempre, e que vai além da espécie humana. Esta afirmação justifica-se através da enunciação e relato de situações históricas, tais como os ginásios, da Grécia Antiga, e as predilecções estéticas cultivadas em Roma.

Associada à homossexualidade, surge uma outra forma de amor. No que diz respeito à homossexualidade masculina ("uranismo") o amor é descrito como "(...) simplesmente físico, aspirando apenas à satisfação dos instintos sexuais ou igualmente psíquico e mesmo

Anexos 219

exclusivamente platónico, ficando o desejo da saciabilidade em estado latente durante muitos anos" (Moniz, 1927, p. 446).

Quando procede à comparação entre o amor hetero e homossexual, o autor não arrisca em afirmar que, muitas vezes, o último é superior ao que o homem sente pela mulher, na medida em que considera que o amor do uranista, devido às suas características, se aproxima do amor da mulher. Deste modo, o amor referenciado apresenta-se, inicialmente, como menos intenso, adquirindo uma maior durabilidade capaz de suportar os maiores sacrifícios a que é sujeito.

De salientar que a semelhança encontrada entre o amor do uranista e o amor da mulher, pelo homem, levou a que Ulrichs considerasse a hipótese da legalização do casamento uranista, o que antecipa uma discussão actual. Egas Moniz, no seu estilo objectivo, rigoroso e simplista, exprime a sua opinião afirmando que se trata de uma ideia extravagante.

Ainda na obra de Egas Moniz, somos confrontados com "(...) as causas destas aberrações genésicas". Isto é, com a etiologia da homossexualidade. Para a evolução da orientação homossexual, concorrem dois factores: a hereditariedade e a educação (meio) – "a hereditariedade manda e impera por vezes, mas a educação com que pode travar lutas transforma e modifica as tendências naturais." (Moniz, 1927, p. 470). Deste modo, o sujeito herda a tendência para a inversão sexual (disposição para a doença) mas esta só se concretiza se as influências se derem nesse sentido. Ou seja, se a educação contribuir para a homossexualização do indivíduo.

A homossexualidade é vista e sentida por Egas Moniz como uma doença, "a inversão sexual é uma doença digna de ser tratada como qualquer outra. E é uma doença porque a noção de saúde, seja ela qual for, deve forçosamente envolver a existência de factores psíquicos e físicos necessários para a conservação do indivíduo e da espécie." (Moniz, 1927, p. 495). É da responsabilidade do médico transformar os doentes em homens sadios e prestáveis à sociedade. Já a propósito da homossexualidade, o sujeito é inútil na medida em que é estéril, daí que a intervenção médica incida na luta pelo seu bem-estar e pelo da sociedade em geral. A terapêutica visa, simultaneamente, um tratamento médico, ao procurar cessar os comportamentos homossexuais e, no caso específico da homossexualidade masculina, dos sintomas de efeminização, tendo em vista que não se

220 *Textos com Psicanálise*

comunique à descendência a sua degenerescência. Mais uma vez, surge a defesa da aplicação das práticas neomaltusianistas a fim de se evitar a fecundação.

Segundo o modelo evolutivo da espécie, "o uranismo desenvolveu-se extraordinariamente e concomitante e consequentemente o tribadismo floresceu a seu lado, em simbiose, o que significa uma espécie de defesa do sexo esquecido" (Moniz, 1927, p. 428). Por outro lado, quando se procede à comparação entre civilizações, no que diz respeito à homossexualidade, depara-se com uma maior percentagem de casos nos povos – quer material quer psiquicamente – civilizados, por oposição às populações nascentes.

De acordo com a estrutura de análise adaptada, é chegado o momento de incidir na temática sexual considerada mais polémica: os desvios ou perversões sexuais. Para uma clara abordagem desta temática, é fundamental proceder à distinção entre dois conceitos: perversão e perversidade. De acordo com Egas Moniz, a perversão diz respeito à doença enquanto que a perversidade designa o vício.

As segundas, tidas como psicopatias sexuais, caracterizam-se pelo seu carácter impulsivo, na medida em que correspondem a necessidades estritamente orgânicas. Designam-se desvios do acto sexual normal, uma vez que visam saciar uma necessidade que não é a aspirada socialmente (a perpetuação da espécie).

Já acerca das perversões, Egas Moniz socorre-se da expressão parasexualidade, como meio de as designar, afirmando que elas encontram a satisfação genésica fora de qualquer relação homo ou heterossexual, estando agrupadas em: erotomania, exibicionismo, onanismo, feiticismo e bestialidade. O autor elabora um pequeno apontamento onde expõe as perversões morais (adultério e incesto) que colocam em causa a estabilidade do lar. Como causa da emergência destes comportamentos pervertidos, aponta o desenvolvimento da civilização.

No que diz respeito às perversões sexuais, que ocorrem em contexto de relação heterossexual, são descritas situações onde predomina o sadismo, o masoquismo ou a necrofilia.

3.

Ao analisar a obra de Egas Moniz, tendo sempre em consideração que foi redigida no início do século XX, é lícito pensar que a *A Vida Sexual*, gravita entre dois parâmetros opostos mas complementares: a organicidade (inerente à conceptualização médica, nomeadamente neurologista) e alguns traços psicanalíticos (que surgem, não só através da exposição e ilustração de casos clínicos mas, também, na apresentação de sugestões terapêuticas e, de forma mais sustentada e evidente no prólogo). No fundo, para o autor a criação é um reflexo do seu criador, na medida em que, sendo uma das suas primeiras obras, vem a reflectir o que mais tarde foi contemplado no seu papel de receita médica: "Egas Moniz, Professor de Clínica de Doenças Nervosas, consultório e instituto de electricidade médica". (Moniz, cit. por Lobo Antunes, 1999). No entender de Lobo Antunes (op. cit., p. 85), Egas Moniz parece ter esculpido cuidadosamente a imagem que de si pretendeu legar à posterioridade.

É importante realçar o papel pioneiro traduzido pela transposição de conceitos psicanalíticos para a sua obra. A apresentação dos referidos príncipios fizeram com que Egas Moniz "embora de modo crítico, tenha sido dos primeiros neuropsiquiatras a divulgar, entre nós, as perspectivas, quase ignoradas de S. Freud, e as suas aplicações terapêuticas. Só décadas mais tarde (anos 40) é que as técnicas psicanalíticas se difundiram no nosso país ao mesmo tempo que os restantes progressos psiquiátricos" (Barahona Fernandes, 1983, p. 26/7).

À luz da actualidade, Egas Moniz soube transmitir conceitos de forma didáctica e meticulosa, saciando a curiosidade dos leigos e aumentando os conhecimentos dos médicos. É nítida a sua constante e sistemática preocupação com a propagação da chamada degenerescência, fomentando (de certo modo) a defesa e aplicação da selecção artificial em detrimento da selecção natural. Na sua perspectiva, para atingir o seu tão desejado fim, não se deve respeitar o curso natural do círculo da vida mas, antes, intervir de modo a evitar a emergência de patologias (ou até de comportamentos patológicos que condenam a sociedade a um estado patológico).

Na abordagem das perversões sexuais, é patente a preocupação do autor com as práticas médico-legais. Com a sua exposição, procura precaver a construção de julgamentos que partissem de premissas erróneas. Muitas das situações, do foro sexual, em que são pedidas peritagens contemplam comportamentos sexuais que se afastam da sexualidade dita normal, quer pelo seu objecto quer pelo seu fim.

A morte de Egas Moniz ocorreu a 13 de Dezembro de 1955, tendo desaparecido um dos mais prestigiados investigadores portugueses de renome internacional.

Sem esquecer todo o seu trabalho, nomeadamente na área da neurologia, é justa a referência à sua louvada e pioneira investigação científica, tendo merecido o reconhecimento das mais altas instâncias científicas internacionais. Foram marcantes os seus trabalhos em áreas como a Angiografia Cerebral e a Psicocirurgia, com a leucotomia pré-frontal, ambas distinguidas internacionalmente com a atribuição do Prémio de Oslo, em 1945, e do Prémio Nobel da Medicina e Fisiologia, em 1949, em conjunto com Walter Rudolph Hess, respectivamente.

Uma abordagem *post-mortem* da obra deixada por Egas Moniz, permite verificar que "a parte mais importante da sua obra não está, porém, ligada nem à Sexologia nem à Psicanálise. Egas Moniz foi, acima de tudo, um neurologista" (Luzes, 1978, p. 10).

Percorrendo os testemunhos expressos pelos seus colaboradores mais próximos, referimo-nos a Almeida Lima e Barahona Fernandes, encontramos um espaço comum que diz respeito aos constructos fundadores da relação estabelecida com eles por Egas Moniz: "tinha vocação nata para criar discipulos que escutava, incentivava e esclarecia conseguindo por isso que os ensinamentos por ele ministrados fossem mais formativos que informativos, criando, assim nos seus alunos a autoconfiança e o gosto por uma investigação cientifica actualizada e perspectivante" (Pita & Rodrigues, 1999, p.74). Sempre que se encontrava perante uma nova linha de investigação, comunicava aos seus colaboradores tal descoberta com o objectivo de estimular a sua continuidade, de forma partilhada.

No que diz respeito ao campo das relações, é de salientar a natureza do contacto estabelecido com os pacientes, relação descrita como humana e humanizante, e que foi brilhantemente descrita aquando das comemorações do centenário do seu nascimento como:

Anexos 223

" (...) o homem médico situado ante os seus doentes, comovido pelo seu penar, sofrendo com a limitação dos meios de os ajudar e dando largas ao seu talento para encontrar novas vias de solução – para o diagnóstico e para o tratamento" (Luzes, p.149);

"tinha o poder de distribuir a esperança em sorrisos ... (...) dava remédio e coragem, fazendo a medicina do corpo e a medicina do espírito" (Barahona Fernandes, 1956).

Egas Moniz desempenhou, ainda, um papel preponderante enquanto homem de cultura. A sua vida foi pautada pela necessidade de conciliar as suas paixões e pela, notável, capacidade de gestão dos seus recursos internos, tendo deixado testemunhos diversos que se situam para além da medicina, nomeadamente, os seus escritos literários dos quais se destacam as seguintes obras: *Júlio Dinis e a sua obra* (1924), *Ao Lado da Medicina* (1940), *Confidências de um Investigador Científico*, *A Nossa Casa* (1950), entre outros.

Na sua autobiografia, *Confidências de um Investigador Científico* (1949), Egas Moniz destaca, como características necessárias para se levar a cabo o papel de investigador, a dedicação, persistência e vontade de triunfar que aliadas à organização, método e perseverança permitem a maior e mais desejada recompensa: a descoberta científica (Barahona Fernandes, 1983, p. 140). Estas qualidades, unanimamente reconhecidas, fizeram de Egas Moniz um mestre para muitos de nós

Bibliografia Essencial

Mota, R. S. (1871). *Da consaguinidade matrimonial considerada no campo da higiene*. Tese de Doutoramento da Faculdade de Medicina da Universidade de Coimbra. Coimbra: Imprensa Literária.

Saldanha, A. (1978). *Egas Moniz – O cientista e o homem*. In: Comissão Executiva das Comemorações do Centanário do Nascimento do Prof. Egas Moniz (coord), Centenário de Egas Moniz, II, Lisboa, 1978.

Lima, A. (1956). *Egas Moniz*. Extracto da Medicamenta, 287-26,IV, 1956, pp. 3-5.

Pereira, A. L. & Pita, J. R. (1999). *Retrato de Egas Moniz*. Braga: Círculo de Leitores.

Pereira, A. L. & Pita, J. R. (2000). *Egas Moniz em Livre Exame*. Coimbra: Minerva.

FERNANDES, B. (1956), *Oração Pronunciada em sessão plenária da Academia de Ciências de Lisboa no dia 11 de Dezembro de 1956*, pp. 3-16.

FERNANDES, B. (1983). *Egas Moniz – Pioneiro de Descobrimentos Médicos*. Lisboa: Instituto de Cultura e Língua Portuguesa – Ministério da Educação, pp. 15-38.

MONIZ, E. (1927). *A Vida Sexual*. Lisboa: Casa Ventura Abrantes.

ANTUNES, J. L. (1999). "Homenagem a António Caetano d' Abreu Freire Egas Moniz". In, *A excelência da Investigação na essência da Universidade: Homenagem a Egas Moniz*. Coimbra. Faculdade de Medicina da Universidade de Coimbra, pp. 17-35.

LUZES, P. (1978). "Um Inédito de Egas Moniz", *Análise Psicológica* 1(3), pp. 9-20.

ANEXO 2

Duas Teses de Doutoramento
em Psicanálise,
na Universidade de Coimbra

MONTEIRO, António Laranjo Ferreira (1925). A Psico-Análise de Freud. Tese de Doutoramento da Faculdade de Medicina da Universidade de Coimbra. Coimbra: Tipografia Bizarro.

O crescente impacto da teoria freudiana, na época, é notório, ao ponto de, poucos anos depois, Monteiro (1925) lhe dedicar a sua tese de doutoramento, intitulada "A psico-análise de Freud". O autor, de uma forma sucinta, começa por contextualizar o nascimento da teoria psicanalítica, passando, em seguida, à explanação dos principais conceitos em que esta se baseia, bem como dos mecanismos que postula, dedicando-se, enfim, à apresentação da técnica que lhe subjaz.

Segue-se um breve resumo da tese em questão.

A teoria psicanalítica nasce com Freud e é, pelo menos inicialmente, fortemente influenciada por Charcot, seu mestre, e por Breuer, seu colaborador. Subjacente às ideias freudianas, surge uma concepção da vida psíquica "(...) encarada sob o aspecto dinâmico como um sistema de forças elementares antagonistas, consequentes ou resultantes." (p. 19), na qual a noção de inconsciente tem um papel fulcral. "Este guia obscuro de toda a nossa vida psíquica escapa à nossa percepção interna, assim como a percepção externa ou sensorial nos dá apenas um conhecimento imperfeito do mundo exterior" (p. 20). As tendências psíquicas encontram-se sujeitas a dois mecanismos que impedem, ou filtram, a sua passagem para o nível da consciência: a Censura e a Repressão. "A censura é o fruto da educação (...). Quanto à Repressão, (...) contribui para manter no inconsciente todas as tendências que a educação condena e reprime tanto mais energicamente, quanto mais perversas e inaceitáveis elas são." (p. 24).

Os diversos elementos psíquicos são agrupados em complexos – sistemas de estrutura intrincada, geralmente inconscientes. Os elementos afectivos assumem particular importância, porquanto revelam a quantidade de energia potencial de um complexo (Affekt). "O Affekt constitui a soma de energia afectiva em movimento. Pode deslocar-se de um complexo para outro (...). As desigualdades na divisão do Affekt entre o conjunto de sistemas de complexos, explica as grandes modificações da mentalidade. A importância dum complexo depende da sua reserva de Affekt. Quanto mais intensa for, mais importante será o papel desse complexo na nossa vida psíquica. Entre os complexos mais importantes, encontram-se aqueles que provêm da primeira infância (...)" (p. 27). "A maior parte dos complexos fundamentais do nosso ser acham-se perdidos no inconsciente e profundamente deformados pela censura. (...) À medida que com o auxílio da psico-análise, vamos eliminando estas associações secundárias para chegarmos aos complexos fundamentais, ficamos surpreendidos com a sua natureza quase exclusivamente sexual." (pp. 28-29).

A teoria da sexualidade infantil é o tópico seguidamente abordado pelo autor, que assume a existência do instinto sexual na criança. Partindo do conceito de zona erógena, desenvolve a sucessão de fases pelas quais a criança passa, no ciclo normal do desenvolvimento, até culminar na etapa que serve o fim último da reprodução de espécie. "(...) a criança satisfaz a sua tendência sexual à custa do próprio corpo e é como diz Havelock Ellis Autoerotica." (pp. 31-32), esclarece. E clarifica: "A criança contém pois todas as perversidades sexuais do adulto. É de uma perversidade polimorfa." (p. 34).

O curso normal da evolução da sexualidade implica que "O objecto sexual seja transportado não somente para fora do próprio corpo, como também para um corpo do sexo oposto." (p. 36). Mas, neste longo percurso, a patologia pode ocorrer. "Na puberdade, pode anormalmente fixar-se sobre o próprio corpo e esta perversão toma o nome de Narcisismo; pode ainda ligar-se a uma pessoa do mesmo

Anexos 227

sexo e toma o nome de inversão e finalmente a libido pode conservar-se fixo à mãe, pai ou irmãos e constitui o incesto." (p. 36).

O contributo de Freud passa também pela técnica que apresenta, e que se distancia da psiquiatria clássica, pois esta "(...) preocupa-se com o conteúdo de cada sintoma, apenas com o fim de lhe pôr uma banal etiqueta; a Psico-análise procura o seu sentido e a cadeia que o prende à vida psíquica do doente." (p. 41), tentando, para isso, desvendar os complexos patológicos (de natureza inconsciente) do indivíduo, que subjazem ao sintoma. Dois "instrumentos" merecem especial destaque, porquanto se constituem como veículos privilegiados para aceder ao conteúdo psíquico: são eles a interpretação dos sonhos e a associação de ideias, processo que Monteiro considera aproximar-se "(...) singularmente da Confissão católica." (p. 48).

Enquanto se debruça sobre a etiologia e a tipologia classificatória das neuroses (neuroses actuais; neuroses de Transfert ou psiconeuroses; neuroses narcísicas), o autor faz referência ao conceito de Transfert, e assim nos elucida em relação ao processo de tratamento: "Este fenómeno constitui uma espécie de transporte afectivo sobre a pessoa do médico, dos sentimentos que animaram o doente em relação ao objecto reprimido. (...) o médico desempenha a função de uma espécie de fermento catalítico, que atrai temporariamente os afectos em liberdade. Estes afectos são libertados pela cura psicoanalítica, para depois se fixarem temporariamente sobre a pessoa do médico. Assim se constitui uma fase de intensa simpatia, que em virtude da bipolaridade dos sentimentos afectivos, passa depois a ser substituída por uma fase repulsiva. Quando o médico conseguiu sair triunfante dos escolhos desta última etapa, terminou a sua missão junto do doente." (pp. 57-58).

CLODE, William Edward (1925). O Problema Sexual no Meio Académico. Tese de Doutoramento da Faculdade de Medicina da Universidade de Coimbra. Coimbra: Imprensa Académica.

Com este trabalho, intitulado *O Problema Sexual no Meio Académico ou a Vida Sexual do Estudante de Coimbra*, o autor propõe-se contribuir para "(...) esclarecer alguns rapazes que por aqui tanto abundam em luta com as suas paixões sexuais, ou pelo menos chamar a atenção de melhores autoridades para pontos de vista que já são lá fora indiscutíveis, e que entre nós parece haver receio de tornar sequer conhecidos." (in prefácio). Começa por, de uma forma breve, introduzir as mudanças que advêm, com a entrada na puberdade, na população masculina (objecto de estudo, dado a tese ser centrada no estudante de Coimbra), bem como o modo, tantas vezes angustiante, como estas são vividas. Ante o silêncio dos pais, "Como não têm com quem desabafar, perante as metamorfoses de que são objecto, procuram amigos mais velhos, geralmente, que muitas vezes com os seus deletérios conselhos os pervertem, ensinando-lhes costumes e hábitos que cedo serão vícios." (p. 36).

É, efectivamente, sobre tais costumes e hábitos, que o autor discorre, elucidando-nos acerca das vivências da sexualidade no meio académico de Coimbra, "(...) terra, que, naquela idade, tão propícia é à lúxuria." (p. 37). De facto, "Quando acorda a sensualidade, ao despontar da puberdade (...) o rapaz é quase geralmente arrastado para os vícios solitários e perversões sexuais que se acentuam e se agravam com as facilidades que o meio oferece." (p. 38). Os rapazes «(...) obedecem cegamente aos "doutores" sendo muitos brutalmente iniciados no vício por imposições violentas, brincadeiras insensatas de quem não sabe medir as responsabilidades tremendas que esses demandos acarretam. Assim, no meio de risos e alegrias, contraem muitas vezes por ingenuidade e por timidez vícios e doenças que nunca mais os deixarão durante o resto da vida.» (pp. 38-39). As consequências do que denomina abusos sexuais vão da anorexia às insónias, "(...) palpitações, dores nos rins, dores no peito, astenias gerais – candidatos à tuberculose – (...) um esgotamento físico e psíquico progressivamente acentuado." (p. 41).

Nos capítulos seguintes, o autor descreve as diversas manifestações de vida sexual do meio académico, ilustrando as suas perspectivas com alguns exemplos clínicos, e articulando-as com a exposição das terapêuticas indicadas para fazer face a situações problemáticas como a masturbação, a prostituição e a mancebia – que, aliás, mais não são do que "(...) aberrações e desvios do instinto genésico, em caso algum aceitáveis, e muito menos recomendáveis e constituem verdadeiros vícios que são susceptíveis de correcção por uma cuidada terapêutica física e psíquica" (pp. 180-181). Aborda, ainda, a temática das poluções, das perversões sexuais e da inversão sexual, finalizando com o casamento e a continência. No presente trabalho, e porque são esses os temas salientados na obra de Egas Moniz, debruçar-nos-emos, somente, sobre a prostituição, as perversões sexuais e a inversão sexual.

A prostituição é falada no masculino, pois "(...) a verdade é que não só a mulher se prostitui, praticando o coito com indivíduos diferentes, sem mudar de estado, mas no mesmo vício incorre o homem que contribui para que ela se prostitua, e que se prostitui também por sua vez, buscando o coito com mulheres diferentes (...)" (p. 73). A liberdade inerente ao meio onde se encontram, o teatro, o cinema e a literatura a que têm acesso são apresentados como alguns dos factores geradores de tal maleita. Já as "(...) consequências fatais desta satisfação desenfreada dos apetites carnais são: a debilidade do organismo, a predisposição para a tuberculose e para as doenças venéreas com as suas consequências terríveis, a maior parte das vezes contribuindo por uma e outra via para a degenerescência da raça." (p. 82). O recurso a banhos, a exercícios físicos, ou a administração de calmantes, são uma hipótese terapêutica, ainda que tão só paliativa, pois "(...) não atingem directamente a causa do mal. Esta encontra-se principalmente na vontade do adolescente, que é preciso educar e fortalecer. E por isso parece-me que é do tratamento psíquico que principalmente se deve usar." (pp. 97-98).

As perversões sexuais, segundo o autor pouco usuais no meio académico, definem-se pela "(...) extravagância por que os indivíduos procuram o prazer sexual." (p. 110), e englobam a algolagnia, a necrofilia, a bestialidade, o feiticismo e o exibicionismo. Já as inversões sexuais designam "(...) todas as aberrações em que os indivíduos procuram o orgasmo sexual com pessoas do mesmo sexo." (p. 119) e abarcam as simples inversões (atracção por indivíduos do mesmo sexo) e os casos de hermafroditismo psico-sexual (atracção por indivíduos de ambos os sexos). Contudo, esclarece: "Não se vá, porém, supor que considero como anormalidades sexuais, ou até mesmo como simples manifestações de instinto genésico, à maneira de Freud, todas essas manifestações de afectividade entre rapazes, que são absolutamente normais e regulares. Se julgo devermos prevenir-nos contra esses excessos da moda, que, mesmo nos costumes masculinos, tanto afeminam os caracteres, – contribuindo assim para despertar vícios que se encontram incubados, em estado latente, – não quero também cair no exagero de lançar suspeições sobre os sentimentos por vezes tão cheios de dedicação e de generosidade (...). Essa generalização que Freud faz do instinto genésico a todas as manifestações da afectividade, mais parece o fruto duma forte morbidez de imaginação do que o resultado científico dum estudo consciencioso e sério." (pp. 123-124).

A posição assumida face a estes desvios é, porém, muito clara: "(...) o instinto genésico aparece no indivíduo em todos os graus da escala biológica mais para utilidade e proveito da espécie, do que propriamente para satisfação individual." (pp. 125-126). Se o fim último da sexualidade é, sempre, o da reprodução, "Todas as inversões são, por esta forma, desvios da linha normal da natureza e por isso constituem anormalidade sexuais." (p. 126).

"O casamento – união indissolúvel de um só com uma só em ordem à procriação da espécie (...)" (p. 181) e "A continência – abstenção voluntária e consciente das funções genésicas (...)" (p. 181), são apresentados, pelo autor, como as soluções ideais para lidar com os apelos da sensualidade. Pois que o casamento "(...) é o estado normal de exercício e prática das funções sexuais logo que o rapaz se encontra fisicamente desenvolvido (...)" (p. 181), enquanto a continência "(...) é o estado normal do indivíduo que não tem condições para exercer e praticar normalmente as funções sexuais, e, longe de ser prejudicial ao organismo, contribui para o seu aperfeiçoamento e desenvolvimento, directamente pelas energias que poupa, e indirectamente pelos desgastes orgânicos e estados patológicos que evita." (p. 181).

Bibliografia Essencial

CLODE, W. E. (1925). *O Problema Sexual no Meio Académico*. Tese de Doutoramento da Faculdade de Medicina da Universidade de Coimbra. Coimbra: Imprensa Académica.

MONTEIRO, A. L. F. (1925). *A Psico-Análise de Freud*. Tese de Doutoramento da Faculdade de Medicina da Universidade de Coimbra. Coimbra: Tipografia Bizarro.

ANEXO 3

DA EMOÇÃO AO SOFRIMENTO

Aspectos psicológicos
e algumas reflexões éticas sobre a dor

Se vos quisesse definir o meu trabalho, deveria – certamente – recorrer a um pequeno episódio vivido por uma das pessoas que colaboram comigo, em Câmara de Lobos, na Madeira. Um dos meninos de rua que por lá passam, tê-la-á abordado perguntando-lhe se ela estaria, no Continente, a estudar para ser doutora (querendo saber se viria a ser médica). Como ela lhe terá dito que não, ele insistiu, tentando saber se viria a ser advogada, mas obteve idêntica resposta. No entanto, e perante a insistência do menino, ela tentou-lhe explicar a área dos seus estudos, dizendo-lhe – talvez com displicência – que estaria a estudar para que meninos como ele fossem mais felizes. O pequeno rapaz de Câmara de Lobos fez um silêncio prolongado, deixou fugir um sorriso largo e, como quem (finalmente) se desvenda para um mistério, disse-lhe: "Já sei! És catequista!...".

Uma explicação pronta e generosa é, seguramente, uma forma – às vezes divertida, às vezes mágica – de se viver a breve dor que uma dúvida "destapa". Longe estará, no entanto, do meu propósito falar-vos, com igual displicência, da relação da dor com o pensamento. Não deixo de sentir – nestas circunstâncias – que vos devo recordar que o essencial do meu trabalho se faz com pessoas que me procuram em função... da dor dos seus desencontros interiores e, comigo, se tentam encontrar perante... a dor da consciência de si próprias.

Na realidade, toda a experiência de dor (e o sofrimento que traz associada) desencadeia um sentimento de perda que, em condições normais, e no caso de não ser nem muito prolongada nem demasiado aguda, irá desencadear movimentos de reinvestimento emocional e mobilizará relações reparadoras. É claro que quanto mais exuberante for a experiência de sofrimento mais exigentes terão de ser as respostas de reparação. Isto é, a dor torna-se mais dolorosa e mais insuportável sempre que deixa a nu decepções relacionais que resultam das respostas omissas ou desajustadas que as pessoas significativas do nosso mundo relacional dão aos apelos que lhes lançamos sempre que sofremos. Será esse, aliás, o seu aspecto insuportável. Muitas vezes, a dor é o veículo que nos leva das experiências de perda à decepção e, sendo assim, da tristeza à depressão.

1.
A dor como experiência de humanidade

Quando uma criança dramatiza, com os seus bonecos, a relação com a professora (fazendo-os "sofrer" as angústias e o medo que terá vivido com ela, na escola), brinca com as suas próprias dores. Morin dizia que a inteligência é contemporânea da consciência da morte. Então, talvez o pensamento seja tão-somente uma forma de se nomear o inominável. Mas, sendo assim, as dores do crescimento, indo para além dos desencontros de um adolescente com o seu corpo (a que são, geralmente, associadas), representam a estranheza e a perplexidade de um homem perante o sofrimento que julgava conhecer pela experiência.

A dor talvez condense uma resignação essencial de cada um de nós perante a sua condição humana: traz-nos o sofrimento e a tristeza, e anuncia-nos a dimensão iniludível da morte. Mas o que dói mais na dor, não será a dor "em si" mas o modo como ela aclara a importância ou a decepção que as pessoas, até então, têm nas nossas dores.

Nem sempre pensar se faz associado à dor. Mas pensar, no sentido de reflectir com clarividência e de forma frontal, traz associada alguma dor. Pensar supõe ter consciência, e consciência e dor são, de alguma forma, indissociáveis. Embora seja essa a ironia do pensamento: somos competentes para pensar, crescemos sempre que pensamos, mas evitamos pensar... porque isso dói. Será por isso que a Humanidade tem uma relação tão fugidia com a dor. Talvez, também, por isso, a tente controlar, prometendo um "admirável mundo novo", onde a ausência de dor suponha a omnipotência do prazer. Mas num plano do pensamento, quem não tenha disponibilidade emocional para viver a dor não a terá para se experimentar na consciência do prazer.

2.

A dor como organizador do pensamento

Perguntei-me, há tempos, se o parto seria doloroso para os bebés e, hoje, da relação clínica diária que com eles mantenho, tenho consciência que lhes dói, embora os pensamentos dos bebés precisem de quem os pense. Winnicott, a propósito da relação das mães para com os bebés, falava (enfaticamente) de uma adaptação a 100% delas em relação a eles. No entanto, como referi noutro local, uma tal adaptação às necessidades do bebé impedi-lo-ia de pensar, já que teria quem pensasse por ele, a totalidade das suas experiências interiores. Se o movimento empático da mãe, na relação, supõe que ela seja competente para pensar os "pensamentos-em-bruto" do bebé, haverá experiências internas que "fogem" à sua capacidade de as pensar. Serão, idealmente, franjas de dor, "pequenas partes" do bebé cuja frustração o fará (também em função das suas experiências de colo) elaborar e pensar.

Então, a dor organiza a relação com o pensamento. Falo-vos, com Bion, das dores inevitáveis, não das dores desnecessárias. Mas a dor desperta a raiva: não há tristeza a que não se associe agressividade. Talvez, por isso, os pais sejam solícitos quando se trata de darem "tau-tau" à mesa que "aleijou" uma criança ("inflingindo-lhe" uma dor maior) ou, noutro contexto, se constate uma parcela de esperança nos actos pré-delinquenciais. Perante a dor, saudável será transformá-la em pensamentos, não a transformando na expiação da culpa nem num acto que tenha a intenção de a purgar.

Será inevitável que doa a um bebé qualquer separação e, assim, ele chore de sofrimento, como sucede quando se sente perante um estranho ou nas suas relações com os pesadelos. Perante isso, os pais compreendem como as relações amorosas têm um efeito analgésico e, sendo assim, quando um filho se magoa, respondam a essa forma enfática que as crianças têm de a viver, chorando, com um beijo... no "dói-dói". Do mesmo modo, percebem que a relação com a dor imuniza as crianças na relação com a vida e com o pensamento e, assim, podendo protegê-las, deixam-nas – muitas vezes – cair... "para aprenderem".

Os pais vivos dentro das crianças – aqueles que se permitem ser atentos, intuitivos e empáticos – assumem-se, para o pensamento dos filhos, como um rim na relação com o corpo: filtram emoções e afectos dolorosos, transformando-os numa linguagem que tenha sentido para os seus filhos pensarem. A imunidade à dor mental faz-se, assim, de dentro para fora, no modo como os pais se afirmam como pais na relação. Claro que isso supõe, também, que os pais castiguem (embora aquilo a que chamam, com algum desconcerto, "castigos psicológicos", em lugar de "arderem" por alguns minutos doam, às vezes, a vida inteira). Mas, em alguns momentos, afrontando o modo como os pais recorrem à dor para lhes criarem limites, as crianças desafiam-nos dizendo-lhes "não me doeu" (afirmando a sua omnipotência infantil perante as maldades dos pais), como se, com isso, ousassem meter medo... ao susto, e resistissem diante das suas próprias dores.

Terão, também aí, presentes os heróis. Mas, dos heróis não nos fica a ideia de como reagem à dor... porque nunca se aleijam. Dão-nos a convicção de estarem sós perante a monotonia essencial das relações que os impedem de crescer: o sapo Cocas, Alice, ou Mafalda, continuam com os mesmos conflitos irresolúveis, só possíveis quando se não cresce ou quando se não utiliza a dor para pensar.

Mas, então, em que medida é que a dor organiza o pensamento? Vergílio Ferreira disse, em *Pensar*, que "o que mais dói numa dor não é essa dor que dói, mas o código do sentir que lhe acrescentamos". Quereria dizer – suponho eu – que a vulnerabilidade à dor

Anexos 237

terá, também, muito de interior e pessoal, e estará em ligação com o vivido relacional. Se é certo que a família – disse-o implicitamente – consolida uma dinâmica de ligações, de pessoas e de afectos, que organizam o espaço do pensamento, as suas partes frágeis podem gerar silêncios que não se repartam e, assim, em lugar de se chorar para fora chora-se por dentro: serão aquilo a que as pessoas chamam "lágrimas de sangue", de onde pode surgir uma "imunodeficiência adquirida à dor". Então – parecer-vos-á irónico – se o sofrimento mental obriga a pensar, talvez, mais do que essa imunidade essencial, a dor organize a esperança, a coragem, a curiosidade e o conhecimento. Por outras palavras, a dor fertiliza o pensamento: assim ela não seja para sempre e logo tenha ele argumentos internos para a tolerar e para a pensar.

De que é que as pessoas mais se queixam quando se doem? Da dor... do abandono. Do modo como se sentem entregues à solidão do sofrimento. A dor é sempre assim: empurra-nos para dentro de nós, torna-nos sós perante ela e, talvez mais do que tudo, isso doa na dor.

Tenho-vos vindo a falar das dores inevitáveis de que a relação e o pensamento também se servem para crescer. São dores do crescimento. Mas, perante ela, estaria a revista *Nouvel Observateur* sob um sinuoso equívoco quando avançava que 40% dos franceses afirma já ter tido "uma depressão nervosa ou um estado depressivo". A dor mental será, com certeza, bem mais "generosa" para com a totalidade dos franceses. Equívoco, aliás, a que a revista *New Yorker* acedeu quando disse que, se o Prozac existisse há cem anos, Karl Marx não teria escrito o *Capital*, já que viria a concluir que "obviamente o capitalismo poderia resolver os seus problemas". Refiro-me não tanto a Marx mas à "pílula da felicidade", como também a descrevem. De um ponto-de-vista do pensamento, a felicidade não será "orgásmica". Resulta – antes – de uma relação que se organize com maturidade. "Ninguém é feliz sozinho", achava Vinicius, nem à margem da dor dos enganos ou da das separações a que o crescimento nos obriga. Por outras palavras, o que dói, na vida, não é – em função dele – zangarmo-nos por fora mas por dentro, não no sentido de o fazermos contra nós mas perante a consciência do que isso representa de ruptura: difícil, na vida, não é confirmarmos as verdades mas crescermos com os erros e com as dores.

3.
Da emoção ao sofrimento

Do ponto de vista do sistema nervoso, a dor emocional, o sofrimento, resulta do desencontro que se dá entre as respostas emocionais e a experiência subjectiva que elas mobilizam. Na realidade, as emoções são os verdadeiros mecanismos de defesa do sistema nervoso. Tanto são desbloqueadas de forma automática e reflexa, no caso das emoções que resultam da filogénese (que nos mobilizam, à margem da consciência, para comportamento protectores que nos aumentam a sobrevida e nos protegem da exposição a perigos antes experimentados pelos nossos antepassados hominídeos), como resultam da experiência vivida que, padronizada a nível cortical, remete para episódios significativos a que teremos sido expostos.

Em quaisquer circunstâncias, as emoções desencadeiam respostas que não passam pela racionalização e que, na maior parte das vezes, desencadeiam um conjunto de sinais do nosso corpo que se organizam como marcadores somáticos, seguindo Damásio, que balizam os nossos comportamentos. Representam, todavia, uma consciência à margem da consciência. Isto é: uma consciência corporal (a que, desde sempre, ponderamente, os psicanalistas foram chamando inconsciente) que não se esgota na racionalidade ou na função simbólica humanas. É claro que, na relação com a subjectividade humana, estas respostas emocionais nem sempre são bem toleradas por nós e, embora a finalidade das emoções seja eminentemente protectora, desencadeia respostas de evitamento psicológico a que poderemos chamar "mecanismos de defesa" (e que, na maior parte das vezes, assumem o colorido de lapsos de linguagem, por exemplo).

Esta segunda linha de defesas, depois das emoções, nem sempre sustém alguma turbulência psicológica que as experiências emocionais desbloqueiam e que procuram resposta no próprio e nas suas relações mais significativas. Sempre que estas respostas não surgem com um efeito ansiolítico, em relação à turbulência emocional que despertam, os mecanismos de defesa "enquistam" e, assim, organizam-se sintomas psicológicos (de ansiedade ou de depressão, por exemplo) que representam um psiquismo mobilizando os seus recursos

Anexos 239

para fazer frente a um sofrimento e, por outro, a sua relativa falência no encontro das respostas significativas de que necessita para o estancar. Isto é, os sintomas psicopatológicos equivalem-se à febre, por exemplo, na medida em que traduzem os recursos saudáveis de um psiquismo e, por outro, a sua função de escora na procura de um equilíbrio transitório e mais ou menos precário.

A dor mental será, então, a experiência psíquica que resulta de todas as experiências emocionais que não encontram no psiquismo nem nas suas relações significativas os recursos metabólicos para transformar em experiência psíquica alguma turbulência transitória que resulta da relação com a própria vida. Sempre que a dor física emerge traz consigo a dor mental porque este desencontro entre a necessidade de encontrar resposta e solução para uma turbulência transitória torna-se mais exuberante sempre que a dor deixa a nu a Natureza Humana e a angústia de morte a que todas as dores, físicas e emocionais, não deixam de se remeter. São estas dores exuberantes e que mais apelam para as relações significativas, que (tantas vezes) são responsáveis por decepções incontornáveis na nossa vida, a que poderemos chamar dores desnecessárias.

Mas para além das dores inevitáveis, as dores desnecessárias têm um impacte desorganizador que nos perturba e confunde. A isso chamamos traumatismo (com a consciência de que traumático será tudo aquilo que não é mentalizável). Claro que quanto mais intensa uma dor for, ou mais se prolongue, mais gera partes nossas envoltas em penumbra ou, mesmo, escuras. Supõe que ficamos estranhos perante nós, azedos, tristes, num sobressalto permanente. Ficamos diferentes: talvez porque mais próximos de quem somos "realmente"... Supõe, então, que um estado traumático se transforma num "abcesso traumático". Isto é, sempre que uma pessoa veja, sobretudo, a sua dor, ele desencontra-se com o seu caminho e adoece... no pensamento. É, no entanto, inevitável que assim suceda com todos nós quando as dores são insuportáveis. Como, uma vez, alguém me disse "do que está fora pode-se fugir, vira-se a cara; mas do que se passa no nosso interior, às vezes dói tanto, que é como se nos perseguisse por dentro!".

Então, assim, não fará sentido imaginarmos dores físicas distintas das dores emocionais, porque não é possível perceber umas sem as outras. Mais: talvez passe a pertencer ao passado a noção de psicossomática porque, ao repercutir-se e ao ser elaborada no pensamento, cada doença implica que a vivamos naquilo que ela tem de luto ou de fantasmático e, partindo daí, que isso interfira na evolução do estado geral de quem a pensa. Por outras palavras: há doenças predominantemente somáticas (com componentes psicopatológicos), e doenças emocionais (com alterações de alguns aspectos somáticos).

Se é verdade que as crianças falam pouco por palavras e muito por actos e por omissões, talvez seja importante que reparemos que, quando nos confrontamos com o essencial da natureza humana, todos nós seremos meninos mais ou menos crescidos. As pessoas, na sua relação com a dor, são reenviadas à sua natureza mais essencial: umas, pedem prendas ou colo; outras (como quando éramos pequenos e ficávamos contentes com a febre, para termos a mãe toda para nós), refugiam-se na dor para dizer que existem.

Assim, haverá – com grosseria – quatro grandes "formas" de falarmos da dor:

- Pela tristeza (o que implica que nos sintamos sós);
- Através da angústia (o que supõe que teremos medo, que queremos fugir dela, não querendo saber a razão da sua origem ou, às vezes, desafiando-a como forma de a "exorcizar");
- Com raiva (o que significa que tentamos expulsá-la, procurando, às vezes, um "lado mágico" ou religioso, ou omnipotente de quem a tire);
- E com confusão (o que nos faz deixarmos de saber quem somos, e procurarmos quem nos repare e nos ajude).

Todas estas linguagens coexistem numa dor, predominando umas sobre as outras e variando, na sua expressão, com a personalidade e a dinâmica familiar de quem sofre, o estado ou a cronicidade da dor.

A relação de quem se dói com a sua dor é, sempre, íntima e sofrida. Supõe um luto (no melhor, temporário) do Homem perante si próprio. Não requer pena nem condescendência, mas, simplesmente – fazendo minha uma ideia cara a Sílvio Lima – que o médico seja o melhor remédio para a dor.

Mas há, também, dores que se manifestam de não se manifesta-rem. Há pessoas cujo imaginário, mais inibido, não metaboliza a dor. Falam pelo corpo (às vezes, de uma parte de si profundamente per-turbada) somatizando, como se um lado invasivo do pensamento lhes ocupasse insidiosamente o corpo. De todos estes, talvez o exem-plo mais banal, seja a forma como a depressão fragiliza o sistema imunitário.

4.
A ética diante do sofrimento

Permitam-me, por fim, que vos relembre a relação da dor com o pensamento. A partir da psicologia (como vos tenho vindo a falar), talvez o corpo não exista... fora da relação harmónica que tem com o pensamento. Assim, o corpo não é "o nosso corpo", faz parte de nós; contêmo-lo no pensamento. Claro que, às vezes, faz com que desper-temos de dor, doentes, estando o corpo em conflito connosco... sendo ele uma parte de nós. Essa é a dor do vivido interior que se acrescenta a cada dor. Duras, acerca d'A Dor, diz: "(...) perante uma fenomenal desordem do pensamento e do sentimento, em que não ousei tocar (...)".

Partindo daqui, quais podem ser as consequências da compreen-são da dor pelos profissionais de saúde:

a. por mais que o corpo se pareça rebelar ou sugira ter uma vida autónoma em relação às vivências emocionais e à reali-dade psicológica, não há dores físicas e dores emocionais. Todas as dores físicas têm ressonância emocional e vice-versa, sendo dessa inter-relação que se enovelam ou se sim-plificam as dores;

b. a dor devolve-nos, de surpresa, à pequenez humana: despe-nos, obriga-nos a confiarmo-nos a outros, põe em questão a esperança e tudo o que, de essencial, fomos adiando sempre para mais tarde;

c. a dor põe sempre a nu a rede de relações que se construíram pela vida fora e, mais aguda do que as dores agudas, essa dor desnuda a precaridade das relações amorosas e algumas falsidades familiares (sobretudo, quando as pessoas mais íntimas reagem, diante da nossa dor, com estranheza ou com perplexidade), agravando, pelo abandono, a pequenez humana a que nos expõe;

d. diante da dor e do sofrimento, todos somos pequeninos e, por mais coragem que pareçamos ter, ficamos assustados. Reagimos ora em choque (inibindo quaisquer questões ou dúvidas que uma informação nos suscite) ora de forma confusa ou, até, patética;

e. diante das reacções emocionais à dor, talvez todo o consentimento informado represente um "salto no escuro". Na verdade, mais do que quaisquer informações, diante da dor só escutamos as reacções de pânico das nossas emoções;

f. a dor é sempre uma experiência de sofrimento. Íntima, portanto. Não se exibe (mesmo que, para alguns, traga – como ganho – alguma atenção e afecto nunca antes tidos), nem se expõe a estranhos (mesmo que neles se inclua uma equipa de saúde, no seu todo). A dor confia-se. A alguém. Sempre numa experiência de reciprocidade a dois, e requer a generosidade de quem a confia e a autenticidade de quem a acolhe.

g, as dores não se resolvem de forma megalómana ou mágica mas, antes, com a humanidade compreensiva do profissional de saúde;

h. o efeito de analgesia dos gestos compreensivos nunca se atinge com recurso à divulgação de estatísticas ou com estudos epidemiológicos, mas na competência para alteridade do profissional de saúde, a partir do momento em que ele seja capaz de se imaginar no lugar do outro.

A DOR E O SOFRIMENTO:
algumas reflexões a propósito da compreensão psicológica da fibromialgia

EDUARDO SÁ, CAROLINA VEIGA, SÍLVIA MATELA, RITA MORAIS,
RAQUEL VIEIRA DA SILVA, RITA SEIXAS, SOFIA GONÇALVES

Introdução

Hoje, a fibromialgia (FM) é uma entidade clínica individualizada, com critérios diagnósticos estabelecidos, que suscita um enorme interesse, bem demonstrado pela publicação de inúmeros livros e artigos em revistas conceituadas, reflexo da vasta e profunda investigação que se tem efectuado em todo o mundo acerca deste assunto.

Na procura das causas, privilegiou-se, maioritariamente, o seu "lado" biológico, descurando-se as possíveis relações entre as diversas faces da FM, nomeadamente, as suas vertentes psicológica e social. Assim, este artigo procura estreitar o fosso, aproximando as diversas perspectivas.

Definição

Nosograficamente, a FM é definida por dor musculo-esquelética disseminada, fadiga fácil e rigidez, associada a pontos dolorosos distribuídos bilateralmente, acima e abaixo da cintura, e também na região do esqueleto axial (Leitão, 2002; Cronan & Bigatti, 2003; Gilliland, 1998; National Fibromyalgia Association – NFA). Muitas vezes, faz parte de um síndrome mais vasto que inclui cefaleias, síndrome do cólon irritável, dismenorreia, padrões atípicos de parestesias, bexiga irritável, sono não retemperador, aumento da sensibilidade ao frio, fenómeno de Raynaud, síndrome das pernas inquietas e dor na articulação temporo-mandibular (Gilliland, 1998; Quartilho, 1999).

Infelizmente, apesar de todos os avanços significativos realizados nesta área, entre a declaração dos sintomas e o diagnóstico da doença, ainda se aguarda entre cinco a oito anos por uma avaliação correcta (Kossoff, 1999; NFA). O debate médico e psiquiátrico que leva a algumas reservas de diagnóstico, a parca familiarização dos técnicos com o distúrbio, e a presença de outras doenças (tal como a artrite reumatóide ou o lúpus eritematoso sistémico), que não excluem o diagnóstico de FM, contribuem para esta situação. É de salientar que o diagnóstico de FM não é um diagnóstico de exclusão (NFA; Bennett, 2002, cf. Leitão, 2002). Todavia, é-o, muitas vezes, quando se esgota o processo de diagnóstico diferencial (Hench, 1989; Bennett, 1989 cf. Branco, 1997).

Da Perspectiva Histórica à Classificação

Durante largos anos, os doentes fibromiálgicos foram rotulados como doentes psiquiátricos, uma vez que, apesar das queixas generalizadas de dor e da acentuada fadiga, estas não eram justificadas pelas análises normais nem fundamentadas por outros exames médicos realizados. A indefinição foi permitindo que inúmeras designações fossem usadas como sinónimos de FM: reumatismo psicogénico, fibrosite, síndrome fibromiálgica, entre outras (Branco, 1997).

As primeiras descrições de sintomas fibromiálgicos datam de meados do séc. XIX, com Floriep (Leitão, 2002). Contudo, somente em 1977, o reumatologista Hugh Smythe e o psicólogo Harvey Moldovsky detalharam o quadro clínico em causa, e propuseram critérios diagnósticos objectivos (Kossoff, 1999). Em 1990 surge a última versão diagnóstica da FM, do American College of Rheumatology (ACR), que recai no paradoxo oposto ao inicial.

Critérios de 1990 para classificação da fibromialgia do American College of Rheumatology.[*]

A. História de dor disseminada. A dor é tida como disseminada quando todos os itens a seguir estão presentes:
1. Dor no lado esquerdo do corpo
2. Dor no lado direito do corpo
3. Dor acima da cintura
4. Dor no esqueleto axial (coluna cervical ou região anterior do tórax ou coluna torácica ou lombar).
B. Dor à palpação digital de pelo menos 11 dos seguintes 18 pontos dolorosos:
1. Occipúcio: bilateral, na inserção do músculo suboccipital
2. Cervical baixa: bilateral, na face anterior dos espaços intertransversos em C5-7
3. Trapézio: bilateral, no ponto médio da borda superior
4. Supra-espinhal: bilateral, na origem, acima da espinha escapular próximo à borda medial
5. Segunda costela: bilateral, na segunda junção costocondral, logo lateral à junção na face superior
6. Epicondilo lateral: bilateral, 2 cm distal ao epicondilo
7. Glúteo: bilateral, no quadrante superior lateral da nádega na dobra anterior do músculo
8. Trocanter maior: bilateral, posterior à proeminência trocantérica
9. Joelho: bilateral, no coxim adiposo medial, proximal à linha articular.
A palpação digital deve ser feita com uma força aproximada de 4 kg. Para que um ponto doloroso seja considerado positivo, o indivíduo deve afirmar que a palpação foi dolorosa. "Sensível" não é considerado como doloroso.
* Para fins de classificação, os pacientes serão considerados portadores de fibromialgia caso ambos os critérios sejam satisfeitos. A dor disseminada deve estar presente há, no mínimo, três meses. A presença de um segundo distúrbio clínico não exclui o diagnóstico de fibromialgia.

In Gilliland, 1998, p. 2076.

Os critérios de diagnóstico, essencialmente centrados na dor, desvalorizam a importância de outros sintomas, como as perturbações do sono, a fadiga e a rigidez, que foram considerados como características centrais da FM, estando, cada uma delas, presente, de uma forma isolada, em mais de 75% dos doentes. Neste sentido, uma outra perspectiva começa a ganhar maior peso: a que estabelece a ligação entre pontos dolorosos e os sintomas atrás referidos, habitualmente apelidados de síndromes funcionais. McCain (1996), por exemplo, considera que o diagnóstico de FM pode ser feito com base num conjunto de sintomas major e minor. Os primeiros, incluem dores generalizadas e uma sensibilidade à dor aumentada, em zonas anatómicas muito localizadas. Os sintomas minor, incluem a fadiga, a rigidez muscular, as alterações do sono, o síndrome do cólon irritável, o fenómeno de Raynaud, as cefaleias, as queixas de edema subjectivo, as parestesias, as alterações psicológicas e a incapacidade funcional.

Os critérios, atrás definidos, funcionam como linhas orientadoras de diagnóstico, não-rígidas ou exclusivas. Se, geralmente, se aceitam os componentes dor crónica, dor generalizada e pontos dolorosos activos, há desacordo quanto ao número total de locais a examinar, ao número mínimo de pontos dolorosos, à proporção de pontos dolorosos positivos e à presença de pontos controlo (Schochat et al., 1994 cf. Quartilho, 1999). Assim, existem inúmeros doentes, com dor crónica difusa e/ou mais regional, que não possuem o número mínimo de pontos dolorosos requerido, mas que podem ser considerados portadores de FM provável (Gilliland, 1998; Leitão, 2002).

Diagnóstico Diferencial

O diagnóstico diferencial da FM é difícil, dado que as suas manifestações principais – dor músculo-esquelética, rigidez e fadiga – são comuns a muitas outras doenças reumáticas, assim como a outros síndromes menos típicos que podem sugerir diagnósticos diversos. É, pois, necessário ponderar as diversas situações clínicas que obrigam ao diagnóstico diferencial.

São de considerar algumas **perturbações do foro reumatoló-gico** – como a artrite reumatóide, o lúpus eritematoso sistémico, o síndrome de Sjörgen, a polimiosite, a espondilite anquilosante e a esclerodermia – que se caracterizam por rigidez matinal de longa duração, poliartrite, e dor localizada nas articulações (Martínez-Lavín, 2001). Quando a estas se acrescentam o sono de má qualidade, dor generalizada não articular, e outras afecções de dor (por exemplo cefaleias, cólon irritável), deve reequacionar-se o diagnóstico para FM. A polimialgia reumática pode mimetizar a FM, devido à dor generalizada e à intensa rigidez matinal. Diferencia-se, contudo, desta última pelo aumento acentuado da taxa de sedimentação eritrócita.

O síndrome de dor miofascial, embora enquadrado nas doenças reumáticas, merece uma especial atenção, já que é um foco específico de confusão diagnóstica. No entanto, como refere Branco (1997), enquanto nesta síndrome a dor tem distribuição regional e pode ser reproduzida pela pressão em pontos sensíveis, na FM a pressão dos pontos dolorosos causa dor somente na área pressionada. A fadiga infrequente e a rigidez localizada, na síndrome miofascial, por oposi-ção a fadiga intensa e rigidez generalizada na FM, constituem uma outra importante característica distintiva.

Outras doenças endócrinas e metabólicas, em particular o hipotiroidismo, podem, também, confundir-se com a FM, sobretudo nas fases iniciais. Algumas **neuropatias periféricas** e **doenças neu-rológicas** costumam ser, também, referidas no processo de diagnósti-co diferencial da fibromialgia.

Um distúrbio merecedor de particular enfoque é o **síndrome de fadiga crónica**, cujas relações com a fibromialgia se mantêm contro-versas, com manifesta sobreposição clínica e demográfica (Martínez--Lavín, 2001). Têm, como traços comuns, o sono disruptivo, a fadiga, cefaleias, mialgias, a dor musculo-esquelética, e distúrbios psiquiátri-cos (depressão e ansiedade). A distinção entre as duas entidades permanece confusa e, de alguma forma, dependente da familiaridade do técnico com ambos os diagnósticos. A investigação demonstra que, entre 50% a 70% dos doentes fibromiálgicos se enquadram nos critérios de diagnóstico de fadiga crónica, e vice-versa, o que leva muitos peritos a pensarem a FM e o síndrome de fadiga crónica como o mesmo, ou, pelo menos, como variações do mesmo síndrome de dor e de fadiga. Hudson e Pope (1989, cf. Quartilho, 1999), sugerem as duas entidades como variantes da mesma desregulação básica.

Também **perturbações do foro psicológico** são susceptíveis de lançar alguma confusão, entrando no processo de diagnóstico diferencial. Muitos pacientes poderiam ser classificados em diagnósticos psicopatológicos como a depressão, a ansiedade, a somatização e a hipocondria. Este assunto será abordado, de forma mais detalhada, à frente.

Uma história clínica detalhada, enriquecida por um exame físico minucioso e complementada por testes laboratoriais adequados, é fundamental em todo o processo de diagnóstico diferencial. Contudo, é essencial ter presente que a FM pode ocorrer na presença de outros distúrbios, não fazendo, porém, sentido a diferenciação entre fibromialgia primária e a secundária (concomitante com outra doença), já que os sinais e sintomas são similares (Gilliland, 1998).

Epidemiologia

Determinar a prevalência da FM não é tarefa fácil, na medida em que os estudos efectuados até esta data, na sua maioria, tiveram por base metodologias e critérios diferentes. A própria ambiguidade do conceito, bem como a incerteza diagnóstica, contribuem, inevitavelmente, para esta situação.

Quartilho (1999), após a análise de vários estudos, refere que, no contexto clínico, a idade média dos pacientes tem variado entre os 30 e os 60 anos, ainda que a faixa etária mais referenciada se situe entre os 40 e os 50 anos. No que concerne à FM, é consensual a existência de uma maior incidência no sexo feminino (NFA) [a título de exemplo, e de acordo com os critérios de diagnóstico do ACR, a prevalência da fibromialgia na população geral, nos EUA, é de 3,4% em mulheres e de 0,5% em homens (Gilliland, 1998)].

A revisão da literatura demonstra que os pacientes fibromiálgicos se distribuem em inúmeros países, na maioria dos grupos étnicos, nos mais diferentes climas. A prevalência nos adultos europeus e norte-americanos é, aproximadamente, de 2% (percentagem superior

Anexos

à maioria das perturbações reumatológicas) (Marder et al, 1991 cf. Branco, 1997; Wolfe, 1994 cf. Quartilho, 1999).

Quando e como surge:
Início e Formas de Apresentação

A FM pode manifestar-se em qualquer grupo etário, embora o início seja mais comum na idade adulta, entre os 20 e os 30 anos (NFA). Ainda que, nas circunstâncias de início, nenhum factor particular seja especificado, existem, segundo Gilliland (1998), potenciais desencadeadores do distúrbio, como o stress emocional, doença clínica, cirurgia, hipotiroidismo e traumatismo.

Wolfe (1990, cf. Quartilho, 1999) distinguiu cinco formas distintas de início da FM: 1) início na infância e adolescência; 2) início na idade adulta, habitualmente com antecedentes caracterizados por múltiplas queixas músculo-esqueléticas; 3) início insidioso na vida adulta; 4) início na sequência de um acontecimento despoletador como, por exemplo, uma infecção ou uma intervenção cirúrgica (no entanto, a relação com infecções não demonstra uma relação etiológica inequívoca); 5) início na sequência de um traumatismo (físico ou emocional).

As formas de apresentação não obedecem a um padrão uniforme. Os pacientes manifestam-se, habitualmente, muito queixosos, com dor geral e disseminada, demonstrando desalento relativamente à sua situação. Alguns podem queixar-se de dor lombar, outros de dor e rigidez no pescoço, alguns de mialgia após um ligeiro esforço. O denominador comum é a presença contínua de dor, descrita como "em queimação ou corrosiva, ou como uma dor constante, incómoda, ou rigidez" (Gilliland, 1998, 2075). Muitos doentes referem um agravamento dos sintomas em situações de stress ou ansiedade, de actividade física inadequada (inexistente ou excessiva), problemas de sono, tempo frio ou húmido, início e fim de dia (NFA).

Yunus (1996 cf. Leitão, 2002) considera a existência de cinco formas de apresentação desta entidade: 1) dor e fadiga; 2) ansiedade, stress e depressão; 3) dores politópicas e pontos dolorosos; 4) hipostesia e sensação de tumefacção músculo-cutânea; 5) cólon irritável e cefaleias. Os factores de modulação sintomática podem depender de crenças ou estilos atribucionais. Emoções e pensamentos podem ter um grande impacto na experiência de dor. Quando a experiência dolorosa se perpetua, o limiar de sensibilidade à dor pode diminuir, isto é, a dor pode criar o seu próprio *feedback loop*.

Como evolui:
Desenvolvimento e Prognóstico

Como já se tem referido, os problemas metodológicos presentes nos estudos sobre a FM não permitem informações exactas relativas à evolução e prognóstico desta síndrome. As remissões são raras, ainda que, alguns pacientes, apresentem melhoras quanto ao grau de dor e de fadiga. A maioria, porém, permanece sintomática, o que favorece um prognóstico reservado (Gilliland, 1998).

Uma evolução mais favorável é indiciada pelo modo e idade de início (sintomas ligeiros e infância), exercício físico adequado, ausência ou baixo nível de angústia, formas de lidar com a dor, e pelo estado funcional do doente. Por sua vez, a aquisição de uma pensão por incapacidade pode levar à interiorização de um sentido de vida que se, por um lado, pode trazer ganhos secundários, por outro, mina as relações inter e intrapessoais do paciente.

À Procura de Causas:
Fisiopatologia e Genética

Um síndrome tão controverso dificulta, só por si, a prática da investigação. Inicialmente, pretendeu explicar-se a dor através de alterações estruturais, ou de funcionamento músculo-esquelético. Os dados obtidos, revelando-se inconclusivos, levaram a que a investigação se centrasse no Sistema Nervoso (nomeadamente, nas vias medulares de transporte de informação nociceptiva e nos núcleos de processamento central desses sistemas), na esperança de justificar este quadro generalizado de dor, de grande intensidade e variabilidade (Leitão, 2002).

Dada a inexplicabilidade aparente da doença, procuraram-se os factores patogénicos tentando, a partir daí, perceber os mecanismos causais subjacentes ao distúrbio. Estudos centrados no sono não reparador, permitiram demonstrar a existência de uma associação entre uma perturbação do estágio 4 do sono e a FM. Todavia, concluiu-se que este fenómeno se verifica também em sujeitos saudáveis, e em pacientes com outro tipo de doenças (apnéia do sono, febre, osteoartrite ou artrite reumatóide) (Gilliland, 1998). Propôs-se, então, que a deficiência de serotonina (um neurotransmissor que regula a dor e este sono) poderia ser um elemento da patogenia da FM. A não-resposta, por parte dos pacientes fibromiálgicos, ao tratamento farmacológico, incidindo no metabolismo deste neurotransmissor, afastou esta hipótese. O baixo nível de somatomedina C (substância associada à reparação e força do músculo) encontrado nestes indivíduos, surgiu como potencial hipótese explicativa. Outras investigações apontam para uma possível associação entre a substância P, neurotransmissor que pode actuar na propagação de mialgias, e a FM. As anomalias fisiológicas parecem inegáveis, nestes pacientes. Aguardam-se, porém, mais e mais aprofundados estudos.

O Sistema Nervoso Simpático e o eixo hipótalamo-hipófise-suprarenal (HHS), por estarem envolvidos nos principais processos de resposta ao "stress", legitimam que neles se tenha centralizado o estudo dos distúrbios que lhe são associados, onde se inclui a FM (Quartilho, 1999). Branco (1997), pela análise da literatura, conclui que estes sistemas podem exercer um papel importante no início e manutenção da FM.

A influência genética tem sido um outro foco de investigação. A FM parece ocorrer em determinadas famílias, e os cientistas especulam se não poderá existir uma vulnerabilidade genética que, sendo despertada por um acontecimento traumático, despoletaria a doença (Kossoff, 1999; NFA).

Outros conceitos fisiopatológicos, nomeadamente, as perturbações hormonais, alterações no sistema imunológico e da nocicepção, foram também tidos em conta. No entanto, os estudos realizados não se mostraram conclusivos.

O foco nos factores pessoais e ambientais que podem influenciar a aquisição de um síndrome doloroso crónico tem sido um aspecto muitas vezes negligenciado pela prática da investigação. A primazia foi dada à biologia, na esperança de uma cura que nunca chegou. Terá, porventura, chegado o momento de alargar o campo de estudo ao psicossocial.

À Procura de Vidas:
Incapacidade e Formas de Estar

O diagnóstico de doença crónica tem repercussões inegáveis na vida dos indivíduos. No caso da FM, os pacientes tendem a assumir um decréscimo significativo da sua qualidade de vida, que avaliam como menor, do que a das pessoas ditas saudáveis e, mesmo, como inferior à de outros doentes crónicos.

Já as relações entre FM e incapacidade em manter um nível de vida satisfatório, têm sido objecto de controvérsia. O não consenso quanto à validade do conceito, dado o desconhecimento relativo à sua etiologia e patogénese, suscita algumas reservas. O facto de muitos destes pacientes não parecerem estar doentes, a não existência de alterações objectivas ao nível das articulações ou tecidos moles, a não especificidade (ou mesmo normalidade) dos resultados dos exames complementares de diagnóstico e os resultados contraditórios dos estudos efectuados com o intuito de validar as medições de incapacidade neste distúrbio (Quartilho, 1999), reforçam as reservas que têm sido sentidas.

Os estudos comprovam que uma percentagem não desprezível de pacientes modifica o seu estilo de vida, nomeadamente, suspendendo ou alterando as suas actividades profissionais. Em determinados países, o diagnóstico de FM legitima a existência de compensações financeiras por incapacidade.

Não obstante, e apesar das limitações sentidas, muitos indivíduos diagnosticados com FM conseguem viver satisfatoriamente. Alguns autores, como Henriksson e Burckhardt (1996, cf. Quartilho, 1999) sublinham a enorme variabilidade, referente à vivência dos sintomas e, incapacidade nos pacientes fibromiálgicos o que aponta para uma interacção entre factores individuais e ambientais. Não é, portanto, difícil compreender a importância das crenças e preocupações do paciente face à possibilidade de terem uma doença grave, enquanto factores que influenciam essa mesma incapacidade.

Os Meandros da Dor:
Psicologia e Psicopatologia

É notória a presença, em inúmeros estudos, de uma potencial relação estrita entre a FM e distúrbios psicopatológicos. Porém, é também consensual o não consenso quanto ao seu funcionamento: serão os distúrbios do foro psicológico reacções decorrentes à dor crónica? Ou serão os sintomas de FM consequência de um distúrbio psiquiátrico? Ou, ainda, existirá, porventura, uma relação obrigatoriamente causal entre eles?

Kuetze e Svebak (2001) assumem alguma dificuldade em distinguir FM de outros síndromes funcionais somáticos e de desordens psiquiátricas, como a depressão e a ansiedade. Confusão facilitada pelos níveis de stress e ansiedade quotidianos na realidade fibromiálgica, já que o sofrimento emocional, associado à dor física incapacitante, à incerteza diagnóstica e às terapêuticas frustrantes, contribui para a manutenção e agravamento do quadro patológico.

Salovey, Detweiler, Steward e Rothman (2000), numa vasta revisão da literatura, sugerem que o afecto negativo está intimamente ligado à redução da função imunitária e, consequentemente, ao estado geral de saúde (Cronan e Bigatti, 2003). Eles consideram, também, que os estados de humor dos indivíduos afectam a possibilidade de estes incorrerem em comportamentos promotores de saúde, ao influenciarem a sua auto-eficácia, relativamente a esses mesmos comportamentos.

Quartilho (1999) apresenta uma incidência de 20 a 70% de depressão, ao longo da vida dos pacientes fibromiálgicos. Depressão e FM mantêm relações controversas, nomeadamente, quanto a uma possível conexão causal. Há autores que consideram a primeira como decorrente da presença da segunda, sustentando que a depressão, na FM, pode dever-se a inúmeros factores: um prolongado período de indefinição quanto ao diagnóstico, o desrespeito pelo tratamento médico, o luto decorrente de uma doença crónica, fraco suporte social, perturbação do sono e comorbilidade de outras patologias (NFA; DeNoon, 2003). Uma outra perspectiva, contrária a esta, considera que a depressão pode originar a FM, apoiando-se no facto de existir um número muito significativo de pacientes que exibem antecedentes de depressão (Quartilho, 1999). Eventualmente, será também de ponderar a possibilidade de que depressão e FM sejam bifurcações de um mesmo ramo etiológico comum.

Numa tentativa de enquadrar macroscopicamente a FM, Yunus (1999, cf. Quartilho, 1999) propõe-a como um síndrome multiaxial, onde, independentemente das relações causais ou temporais, a intensidade da dor é condicionada por agentes psicológicos.

Alguns Caminhos:
Abordagem Terapêutica

Refugiamo-nos no Consenso de Copenhaga (1992): "enquanto não conhecermos as causas da fibromialgia não existe cura disponível". No panorama actual, e uma vez que a FM afecta a pessoa em termos físicos, psicológicos e sociais, as terapêuticas multidisciplinares, que combinem programas de exercício físico, o controlo da dor, o tratamento do sono, apoio psicológico e terapias complementares, assumem-se como a melhor estratégia.

Grande parte dos doentes com FM tem uma atitude defensiva, ansiosa, agressiva ou, mesmo, desesperada, revelando a importância de uma atitude compreensiva e empática por parte dos médicos, que, desde o primeiro momento, potencie um relacionamento de confiança. Deve ser permitido ao paciente um papel de destaque em todo o processo terapêutico. Assim, este saberá que é possível sobrepor-se à doença, melhorar a sua evolução e modificar o prognóstico, assumindo a sua quota de responsabilidade no tratamento e recuperação (Leitão, 2002; Branco, 1997).

Nesta perspectiva, a partilha de informação gráfica, em linguagem acessível, é de grande utilidade. Nela deve ser referido o facto de a FM ser uma afecção crónica, porém, não deformante ou degenerativa, para a qual existem terapêuticas eficazes. Devem, tam-

Anexos

bém, ser apresentadas estratégias que permitam minimizar os factores de agravamento. Se o médico não acredita na síndrome de FM ou nestes pacientes, deve reencaminhá-los para outros colegas.

Os **programas de exercício físico** deverão beneficiar actividades aeróbicas regulares, graduais, ocupando inicialmente 20 a 30 minutos, 3 a 4 dias por semana. São, também, aconselhados alongamentos. Desta forma, manter-se-á a tonicidade muscular, diminuindo a dor e a rigidez. O **tratamento da dor** passa pelo uso de terapêutica farmacológica, nomeadamente, pelo uso de anti-depressivos que, quando prescritos em baixas dosagens, ajudam a melhorar o sono e a diminuir a dor. Medidas locais, como calor, massagem, e injecção localizada de esteróides e lidocaína, podem aliviar, ainda que temporariamente, os sintomas (Gilligan, 1998, NFA). Os hábitos de **sono** deverão ser adaptados a esta nova realidade. Assim, deitar e acordar à mesma hora, longe de ruídos e distracções, num ambiente relaxado, assim como evitar a cafeína, o açúcar, o álcool e refeições pesadas, antes de dormir, deverão fazer parte da rotina. Eventualmente, poder-se-á recorrer a terapêutica específica.

O **apoio psicológico** deverá ajudar o paciente a adaptar-se a esta "outra" forma de vida. O confronto emocional, subjacente às pequenas incapacidades que vão surgindo, a crescente frustração e desânimo (que pode levar a um hiato desesperado entre a memória da vida anterior, a vida actual e o desejo de vida sonhada) têm de ser transformadas num contexto psicoterapêutico. E, quanto a nós, este mesmo contexto deve ser reequacionado para que o acompanhamento psicológico não seja um mero apoio psicológico, amenizador de sintomas, mas sim um espaço transformador de vidas.

Conclusão

À excepção da dor generalizada, nada é consensual na FM. Nem a sua definição, nem o conceito ou a sua etiologia. Basta ponderar os critérios de diagnóstico do ACR para a FM, que, baseando-se, exclusivamente, na dor disseminada e na existência de um certo número de pontos dolorosos, omitem, a nosso ver, uma parte sintomatológica importante, os ditos síndromes funcionais (cefaleias, sono não retemperador, parestesias, entre outros). Não é nosso objectivo invalidar a componente biológica da doença. Apenas questionar o processo de aquisição e evolução, e, eventualmente, esboçar uma outra vertente psicológica da mesma.

Não se negam os sintomas, não se nega a dor, mas a verdade é que não são encontradas provas diagnósticas laboratoriais, causas etiológicas e fisiológicas explicativas. As abordagens terapêuticas utilizadas são, elas próprias, um reflexo desta indefinição. Basta atentarmos que o diagnóstico pode ser díspar, dependendo da especialidade médica a que o paciente recorra: na consulta de doenças infecto-contagiosas, é portador de síndrome de fadiga crónica; na gastrenterologia, de síndrome de cólon irritável; na reumatologia, poderá, eventualmente, ser diagnosticado como fibromiálgico.

Conclui-se, assim, a nosso ver, a premência de mais estudos, nomeadamente dos que permitam obter uma perspectiva cultural da dor, fundada nos seus aspectos psicossociais. Eventuais antecedentes psiquiátricos, experiências de trauma, constrangimentos familiares, gratificação profissional e problemas financeiros, mereceriam, concludentemente, particular relevo.

Não podemos deixar de alertar para a construção social presente, também, em todo o processo evolutivo de definição do diagnóstico fibromiálgico. De um sofrimento indiferenciado, ainda não suficientemente explicado, passou-se ao reconhecimento oficial do síndrome clínico, ampliado pela difusão mediática dos critérios e características diagnósticas da FM, tornando-a num fenómeno da moda. Estes pacientes obtiveram, assim, não só um certificado de doença crónica, como um estatuto facilitador de incapacidade, eventual explicação simples para uma alegada forma de vida.

Posto isto, não fará sentido conceptualizar uma abordagem psicoterapêutica mais focada nos conflitos internos, mentais, do que, propriamente, nos sintomas decorrentes da doença? Mas sejamos metódicos e tentemos organizar as leituras que tentam enquadrar a relação entre sintomas físicos e mentais. Façamos, de início, uma distinção entre um *fenómemo psicopatológico conversivo* (que, como o termo indica, converte um conflito mental numa queixa somática, em geral, lábil, polissintomática e, portanto, com um colorido histriónico), um *argumento psicossomático para uma doença "enigmática"* (onde quadros clínicos de etiologia pouco sustentada por

Anexos

exames complementares de diagnóstico, por exemplo, suscitam a "tentação" de serem abrangidos pela bruma das "causas psicológicas", a que se recorre diante da escassez de competências científicas e/ou clínicas), *queixas monossintomáticas associados à psicopatologia borderline, consequências psicológicas de quadros somáticos,* como a diabetes, por exemplo, (somatopsíquicas, portanto), e *quadros psicossomáticos.* Estes, independentemente da problemática médica que apresentem, caracterizam-se por:

– *imaginário pobre (alexitímico),* pouco metabólico na transformação das emoções e no enriquecimento da função simbólica (através de um pensamento expressivo e verbal);

– *grande contenção emocional* (também descrita como um controle equiparável a um esfíncter anal das emoções, tão depressa sentidas sob a ameaça de um risco de incontinência e a perpetuação, intolerável, de uma "obstipação" emocionais), que provoca uma *progressiva desorganização dos ritmos biológicos,* que se tornam, insidiosamente, submissos ao controle das emoções e distorcidos, hegemonicamente, por ele;

– *episódio traumático que precipita o embotamento emocional e a arritmia biológica,* através de um sofrimento agudo que delapida a imunidade psicológica dos mecanismos de defesa e tem, consequentemente, uma consequência imunossupressora, podendo (através do papel do ACTH sobre a corticotropinreleasing hormone) ser «(...) libertada em focos inflamatórios periféricos, onde exerce uma potente acção pró-inflamatória» (Silva, 2004).

Podemos encontrar, na FM, verdadeiros sintomas somáticos, vazios de significado, baços e exclusivamente corporais? Não. Quer os síndromes de cólon e de bexiga irritáveis, como a neurastenia que lhes é associada, indicam um quadro depressivo, onde a grande contenção da agressividade, domina qualquer expressão dos afectos. Na literatura referente à doença psicossomática podem surgir associados, em momentos de tensão, síndromes associadas ao Sistema Nervoso Simpático, nas quais se incluem as síndromes de esforço (artrite reumatóide, hipertensão, entre outras) e, (porque não?) a FM.

A relação entre FM e depressão não pode deixar de ser um factor de reflexão para se compreender a realidade do doente com FM. A fragilidade dos objectos internos (e, porventura, a ausência de bons objectos internos) gera um estado de desespero pela constante preocupação em não os destruir a fragilidade que revestem e que gerou o sofrimento depressivo. A raiva, o medo e a culpa, viram-se, assim, contra o próprio ego. Aderem de forma rígida (corporal ou mentalmente) a um esboço de vida falso, que não conseguem abandonar. A denegação de qualquer tipo de ataque ou desejo de destruição face aos outros gera uma disposição eufórica, contrária à sua realidade, que se traduz na idealização primária, muitas vezes sob o aspecto de vítimas ou de mártires.

A nosso ver, **as queixas fibromiálgicas são manifestações somáticas de personalidades claramente obsessivas, onde a contenção major da violência se associa a contrapartidas narcísicas** (muito mais que ganhos secundários de natureza histriónica) **que, em vez de se colorirem com episódios de angústia** (como nos quadros de pânico, onde a defesa obsessiva sustém a passagem ao acto agressivo, e se organiza em redor da angústia, como uma fobia de impulsão), **concretizam a contenção defensiva na rigidez muscular** quase para-catatónica. Já a bondade e o despojamento que estes doentes manifestam será muito mais um **falso-self** do que um gesto espontâneo de autenticidade, servindo para retirar ganhos, que compõem a **imolação pelo sofrimento**, que estes doentes manifestam, tiranizando todos os seus objectos de relação.

Nenhum quadro é exclusivamente somático, nenhum é unicamente psíquico. Cada quadro clínico – qualquer que ele seja – será, ou predominantemente biológico, ou predominantemente psíquico, exigindo uma compreensão colegial das queixas, da doença e dos recursos de saúde mobilizáveis. E se a exuberância e a natureza inequívoca de muitos quadros médicos "engole" os componentes psíquicos que com eles interagem (fazendo-os parecer irrelevantes ou pouco preponderantes na precipitação ou na manutenção da doença), já a interacção de factores psicológicos na clínica médica tem-se mantido "misteriosa", mais ainda porque o modo como eles se expressam na promoção da saúde perde relevância diante da forma insidiosa, como contribuem para a doença. Por maioria de razão, um quadro onde, numa constelação de queixas, se destaca a dor (uma queixa na interface dos sinais e dos sintomas clínicos) leva a que a dor (física) e o sofrimento (psíquico) se matizem, parecendo que o sofrimento seja uma consequência da dor e quase nunca o seu mais destacado predisponente.

Mas voltemos à FM e tentemos estender a sua compreensão a partir destes considerandos. No diagnóstico clínico de FM *a dor* parece assumir-se *como formação de compromisso entre os ganhos primários e secundários que mobiliza, e a "absorção" da hostilidade emocional que sustém.*

Por outro lado, as recorrentes idas a variadas especialidades médicas e a negação de uma eventual componente psicológica na base da doença, sugerem que estes pacientes agarram os sintomas de FM como se fossem o centro da sua vida, disfarçando uma tonalidade hipocondríaca com que poderiam ser interpretadas, e esbatendo uma *tirania narcísica* que a FM impõe por eles.

À medida que a FM se perpetua parece transformar-se num "monstro" que se revolta contra o seu criador, levando a que o sofrimento psíquico incite a vulnerabilidade à dor e esta o alimente. Por outras palavras, no nosso entendimento, a FM representa, macroscopicamente, um quadro reumatológico ou como um quadro psicossomático, assim seja perspectivada a partir das clínicas médica e psicológica. Mas, mais microscopicamente, *a FM será uma patologia borderline que se exprime pela vertente psicossomática.* Em rigor, tentando ir mais adiante, poderemos afirmar que a patologia borderline poderá ser acompanhada por queixas monossintomáticas (gástricas ou dermatológicas), mantendo a predominância psicopatológica na expressão do sofrimento psíquico, ou poderá manifestar-se, centriptamente, em torno de um quadro médico, que assim faz com que as queixas somáticas absorvam, num primeiro momento, o essencial da desorganização mental (escorando-a, a partir do momento em que se declara).

É claro que também nos deveríamos questionar acerca da FM como quadro essencialmente reumatológico. Mas, nessas circunstâncias, reagiria à terapêutica médica e seria debelável. Ora, o que se observa é um conjunto de sintomas que se "enquista" em torno da dor, assumindo esse sofrimento uma desvitalização progressiva dos recursos vitais do paciente (daí que, alguns autores, a associem à neurastenia que, como constelação sintomática borderline, se expressa pela astenia crónica, um branqueamento, progressivo, dos recursos emocionais, e a "dor de alma" com que se expressa o depressividade borderline). Para mais, à medida que a dor crónica (que exprime o sofrimento depressivo), tem tendência a agravar-se, a carência de respostas familiares e os remedeios clínicos que encontram no médico agravam mais e mais a natureza abandónica do quadro depressivo, tornando-o mais irresoluvel (à medida que a hostilidade que essa cegueira de respostas se avoluma), transformando-se num muro relacional quando, de início, parecia ser a ponte para comunicar o sofrimento psíquico. A título didáctico, refira-se que a depressividade borderline não reage à terapêutica anti-depressiva com a mesma fluência da tristeza (ou depressão reactiva) e sem a exuberância catastrófica da melancolia. Mais: em função do "fundo" psicopatológico borderline, as estratégias terapêuticas centradas na dor que se pretende debelar terão, regra geral, um "efeito de boomerang", levando a que as queixas não só se se perpetuem como se sofistiquem. O que, uma vez mais, faz prevalecer a predominância psicopatológica da FM que, assim, se assume como um quadro psicossomático dentro da reumatologia.

Bibliografia Essencial

BRANCO, J. C. (1997). *Fibromialgia: modelo humano de dor, fadiga e incapacidade crónicas.* Dissertação de Doutoramento em Medicina da Faculdade de Ciências Médicas da Universidade Nova de Lisboa.

CRONAN, T. A. & BIGATTI, S.M. (2003). Chronic illness: Psychological and psysical characteristics of women with osteoarthritis and fibromyalgia. *Psychology Science: Cross Cultural Issues in Women's Health*, 45, 63-74. From ProQuest Psychology Journals database (Document ID:411075771)

DENOON, D. (2003). Fibromyalgia isn't depression. Available on line at: http://my.webmd.com/content/Article/75/89910.htm

GILLILAND, B. C. (1998). Policondrite recidivante e outras artrites. In Fauci, A.S., Braunwald, E., Isselbacher, K.J., Wilson, J.D., Martin, J. B., Kasper, D.L., – Hauser, S. L., & Longo, D.L. (Eds). Harrison: *Medicina Interna*, vol. 2. Rio de Janeiro: McGrawHill.

KOSSOFF, M. J. (1999). I hurt all over. Psychology Today, 32(3), 42-46. From *ProQuest Psychology Journals database* (Document ID: 40787537)

Kurtze, N. & Svebak, S. (2001). Fatigue and patterns of pain in fibromialgia: correlations with anxiety, depression and co-morbidity in a female county sample. *British Journal of Medical Psychology*, 4 74, 523. Retrieved April 28, 2004, from ProQuest Psychology Journals database (Document ID: 98595109)

Leitão, R. (2002). *Guia prático de terapêutica*, vol. 1. Porto: Medisa.

Quartilho, M.J.R. (1999). *Fibromialgia e Somatização*. Dissertação de Doutoramento em Psiquiatria da Faculdade de Medicina da Universidade de Coimbra.

National Fibromyalgia Association – NFA. Available on line at: http://fmaware.org

Silva, J. P. (2004). Fibromialgia: ligações entre corpo e alma. *Momento Médico*, Ano 6, n.º 35.

ÍNDICE

Agradecimentos 9

A Caminho do Oriente... A Viagem Continua! 11

CAPÍTULO I
Introdução à Psicanálise

A Psicanálise como Livro de Areia 19

CAPÍTULO II
Os Grandes Autores da Psicanálise

A Criação da Psicanálise: Sigmund Freud 35
A Revolução Objectal 63
Uma Memória de Futuro: Bion – A psicanálise a partir de Bion 91

CAPÍTULO III
Psicanálise e Psicoterapia Psicanalíticas

Memória é futuro 129
Alguns apontamentos sobre a Psicanálise e a Psicoterapia Psicanalítica 139

CAPÍTULO IV
Textos com Psicanálise

Psicanálise e sexualidade 153
Criatividade e Psicanálise 175
Psicanálise e Pintura 185
Humor e Psicanálise 193

ANEXOS

Anexo 1:
A Vida Sexual segundo Egas Moniz 213

Anexo 2:
As Duas Primeiras Teses de Doutoramento em Psicanálise, na Universidade
de Coimbra 225

Anexo 3:
Da emoção ao sofrimento 233
A Dor e o Sofrimento: algumas reflexões a propósito da compreensão psicológica
da fibromialgia 243